왓칭²

왓칭²

시야를 넓힐수록 마법처럼 이루어진다

김상운 지음

정신세계사

왓칭2

ⓒ 김상운, 2016

김상운 지은 것을 정신세계사 정주득이 2016년 1월 22일 처음 펴내다. 이균형과 김
우종이 다듬고, 김윤선이 꾸미고, 김진혜가 그리고, 한서지업사에서 종이를, 영신사
에서 인쇄와 제본을, 김영수가 기획과 홍보를, 하지혜가 책의 관리를 맡다. 정신세계
사의 등록일자는 1978년 4월 25일(제1-100호), 주소는 03040 서울시 종로구 자하문
로 21 4층, 전화는 02-733-3134, 팩스는 02-733-3144, 홈페이지는 www.mindbook.
co.kr, 인터넷 카페는 cafe.naver.com/mindbooky이다.

2017년 6월 30일 펴낸 책(초판 제11쇄)

ISBN 978-89-357-0397-5 04320
      978-89-357-0398-2 (세트)

이 도서의 국립중앙도서관 출판시도서목록(CIP)은 서지정보유통지원시스템 홈페이지(http://seoji.
nl.go.kr)와 국가자료공동목록시스템(http://www.nl.go.kr/kolisnet)에서 이용하실 수 있습니다.
(CIP제어번호: CIP2016000324)

'보이지 않는 나'와의 만남

"우리가 경험할 수 있는 가장 아름다운 것은 신비로움이다. 신비로움이 모든 진정한 예술과 학문의 근원이다. 신비로움에 낯선 사람이나, 경이로움에 숨을 멈춘 채 넋을 잃고 서 있지 못하는 사람은 죽은 것과 마찬가지다. 그의 눈은 닫혀 있기 때문이다." - 아인슈타인

'내가 뭘 잘못 봤나?'

시골에서 깨 베기를 마치고 점심을 먹기 위해 안마당에 들어섰을 때였다. 가을 하늘이 너무나 맑았다. 시야를 넓혀 창공을 가만히 올려다보았다. 요술 같은 일이 일어났다. 돌연 지붕 위 전체를 1미터 폭의 투명한 비취색 띠가 마치 병풍처럼 둘러싸고 있는 것이 아닌가!

내가 눈을 동그랗게 뜨자 비취색 띠는 사라졌다. 다시 가만히 올려다보았다. 비취색 띠가 또다시 나타났다.

'내가 뭐에 홀린 건가?'

나는 30년 가까이 기자생활을 해왔다. 뭐든지 진위를 확인해보는 습관이 있다. 하지만 대여섯 번씩이나 다시 올려다봐도 마찬가지였다. 마치 숨바꼭질하듯 나타났다 사라지기를 반복했다.

'하늘이 왜 저런 요술을 부리는 거지?'

고개를 바짝 뒤로 젖히고 이번엔 시야를 완전히 넓혀 하늘 전체를 올려다보았다. 약 1분쯤 지난 뒤였다. 더욱 신기한 일이 일어났다.

"와~! 어머니, 저거 안 보여요?"

때마침 안뜰에 들어온 어머니가 하늘을 올려다보았다.

"뭐?"

어머니에게는 보일 리 없었다. 나는 그동안 왓칭을 했기에 마음이 몹시 맑아진 상태였다.

"황금 고리들이 춤을 추네요!"

그 황금색도 역시 투명하기 이를 데 없었다. 손바닥보다도 더 큰 타원형의 황금 고리들이 마치 큰 잠자리들처럼 내 머리 바로 위에서 춤을 추고 있었다. 하지만 아까처럼 눈을 동그랗게 뜨고 초점을 맞춰 바라보면 사라졌다. 그러다가 다시 마음을 열고 올려다보면 또 나타났다.

'내가 허깨비를 보는 걸까?'

내가 미심쩍어 다시 올려다볼 때마다 황금색 고리들은 마치 확인이나 해주려는 듯 되풀이해 춤을 추었다. 육안으로 보면 사라졌다가 마음의 눈으로 보면 다시 나타났다.

'내가 본 게 뭘까?'

어마어마하게 확대된 미립자였을까? 나도 모른다. 하지만 한 가지는 분명하다. 육안과는 다른 눈을 가진 '보이지 않는 나'가 내 안에 존재한다는 것이다. 그 존재를 알고 나서 요술 같은 일들이 꼬리를 물었다. 깜깜한 방 안에서 눈을 감고 있는데 갑자기 너무나 순수한 파랑이나 보라색 하늘이 펼쳐지곤 했다. 눈을 뜨고 왓칭할 땐 높은 하늘에 떠 있는 구름이 선명한 홀로그램 입체상처럼 바로 눈앞에 다가오기도 했다. 얼마 후엔 온 하늘에서 빛이 퍼져 나오는 것이 보이기 시작했다. 당시 나는 《왓칭》등 몇 권의 책을 쓰고 나서 이제는 마음의 눈을 뜨게 하는 책을 써야겠다고 마음먹고 있었다. 하지만 웬일인지 영 글이 나오지 않았다. 마치 마음속에서 누군가가 나를 붙들고 있는 것 같았다. 그런데 '보이지 않는 나'를 만난 후 나부터 마음의 눈을 뜨게 된 것이다. 그러면서 책에 담아야 할 내용들이 요술처럼 잘 떠오르기 시작하는 게 아닌가!

내가 의문을 품었던 문제들에 대한 답들도 거의 매일 굴러 나왔다. 한번은 창원에서 강연을 마쳤는데 KTX 출발시간이 두 시간이나 남았다. 그래서 역사 밖에서 하늘을 보며 두 시간 동안 왓칭을 했다. 하늘에서 또 빛이 퍼져 나왔다. 그리고는 열차를 탔다. 타자마자 나도 모르게 종이와 펜을 꺼내 들었다. 그리고 원고를 써내려가기 시작했다. 두 시간 동안 정신없이 썼다. 바로 전날까지만 해도 온갖 내용들이 서로 얽히고설켜 도무지 갈피를 잡을 수 없었다.

'정말 요술 같은 일이네. 나 대신 글을 써주는 게 누구지?'

지난 일들을 되돌아보았다. 나는 25년간 열정적으로 바깥세상만 취재하며 살던 TV 뉴스 기자였다. TV 뉴스는 모든 걸 영상으로 시청자들에게 보여준다. 그러려면 눈에 보이는 증거가 있어야 한다. 나는 증거가 없고 논리적으로 맞지 않으면 절대로 믿지 않았다. 그러다가 할머니와 아버지가 세상을 떠난 뒤 큰 충격을 받았다. 늘 눈에 보이려니 했던 두 가족이 눈앞에서 영원히 사라진 것이었다. 나 또한 그렇게 사라질 것이었다.

'눈에 보이는 몸이 사라지면 몽땅 사라지는 걸까?'

눈에 보이는 것만 믿고 살아온 나였다. 그때부터 눈에 보이는 것이 정말 '나'의 전부인지를 철저하게 파헤쳐나가기 시작했다. 그러면서 자연스럽게 마음속을 점점 깊숙이 들여다보게 됐다. 마침내 '나'는 두 가지 몸을 갖고 있다는 사실을 발견했다. '눈에 보이는 나'와 '눈에 보이지 않는 나'이다. 전자는 육신이다. 육신의 크기는 고정돼 있다. 두뇌의 능력도 한계가 있다. 그럼 후자는? 바로 '빛으로 된 나'이다. '빛으로 된 나'는 빛으로 돼 있기 때문에 육안엔 보이지 않는다. 하지만 무한히 퍼져나간다. 내가 바라보는 공간(시야)을 넓히면 넓힐수록, 마음을 열면 열수록 점점 넓게 멀리 퍼져나간다. 이렇게 점점 퍼져나가면서 '보이지 않는 나'의 공간도 점점 커진다. 백 배, 천 배, 만 배 무한히 커진다. 공간의 크기만 커지는 게 아니다. 공간이 커지면서 지혜, 지능, 창의성, 에너지, 건강, 운, 초능력 등 나의 모든 것들도 마법처럼 끝도 없이 쏟아져 나온다. 내 능력도 무한히 커지는 것이다.

눈에 보이는 나　　　　　　　　눈에 보이지 않는 나

'눈에 보이는 나' → 육신, 능력의 한계가 있다.

'눈에 보이지 않는 나' → 빛으로 된 나, 무한한 공간으로 퍼져나가면서 능력도 무한히 커진다.

인생을 살면서 짊어진 짐이 너무나 무거울 때, 혹은 현실이 꿈쩍도 하지 않을 때, 이런 생각을 해본 적 있는가?

"내 힘이 몇 배로 커진다면 얼마나 좋을까?"

"내 머리가 몇 배 잘 돌아간다면?"

'보이는 나'는 한계에 갇혀 있다. 그래서 인생이 고해이다. 반면, '보이지 않는 나'는 아무 한계가 없다. 마법처럼 무한히 커진다. 믿기지 않는가? 이 책에 소개된 생생한 실험들을 통해 스스로 확인하게 될 것이다. 내가 전하고자 하는 메시지는 너무나 간단하다.

첫째, 내가 시야를 넓히면 넓힐수록, 바라보는 공간을 넓히면 넓힐수록 '보이지 않는 나'가 정말 넓게 멀리까지 퍼져나가면서 온갖 문제들이 실제로 마법처럼 저절로 술술 풀리는지를 집중적으로 살펴본다.

둘째, '나'는 어떻게 육신과 빛이라는 두 가지 몸으로 모습을 드러내게 되는지 나의 체험과 정교한 실험을 통해 살펴본다.

셋째, 어떻게 하면 '보이지 않는 나'의 힘을 빌려 꿈을 이루고, 기발한 아이디어를 얻거나 성적을 획기적으로 올릴 수 있는지를 알아본다.

넷째, '보이지 않는 나'를 무한히 키우는 방법을 소개한다.

나도 어릴 때 빨리 커서 어른이 되고 싶었다. 어른만 되면 몸집도 커지고, 힘도 몇 배, 몇십 배로 늘어날 것이라 기대했다. 하지만 막상 어른이 되고 나니 짐들만 점점 더 늘어났다. 반면, 그 무거운 짐들을 들어올리기 위한 힘은 별로 늘지 않았다. 꿈도 점점 멀어져갔다. 얼떨결에 방송 기자가 됐다. 그리고 마치 일 중독자처럼 열정적으로 일했다. 워싱턴 특파원 때는 수많은 특종 인터뷰로 명성도 날렸다. 하지만 10년, 20년이 지나도 내 가슴은 영 채워지지 않았다. 직업을 잘못 선택했다는 생각도 들었다. 그래서 40대 초에는 큰마음 먹고 다시 학자의 꿈을 펼쳐볼까 생각했지만 곧 접어버렸다. 현실이 녹록치 않았기 때문이다. 그러다가 50대 중반이 되어서야 뒤늦게 '나'를 깨우쳤다. 진정한 꿈도 찾았다. '보이는 나'의 힘만으로는 꿈을 이룰 수 없다는 사실도 알았다.

　나를 이끌어주고 응원해주는 진정한 나는 바깥에 있지 않다. 바로 내 안에 있다. 내가 시야를 넓히기만 하면 점점 커지는, '보이지 않는 나'가 그것이다. 꿈은 '보이지 않는 나'가 커가는 만큼 이뤄진다. '보이지 않는 나'가 무한해지면 꿈은 마법처럼 이뤄진다. '보이지 않는 나'는 빛이기 때문에 몸이 사라져도 영원히 존재한다. 이것이 '진정한 나'이다. 처음엔 황당하게 들릴지 모른다. 하지만 이 책을 읽어가며 그 이치를 자연스럽게 깨닫게 될 것이다. 우주는 신비로움으로 가득하다. 독자도 이 책을 통해 '진정한 나'를 찾고, 진정한 꿈을 찾고, 꿈을 실현시키는 구체적인 방법을 찾기를 기원한다.

차례

시야를 넓힐수록
정말 '나'가 마법처럼 커질까?

1 내 안의 '보이지 않는 나'는 누구일까?

나의 과거를 훤히 기억하는 건 누구일까?

"전 여섯 살 때 길을 잃고 가족과 헤어졌어요. 혹시 지금이라도 찾을 수 있나요?"

한 30대 여성이 경찰청 과학수사대를 찾아왔다.

"그게 몇 년 전 일이죠?"

"24년 전이요. 길을 헤매는데 누군가가 절 보육원에 데려갔대요."

수사관이 딱한 표정을 지었다.

"혹시 어디서 헤어졌는지 기억나시나요?"

"제 옷차림밖에 기억나지 않아요. 제가 고아원에 갔을 때 빨간 티셔츠와 보라색 바지 차림이었거든요. 집이나 가족 얼굴은 전혀 생각 안 나요."

수사관이 잠시 허공을 바라보았다. 두뇌가 기억 못하는 걸 어떻게 기억해낸단 말인가?

"최대한 편한 마음으로 누워보세요. 눈을 감고요." 그녀가 눈을 감자 수사관이 나지막한 목소리로 말했다.

"제 말에 집중하면서 상상하는 모든 것들이 자연스럽게 떠오르도록 그냥 놔두세요."

그녀가 점점 깊은 최면에 빠져들었다.

"여섯 살 때의 과거로 되돌아갑니다. 지금 어떤 장면이 보입니까?"

"네, 저는 기찻길을 밟고 놀고 있어요."

"집은 어디 있나요?"

"저기 파란 대문이 있는 집이요."

"이제 천천히 집으로 들어가 보세요… 집에 누가 보이나요?"

"네, 지금 할머니가 들어오셨어요."

"할머니 얼굴이 어떻게 생겼나요?"

"얼굴에 주름이 많아요."

"할머니의 이름은요?"

"천금순이라고 하셨어요."

그것이 실마리였다. 그녀의 사연이 TV에 소개되자 제보가 잇따랐다. 친고모와 옆집에 살던 소꿉친구가 전화를 걸어왔다. 그녀는 사흘 만에 극적으로 가족을 만났다. 깊은 최면 속에서 본 장면들은 놀랍도록 현실과 일치했다.

이 실화 속의 주인공은 홍영란 씨. 수사관의 이름은 박주호 경사이다. 이들은 장장 세 시간에 걸친 시간여행을 통해 두뇌가 까맣게 잊었던 기억을 되살려내는 데 성공했다.

이처럼 깊은 최면에 걸리면 두뇌가 기억해내지 못하는 까마득한 과거의 장면들이 보인다. 이 장면들은 무의식 속에 숨어 있다. 그런데 궁금하다. 두뇌는 무의식 속을 들여다보지 못한다. 하지만 그 속을 훤히 들여다보는 '보이지 않는 나'가 내 안에 들어 있다. 최면으로 두뇌가 잠들면 '보이지 않는 나'가 눈을 뜬다. 그 정체가 뭘까? 평소엔 왜 나타나지 않을까? 내 안의 어디에 어떤 모습으로 숨어 있는 걸까?

미래를 내다보는 '보이지 않는 나'는 누구인가?

"비행기 예약 취소해주세요!"

"저도요!"

돌연 비행기 표 예약을 취소해달라는 전화가 사방에서 빗발쳤다. 2001년 9월 11일 직전이었다. 그런데 놀랍게도 바로 그날이 되자 초대형 참사가 일어났다. 이슬람 원리주의 테러범들이 여객기 네 대를 납치해 대형건물들을 들이받았다. 미국 역사상 최악의 테러 참사로 무고한 생명 3천여 명이 숨졌다. 그런데 믿기지 않는 사실이 드러났다. 이 네 대의 여객기에는 하나같이 평소보다 훨씬 적은 승객들이 타고 있었다는 것이다.

아메리칸 항공 11기의 좌석은 51퍼센트만 채워졌다. 또, 유나이티드 항공 175기의 좌석은 31퍼센트, 아메리칸 항공 77기의 좌석은 20퍼센트, 유나이티드 93기의 좌석은 불과 16퍼센트만 채워진 상태였다. 테러 당시 이들 네 대 여객기의 평균 좌석 점유율은 겨우 31퍼센트에 지나지 않았다. 그렇다면 미국 여객기들의 평소 좌석 점유율은? 무려 70~80퍼센트였다! 테러가 일어나기 직전, 많은 승객들이 예약을 취소해버렸던 것이다! 도대체 그들은 어떻게 대형 참사를 예감했던 걸까?

라딘 박사

"내가 비디오를 보기 3초 전에 어떤 비디오를 볼지 먼저 아는 누군가가 내 안에 들어 있다."

ⓒ whatthebleep.com

비행기만 그런 게 아니다. 심리학자 콕스(Edward Cox)가 큰 사고를 낸 열차 28대를 추적해본 적 있다. 신기하게도 사고 열차는 바로 전 주의 같은 시각에 달렸던 열차보다 승객들이 훨씬 적었다.

"사람들이 사고를 예감하는 걸까?"

프린스턴대의 물리학자 라딘(Dean Radin) 박사는 사람들에게 성적으로 노골적이거나 끔찍한 동영상, 혹은 부드러운 동영상을 보여주었다.

"아니? 이럴 수가!"

놀랍게도 비디오를 보기 3초 전에 자신이 어떤 비디오를 볼지를 미리 예지하는 신호가 이미 뇌에 들어오는 것으로 나타났다. 내 마음속의 누군가는 앞으로 내게 무슨 일이 일어날 것인지 이미 다 알고 있다는 얘기다. 단지 두뇌만 모를 뿐이다. 하도 믿기지 않아 다시 실험해보았다. 마찬가지 결과가 나왔다. 노벨 화학상 수상자인 멀리스(Kary Mullis) 박사도 반신반의했다.

"그렇다면 나도 미래를 내다볼 수 있을까?"

그는 라딘 박사를 찾아가 직접 감지장치를 착용한 뒤 실험대상자가 돼보았다. 결과는 똑같았다.

"내가 미래를 내다볼 수 있다니. 신통하네!"

　도대체 이런 현상은 왜 일어날까? 의아해한 미국의 코넬대와 영국의 에든버러대 등 세계 도처의 과학자들이 잇달아 비슷한 실험을 해보았다. 역시 똑같은 결과가 나왔다. 두뇌는 미래를 모른다. 하지만 미래를 훤히 알고 있는 '보이지 않는 나'가 내 안에 숨어 있다.
　"거참, 믿기지 않네."
　"미래를 훤히 내다보는 존재가 대체 누구지?"

두뇌에 생각을 넣어주는 건 누구인가?

　아래 그림을 보자. 책상 위에 버튼이 두 개 있다. 나는 왼손으로는 왼쪽 버튼을, 오른손으로는 오른쪽 버튼을 누르게 돼 있다.

　내가 어느 쪽 버튼을 누를 것인지는 누가 결정하는가? 당연히 나의 자유의지로 결정한다. 나는 이렇게 믿는다. 당신도 그렇게 믿는다. 하지만 이런 믿음이 착각이라면? 사실은 누군가가 내 머릿속에 '넌 이쪽 버튼을 눌러야 해' 하고 미리 신호를 보내준다면?
　"대체 무슨 소리를 하는 거야? 내가 내 의지대로 버튼을 누르는 거

© nature.com/neuro

지."

당신은 어이없어할 것이다. 당신 말이 맞는지 독일 과학자들이 실험을 해봤다. 대학생들에게 양손에 각기 버튼 하나씩을 잡고 있도록 했다.

"어느 쪽 버튼을 누를지 결정이 내려지는 순간 즉시 눌러주세요." 이렇게 말하고는 자기공명영상(fMRI)으로 뇌신경의 움직임을 관찰했다. 만일 결정이 내 자유의지로 내려지는 거라면? 당연히 내 결정이 내려지는 바로 그 찰나에 신호가 들어와야 한다. 하지만 fMRI에 촬영된 사진을 보는 순간 그들은 입이 딱 벌어졌다.

"아니 이럴 수가!"

불가사의한 일이었다. 학생들이 어느 쪽 버튼을 누를지 결정을 내리기 최대 10초 전에 의사결정을 관장하는 뇌 부위에는 이미 신호가 들어와 있었다!

"대체 어찌된 일이지?"

"누가 학생들의 뇌에 미리 신호를 보내준 거지?"

학생들은 결정이 내려지는 순간 즉시 버튼을 눌렀다. 그런데도 버튼을 누르기 10초 전에 이미 이들의 두뇌엔 주어진 문제를 감지하는 신호가 들어와 있었다. 그리고 결정을 내리기 5초 전에는 이미 어느 쪽 버튼을 선택해야 할지를 알려주는 신호가 보내져 있었다. 두뇌의 운동 피질 영역에 '넌 오른쪽 버튼을 눌러야 해'라고 지시하는 신호가 이미 들어가 있었던 것이다. 과학자들은 이 신호를 보고 학생들이 어느 쪽 버튼을 누를지를 정확하게 예측할 수 있었다. 이 실험은 막스플랑크 연구소와 베른슈타인 신경센터 등이 공동으로 실시했다. 실험을 이끈 헤인즈(John-Dylan Haynes) 박사는 놀라움을 금치 못했다.

헤인즈 박사

"내가 버튼을 누르기 최대 10초 전에 어느 버튼을 눌러야 할지 누군가가 내 두뇌에 미리 신호를 보내준다."

© brainpreservation.org

"가장 먼저 떠오른 생각은 '이게 진짜인가? 우리가 지금 제정신인가?' 하는 거였죠. 그래서 거듭거듭 확인했어요."

정말 귀신이 곡할 일 아닌가? 내가 버튼을 누르는 순간보다 무려 10초나 먼저 누군가가 내 두뇌에 신호를 전해주다니! 그 누군가가 대체 누구란 말인가?

노르웨이의 베르겐대 심리학자 아이첼레(Tom Eichele)는 일상적인 일을 하는 사람들의 뇌파를 관찰해보았다. 그리고 그 결과를 보고는 기절초풍했다. 사람들이 실수를 범하기 최대 30초 전에 뇌신경세포에 이미 실수를 감지하는 신호가 간다는 사실이 드러났기 때문이다.

"내가 실수하기 30초 전에 누군가가 그 사실을 이미 알고 있다? 온몸에 소름이 돋을 일이죠."

내 행동이 누군가에 의해 낱낱이 설계돼 있다는 얘긴가? 그렇다면 나는 그 누군가에 의해 원격조종되는 꼭두각시란 말인가?

아이첼레 박사

"내가 실수를 범하기 최대 30초 전에 내 안의
누군가가 이미 그 사실을 감지한다."

ⓒ uib.com

2011년 캘리포니아대학의 프리드(Itzhak Fried) 교수는 사람들의 두뇌
에 아예 전극을 직접 이식한 뒤 두뇌의 움직임을 관찰해보았다. 역시
같은 결과가 나왔다. 피험자들이 버튼을 누르기 1.5초 전 누군가가 먼
저 두뇌에 신호를 보내주었다. 이 때문에 실험자는 피험자들이 어느 쪽
버튼을 누를 것인지를 미리 예측할 수 있었다.

"결정은 누군가가 이미 해놓은 겁니다. 두뇌는 이렇게 내려진 결정
을 나중에 받아들이는 역할만 할 따름이죠. 두뇌는 의사결정에는 참여
하지 않고 나중에 통보받는 것입니다."

그렇다면 나 몰래 내 두뇌에 의사결정을 통보하는 존재는 대체 누구
란 말인가?

사실 이런 실험은 지난 1980년대 캘리포니아대학의 리벳(Benjamin
Libet) 교수가 일찌감치 행했었다. 그도 두뇌가 누군가의 지시에 따라 움
직인다는 사실을 확인했다. 당시 그는 사람들에게 손가락을 까딱거리
게 하고 뇌파측정기(EEG)를 통해 관찰했다. 그 결과 사람들이 어떤 결
정을 내리기 0.5초 전에 두뇌에 이미 신호가 들어온다는 사실이 드러났

다. 실험결과는 너무나도 분명했다. 하지만 당시 그는 두려웠다.

"사람들이 날 황당한 과학자로 볼지 몰라."

그러다가 20여 년의 세월이 흐른 뒤 다시 실험해보았다. 이번에는 최대 10초 전에 이미 신호가 들어오는 것이 거듭 확인됐다. 의심의 여지가 없었다. 과학계는 발칵 뒤집혔다.

"누군가가 몰래 내 머릿속에 신호를 넣어주다니?"

"닭살 돋네! 내 두뇌가 누군가에 의해 조종되고 있나?"

두뇌가 컴퓨터라면 생각은 프로그램이다. 누군가가 내 두뇌 속에 생각이라는 프로그램을 나 몰래 끊임없이 입력시킨다는 얘기다. 그리고 내 육신은 입력되는 프로그램대로 움직인다. 99.9퍼센트의 사람들이 주어진 운명대로 살아가는 이유다. 그런데 만일 내가 내 두뇌에 몰래 생각을 넣어주는 그 누군가의 정체를 알아내게 된다면? 그리고 내가 바로 그 누군가가 된다면? 그럼 나는 입력되는 프로그램대로 움직이는 피조물이 아니라, 프로그램을 입력하는 창조자가 된다. 내 운명의 진정한 주인이 되는 것이다. 그래서 더욱 궁금해진다. 내 머릿속에 생각을 넣어주는 건 대체 누구일까?

© lornareichel.com

이 여성을 둘러싼 투명한 공간은 뭘까? 육안으로는 보이지 않는 공간이다. 하지만 고성능 에너지장 카메라로 촬영하면 희미하게 보인다. 투명한 빛의 공간이다. 아인슈타인은 '모든 물질은 에너지'라고 했다. 사람도 물질이자 에너지이다. 그래서 우리는 에너지장, 곧 빛의 공간 속에 들어 있다. 좀더 가까이 찍은 사진들을 보자.

© auraimaging.com

가까이 보면 사람마다 에너지장의 색깔이 다르다. 사실은 매 순간 달라진다. 만일 내가 어두운 생각을 품고 있으면 색깔도 어두워진다. 거꾸로 밝은 생각을 품고 있으면 색깔도 밝아진다. 아인슈타인의 말대로 '생각도 에너지'이다. 생각도 에너지의 물결이다. 물결엔 움직임이 있고, 주파수가 있다. 자연히 주파수가 맞는 생각끼리는 서로를 끌어당긴다. 내 에너지장 속에 어두운 생각이 가득하면 어두운 생각을 품은 사람들을 끌어들이게 된다. 따라서 어두운 일이 많이 일어난다. 현실도 어두워진다. 거꾸로 내 에너지장 속에 밝은 생각이 많이 들어 있으면 밝은 생각을 가진 사람들이 끌려와 밝은 일이 많이 일어난다. 밝은 현실이 펼쳐진다. 현실은 내가 품고 있는 생각을 고스란히 비춰주는 거울이다.

© electrocrystal.com

최근 영국에서 개발된 디지털 에너지장 카메라(PIP scanner)로 촬영한 인체 에너지장 사진이다. 육신의 공간보다 몇십 배나 더 넓은 공간에 빛이 퍼져 있다. 그리고 여러 겹의 공간이 층을 이루고 있다. 왜 공간의 층이 생길까? 공간마다 주파수가 각기 다르기 때문이다. 육신의 공간은 물질 주파수가 지배하는 곳이다. 반면, 무한한 빛의 공간은 물질에서 완전히 벗어난 진공眞空의 세계다. 다음 쪽 그림을 보면 한눈에 이해하기 쉽다. 몸에서 1.5미터 정도까지의 공간엔 감정의 물결이 흐르고 있다. 그 바깥쪽, 즉 2.7미터 정도까지의 공간엔 생각의 물결이 넘실거린다. 이른바 잠재의식, 무의식의 공간이다. 이곳에 두뇌가 모르는 생각들이 이미지 형태로 저장돼 있다. 그렇다면 그 바깥은 무슨 공간일까? 영체에서 나오는 투명한 빛이 흐르는 공간이다. 즉, 영혼의 공간이다. 영혼의 공간은 무한한 빛의 공간 속에 들어 있다. 그림 하나가 모든 걸 말해준다.

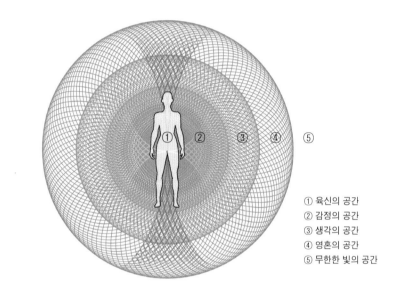

① 육신의 공간
② 감정의 공간
③ 생각의 공간
④ 영혼의 공간
⑤ 무한한 빛의 공간

─ 육신의 공간을 감정과 생각의 공간이 품고 있다.
─ 감정과 생각의 공간을 영혼의 공간이 품고 있다.
─ 영혼의 공간을 무한한 빛의 공간이 품고 있다.

자연히 누가 누구를 움직이는지도 드러난다.

- 육신의 공간을 감정과 생각의 공간이 움직인다.
- 감정과 생각의 공간을 영혼의 공간이 움직인다.
- 영혼의 공간을 무한한 빛의 공간이 움직인다.

나를 포함한 우주 전체를 움직이는 건 무한한 빛의 공간임을 알 수 있다. 이는 사실 지난 수천 년간 투시력을 가진 사람들이나 깨달음의 경지에 이른 사람들이 이미 훤히 알고 있던 사실이다. 다만 과학이 이를 증명할 만큼 발전되지 못했을 따름이다. 이처럼 '나'는 육신의 작은 공간에 국한된 존재가 아니다. 내가 넓고 멀리 바라볼수록 '나'의 공간은 점점 더 넓어진다. 그렇다면 어디까지가 '나'일까? 육신을 담고 있는 공간까지가 나일까? 감정과 생각의 공간까지가 나일까? 영혼의 공간까지가 나일까? 아니면 무한한 빛의 공간 전체가 나일까?

〈어디까지가 '나'일까?〉
‧ 육신의 공간까지? → 감정과 생각의 공간까지? → 영혼의 공간까지? → 무한한 빛의 공간 전체?

이 여러 겹의 공간들은 서로 분리되어 있는 게 아니다. 여러 겹의 빛의 공간이 겹쳐지면서 육신이라는 환영(홀로그램)이 탄생하는 것이다. 큰 공간은 작은 공간의 설계도를 담고 있다. 예컨대 감정과 생각의 공간엔 육신의 공간을 움직이는 정보가 들어 있다. 40여 년간 인체의 에너지장을 연구해온 UCLA의 생리과학자 헌트(Valerie Hunt) 박사는 "에너지장에 들어 있는 정보를 보면 앞으로 몇 년 내에 내 몸이 어떤 질병

헌트

"에너지장을 보면 몇 년 후에 어떤 질병에 걸릴지를 미리 알 수 있다."

ⓒ valerievhunt.com

에 걸릴 것인지를 정확하게 알 수 있다"고 말한다. 스탠퍼드대의 양자 물리학자 틸러(William Tiller) 박사도 "몸에 질병이 생기기 전 에너지장에 먼저 신호가 나타난다"라고 같은 말을 한다.

맨 바깥의 영혼의 공간엔 내 인생 전체의 설계도도 들어 있다. 그 설계도에 따라 내 두뇌에 끊임없이 생각이 입력된다. 나는 입력되는 생각에 따라 행동을 선택하게 되고, 선택한 행동에 따라 영적 성장에 필요한 경험을 하게 된다. 말하자면 지구는 영혼이 경험을 통해 배우고 성장해가는 학습장이다. 영혼은 학습을 위해 지구환경에 필요한 우주복인 육신을 잠시 걸치는 것이다. 학교에도 교과과정이 있는데 하물며 영혼이 아무 설계도 없이 지구에 내려올 리는 만무하다. 그래서 인류 최고의 천재과학자 아인슈타인도 이런 말을 했다.

"곤충에서 별에 이르기까지 모든 것은 처음부터 끝까지 우리가 통제할 수 없는 힘에 의해 결정된다. 인간, 식물, 우주먼지 할 것 없이 우리는 모두 보이지 않는 연주자가 멀리서 보내주는 신비한 선율에 맞추어 춤을 춘다."

아인슈타인

"우리는 모두 보이지 않는 연주자가 멀리서 보내주는 신비한 선율에 맞추어 춤을 춘다."

먼 곳에 있는 보이지 않는 연주자란? 무한한 빛의 공간이다. 눈에 보이지 않는 무한한 빛의 공간이 자신이 품고 있는 무수한 작은 공간들을 움직인다.

그렇다고 누구나 반드시 정해진 운명 속에 갇혀 살아야 한다는 말일까? 아인슈타인은 "물질과 에너지는 모습만 다를 뿐 똑같은 하나다"라고 했다. 그게 무슨 말일까? 예컨대 물질인 얼음을 보자. 얼음에 열을 가하면 물이 된다. 거기에 열을 더 가하면 수증기가 되어 퍼져나간다. 모습은 다르지만 얼음과 수증기는 똑같은 하나다. 그렇다면 사람은 어떨까? 사람도 물질인 동시에 에너지다. 사람도 이와는 좀 차원이 다른 방법으로 육신의 좁은 공간을 벗어나 더 큰 공간으로 널리, 멀리 퍼져나갈 수 있을까? 예컨대 사람도 무한한 빛의 공간으로 퍼져나갈 수 있을까?

"말도 안 돼!"

아마 당신은 펄쩍 뛸 것이다. 하지만 에너지장 카메라로 촬영한 좀더 정밀한 사진을 보자.

© bioenergy fields laboratory

왼쪽은 헤어졌던 주인이 돌아오자 개가 반갑게 달려가 주인의 품에 안긴 모습이다. 주인의 몸은 물론 개의 꼬리에서도 밝은 빛이 퍼져나간다. 그러면서 '나'의 공간이 커진다. 오른쪽은 아이를 사랑의 눈길로 곁에서 지켜보는 엄마의 모습이다. 엄마가 깊은 사랑을 느낄수록 빛은 더욱 넓게, 멀리 퍼져나간다. 빛이 아이의 몸을 감싸면서 '나'의 공간이 어마어마하게 넓어짐을 알 수 있다.

© bioenergy fields laboratory

자연을 좋아하는 사람이 자연 속에 앉아 있을 때도 투명한 빛이 퍼져 나간다. 답답한 사무실에서 벗어나 바다를 찾을 때도 마찬가지다. 이 사진들은 헌트(Valerie Hunt) 박사가 스스로 개발한 오라미터(AuraMeter)로 촬영한 것이다. 깊은 사랑을 느낄수록, 마음이 열릴수록, 깊이 받아들일수록 빛이 한없이 퍼져나감을 보여준다. 빛은 곧 사랑이다. 실제로 마음이 맑고 사랑이 넘치는 사람일수록 빛의 공간이 크다. 그래서 사랑이 넘치는 사람과 같은 방에 말없이 가만히 앉아 있기만 해도 가슴이 뭉클해지거나 희열을 느끼게 된다. 부처나 예수와 함께했던 사람들도 그런 경험을 했다고 전해진다.

어찌된 일인가? 그렇다면 사람도 빛으로 퍼져나가지 않는가? 그러면서 '나'의 공간이 엄청나게 넓어지지 않는가? 아인슈타인의 말대로 사람도 물질이자 에너지다. 그래서 무한한 에너지로 퍼져나갈 수 있는 것이다. 하지만 사람들은 착각 속에 갇혀 있다. 육신이 나의 모든 것인 줄 알고 육신이라는 좁은 공간 속에다 시야를 스스로 국한시켜놓고 있다. 육신과 두뇌만으로 살아가려니 한계에 부닥친다. 스스로 운명의 한계를 정해놓고 그 속에 갇혀버리는 것이다.

하지만 만일 내가 시야를 영혼의 공간까지 넓힌다면? 그럼 영혼이 설계한 삶의 목적을 찾아내게 된다. 그리고 그로 인해 육신과는 다른 차원의 삶을 살게 된다. 만일 내가 시야를 무한한 빛의 공간까지 넓힌다면? 나는 무한한 창조자가 된다. 생사의 경계도 사라진다. 초능력도 나타난다.

나 자신도 왓칭을 시작하기 전엔 이 같은 사실을 전혀 몰랐다. 내 몸뚱이가 나의 모든 것인 줄 알고 살았다. 육신의 공간에 갇힌 채 고정된 울타리 속을 맴돌았다. 하지만 왓칭으로 시야를 넓히자 생각이 잦아들면서 나 자신이 빛으로 점점 퍼져나간다는 사실도 알게 됐다. 1년 전쯤부터는 나 자신이 무한히 퍼져나가는 것을 경험하기 시작했다. 그러다가 마침내 무한한 빛의 공간과 하나가 됐다. 참으로 간단한 이치다.

- 육신의 공간을 확장하면 감정과 생각의 공간을 들여다볼 수 있다.
- 감정과 생각의 공간을 확장하면 영혼의 공간을 들여다볼 수 있다.
- 영혼의 공간을 확장하면 무한한 빛의 공간을 들여다볼 수 있다.

이처럼 '나'는 시야를 넓히면 넓힐수록 무한히 퍼져나가는, 빛으로 된 존재이다. '나'가 백 배, 천 배, 만 배, 무한히 커진다. 몸이 죽는 순간 시야는 완전히 넓어진다. 무한한 빛의 세계에 들어가는 것이다. 양자물리학자들이 "나의 0.0001퍼센트만이 몸속에 들어 있고, 나머지 99.9999퍼센트는 몸 밖에 있다"고 말하는 것도 그래서다.

아인슈타인은 평소 이런 말을 자주 했다.
"나는 늘 그림으로 생각한다. 그림으로 생각한 걸 나중에 종합해서 언어로 옮긴다."
아인슈타인 이후 최고의 천재 과학자로 꼽히는 노벨물리학상 수상자 파인만도 역시 같은 말을 했다.
"난 처음엔 그림으로만 생각한다. 선명한 그림이 보인 뒤에야 그것을 수학적으로 설명한다."

그림으로 생각한다는 건? 비좁은 두뇌 속에서 그림으로 생각할 수 있는가? 두뇌를 벗어나 몸 밖의 넓은 공간 속에서 생각한다는 말이다. 공간이 크면 클수록 더 큰 그림으로 생각하게 된다. 내가 이 책에 쓴 큼지막한 것들도 죄다 그 커진 공간 속에서 본 것이다. 만일 내가 두뇌 속에서만 맴돌았다면 우주가 어떻게 돌아가는지가 보일 턱이 없다. 몇 년 전까지만 하더라도 내가 이런 책을 쓰리라곤 상상조차 못했다. '나'의 공간이 커지면서 가능해진 일이다.

그러고 보면 두 개의 '나'가 있다. 첫째는 육안에 보이는 '육신의 나'이다. 이를 셀프1(Self1)이라 하자. 셀프1은 아주 작은 공간 속에 갇혀 기껏해야 100년쯤 살다가 사라지는 한시적인 나이다. 오감의 한계 속에 갇힌 채 정해진 운명대로 살아간다. 사람들의 99.9퍼센트가 이렇게 인생을 마친다. 나 자신도 인생의 절반 이상을 그렇게 살았다. 컴퓨터로 치면 하드웨어만 갖고 살아온 셈이다.

둘째는 육안엔 안 보이는 '빛으로 된 나'이다. 이를 셀프2(Self2)라 하자. 셀프2는 빛으로 된 존재이기 때문에 내가 시야를 넓히면 넓힐수록 무한히 퍼져나간다. 내가 바라보는 공간의 크기만큼 퍼져나간다. 공간의 덩치만 커지는 게 아니다. 덩치가 커질수록 나의 모든 능력도 마법처럼 끝도 없이 쏟아져 나온다. 정해진 운명대로 사는 피조물이 아니라 운명의 창조자가 된다.

셀프1   셀프2

　ㅡ 셀프1: 육신의 작은 공간 속에 갇혀 있는 나. 오감의 한계에 갇힌
채 주어진 대로의 인생을 살아간다. 하드웨어.

　ㅡ 셀프2: 빛으로 된 나. 빛이기 때문에 내가 시야를 넓힐수록 공간
속으로 무한히 퍼져나간다. 단지 눈에 보이지 않을 뿐이다. 이렇게 퍼
져나가는 '나'의 공간이 곧 진정한 마음의 공간이다. '나'의 공간이 커
지면 커질수록 창의성, 지능, 지혜, 에너지, 생명력, 운, 초능력 등 나의
모든 것이 마법처럼 무한히 쏟아져 나온다. '나'의 공간이 완전히 커져
무한해지면 무한한 창조자가 된다. '나'가 백 배, 천 배, 만 배로 끝없이
커진다고 상상하면 된다. 셀프1의 설계도도 바꿀 수 있다.

　셀프1은 허상의 새장에 갇힌 새와 같다. 새장은 실제로는 존재하지
않지만 스스로 새장이 존재한다는 철석같은 착각 속에 빠져 있는 것이
다. 반면, 셀프2는 그런 착각에서 깨어난 새이다. 그래서 새장을 벗어나
얼마든지 멀리 날 수 있다. 어느 게 '진정한 나'일까? 육신의 좁은 공간

속에 갇힌 셀프1이 나일까? 아니면 내가 시야를 넓히면 넓힐수록 점점 커지는 셀프2가 나일까? 답을 알아내는 방법은 간단하다. 착각에서 깨어난 새처럼 맘껏 날아보는 것이다. '나'의 공간을 점점 확대해보는 것이다. 그 결과 실제로 지능, 창의성, 에너지, 생명력, 운, 초능력 등 나의 모든 것이 정말 마법처럼 무한히 쏟아져 나온다면? 나의 능력도 실제로 천 배 만 배로 점점 커진다면? 그렇다면 셀프2가 '진정한 나'임이 틀림없다. 정말 '나'의 공간이 커지는 만큼, 시야를 넓히는 만큼 '나'도 점점 더 높이 날아오를까? 내가 원하는 것들이 정말 마법처럼 술술 이뤄질까?

2 물리적 시야를 넓혀볼까?

우주 사진을 보면 정말 성적이 뛰어오를까?

"우리 반 아이들은 왜 공부를 못하지?"

한 초등학교 선생님이 고민에 빠졌다.

"아이들에게 이런 사진들을 보여주면? 성적이 쑥 올라갈까?"

선생님이 A반 교실에 들어가서 말했다.

"오늘은 선생님이 여러분에게 재미난 사진들을 차례로 보여줄게요."

선생님이 컴퓨터를 켜자 첫 사진이 나왔다.

"책상 위에 연필이 놓여 있는 사진이네요."

곧이어 또 다른 사진을 보여주었다.

"이건 교실에 있는 책상이네요."

책상 위의 연필을 시작으로 책상 전체, 교실, 학교건물, 학교 인근 지도, 도시 지도, 전국지도, 세계지도, 지구사진, 태양계, 은하계 등 모두 16가지의 사진을 차례로 보여주었다.

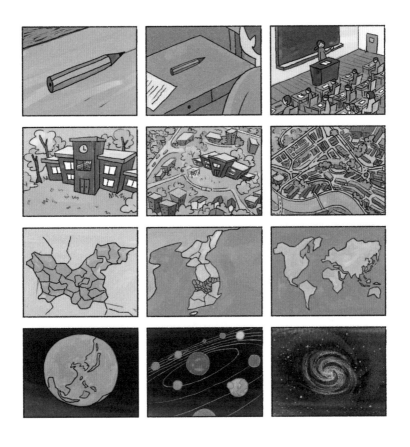

책상 위의 연필 → 책상 전체 → 교실 → 학교건물 → 학교 인근 지도
→ 도시 지도 → 전국지도 → 세계지도 → 지구 → 태양계 → 은하계

그런 다음 어린이들에게 간단한 창의력 시험을 치게 했다. 이를테면
이런 식이었다.

"신발 한 짝으로 할 수 있는 건 뭘까요? 생각나는 대로 모두 말해보
세요."

선생님은 이번에는 B반에 건너가서 똑같이 해보았다. 그 반 어린이들도 나이, 성별, 지능 등이 아주 비슷했다. 단지 선생님이 보여준 사진들의 차례만이 정반대였을 뿐이다. 맨 먼저 은하수를 보여주고, 맨 마지막으로 책상 위의 연필을 보여주었다.

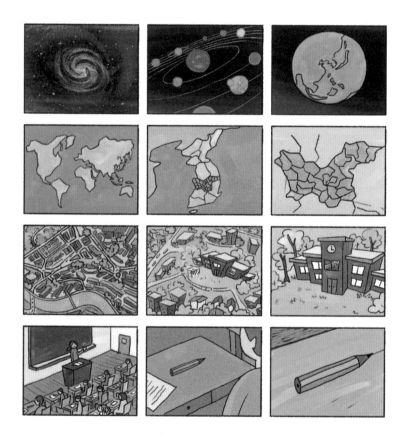

은하계 → 태양계 → 지구 → 세계지도 → 전국지도 → 도시 지도 → 학교 인근 지도 → 학교 건물 → 교실 → 책상 전체 → 책상 위의 연필

그런 다음 B반 어린이들에게도 똑같은 창의력 시험을 내주었다. 어느 반 어린이들의 성적이 더 높았을까?

"아니, 이럴 수가! 점수 차이가 이렇게 많이 벌어지다니!"

의심의 여지가 없었다. 창의력 시험 모든 항목에 걸쳐 A반 어린이들의 성적이 월등히 높았다.

"두 반 모두 비슷한 아이들인데… 어쩜 불과 5분 만에 A반은 천재가 되고 B반은 둔재가 됐을까?"

정말 마법 같은 일 아닌가? 불과 5분간 어떤 사진을 봤느냐에 따라 창의성이 껑충 뛰어오르기도 하고 풀썩 주저앉기도 하다니! 이스라엘 텔아비브 대학의 심리학자 리버만(Nira Liberman) 교수가 6~9세 어린이들을 대상으로 행한 실험이었다.

우리는 창의성이나 지능은 타고나는 것으로 믿고 있다.

"쟤는 원래 머리가 좋아."

"난 원래 머리가 나빠. 노력해봐야 소용없어."

이렇게 자신의 지능에 지레 한계를 그어버린다. '지능은 내 머릿속에 들어 있는 것'이라 생각하기 때문이다. 하지만 정말 그런가?

연필만 보는 것보다 책상 전체를 볼 때 시야가 더 넓어진다. 한 도시 지도를 보는 것보다 전국 지도를 볼 때 시야가 더 넓어진다. 세계 지도를 보는 것보다 우주 전체를 볼 때 시야가 더 넓어진다. 이렇게 시야를 점점 더 넓힐수록 왜 지능도 점점 더 높아질까? 만일 지능이 머릿속에 들어 있는 것이라면 시야를 넓힌다고 해서 지능도 높아질 리는 없다. 시야를 넓히든 말든 머릿속의 지능은 달라지지 않아야 한다. 하지만 시야를 넓히면 넓힐수록 지능도 높아진다? 그렇다면 내가 바라보는 공간 속에 지능이 흐르고 있다는 얘기 아닌가? 즉, '나'가 커진다는 얘기 아닌가? 리버만 교수는 이렇게 말한다.

"지능은 고정된 게 아니다. 시야를 넓힐수록 무한히 늘어난다."

아인슈타인은 빛줄기를 타고 우주를 여행하는 상상을 하다가 빛이 휘어 있다는 사실을 발견했다. 역사를 뒤바꾼 상대성 원리도 이렇게 시야를 우주로 어마어마하게 넓히면서 탄생했다. 노벨문학상 수상자인 터키의 오르한 파무크는 훌륭한 소설을 쓰게 된 비결을 묻자 이렇게 대답했다.

"저는 어린 시절에 종종 할머니 방에서 완전히 다른 세계에 사는 상상 속에 빠져들곤 했어요. 별나라 사람이 되는 거지요. 잠수함 속에 들어가 있는 상상도 하고요."

〈이상한 나라의 엘리스〉 등으로 유명한 영화감독 팀 버튼은 어릴 때 침실에 틀어박혀 공포영화를 상상하면서 포스터를 그려내곤 했다. 그들은 모두 시야를 넓힘으로써 '나'가 커졌고, 엄청난 성공을 거두었다. 그럼 거꾸로 장시간 TV 화면만 들여다본다면 어떨까? '나'가 오그라들까? 텍사스대의 밴디워터(Elizabeth Vandewater) 교수는 어린이가 TV를 한 시간 시청할 때마다 창의성은 11퍼센트가 떨어진다고 말한다. 만일 어린이가 하루 세 시간씩 TV 앞에 앉아 있다면 놀이 등을 통해 창의성을 높일 수 있는 시간이 1/3로 줄어든다는 것이다. 왜? TV 화면만 보고 있으면 시야는 TV 화면 속에 한정되기 때문이다.

나는 중학교 3학년 말까지 읽을 책 한 권 제대로 없는 가난한 시골에서 자랐다. 그런데 재밌게 본 책이 있다. 바로 사회과 부도였다. 특히 세계지도를 경이로운 눈으로 펼쳐보며 '와, 세계가 이렇게 넓구나' 하며 상상에 잠기곤 했다. 지금도 세계지도는 손바닥 들여다보듯 훤히 안다. 내 몸은 작은 시골마을에 갇혀 있었지만 시야는 전 세계로 뻗어 있었다. 그래서 그럴까? 나는 방송사 특파원과 기자생활을 하면서 남극을 포함해 전 세계 거의 모든 곳을 가보았다. 내가 세계지도에서 보았던 나라들을 실제로 다 가보게 된 것이다. 시야를 넓히는 것만으로 이런 일이 일어났다면 정말 마법 같은 일 아닌가?

천장이 높은 방에서는 정말 창의성이 높아질까?

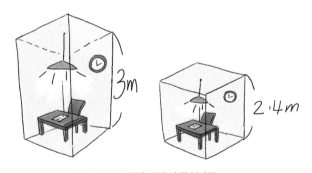

"어느 방에서 시험을 치면 더 잘 볼까?"

천장 높이가 각각 3미터인 방과 2.4미터인 방이 있다. 어느 방에서 공부해야 성적이 더 많이 올라갈까? 각 방에 학생 50명씩 들어가도록 해보았다. 방에 들어가니 창의성 문제지가 놓여 있었다. 거기엔 체스나

레비 교수

"천장이 높은 방에서 시험 치면 창의성 성
적이 평균 25퍼센트나 뛰어오른다."

ⓒ carlsonschool.umn.edu

농구처럼 서로 연관성이 없어 보이는 열 가지 스포츠 종목이 적혀 있
었다.

"이 열 가지 스포츠 종목 간에 서로 어떤 연관성이 있을까요?"

학생들은 어안이 벙벙했다.

'아무 연관성도 없는 거 같은데 어떻게 연관성을 찾아?'

천장이 낮은 방의 학생들은 영 생각이 안 나는지 머리만 긁적거렸다.
반면, 천장이 높은 방의 학생들은 금방 답을 얻은 듯 함박웃음을 지었
다. 두 방 학생들 간의 성적에 정말 차이가 났을까?

미네소타 대학의 마이어스-레비(Joan Meyers-Levy) 교수는 학생들의 답
안지를 살펴보고는 깜짝 놀랐다. 천장이 높은 방에 있었던 학생들이 한
결같이 훨씬 더 창의적인 답을 내놓았기 때문이다. 그들은 평균 25퍼센
트나 더 많은 창의적 답을 내놓았다.

'공간의 크기가 사고의 크기와 직결되는 걸까?'

부인할 수 없는 사실이었다. 천장이 높으면 사고의 폭도 넓어지고,
천장이 낮으면 사고의 폭도 좁아졌다.

그렇다면 한 방에서만 공부하지 않고 두 방에서 번갈아가며 공부하면 어떨까? 공간이 넓어지는 만큼 공부도 더 잘 될까? 여기 두 개의 방이 있다.

당신이 갑자기 영어 단어 40개를 외워야 한다면? 어느 한 방에 자리 잡고 앉아 외우는 게 나을까, 아니면 두 방을 오가며 외우는 게 나을까? 캘리포니아대의 심리학자 비요크(Robert Bjork) 교수가 대학생들을 대상으로 실험해봤다. 결과는? 두 방을 오가며 공부한 학생들의 성적이 평균 20퍼센트나 더 높았다. 한 방에 틀어박혀 있을 때보다 두 방을 오갈 때 '나'의 공간도 더 넓어지기 때문이다.

그렇다면 창문은 어떨까? 창밖으로 더 넓은 공간을 내다보면 공부가 더 잘 될까? 비요크 교수는 두 그룹의 대학생들로 하여금 각기 다른 두 개의 방에서 두 차례에 걸쳐 40개의 단어를 암기하게 했다. 한 방은 창문이 없는 방이었고, 다른 방은 마당이 내다보이는 창문이 있는 방이었다. 누가 단어를 더 잘 암기했을까? 창문이 달린 방에서 공부한 학생들

비요크 교수

"두 방을 오가며 암기하면 성적이 평균
20퍼센트나 더 높아진다."

© psychologicalscience.org

의 성적이 월등히 더 좋았다. 대부분의 사람들은 넓은 창밖을 자주 내
다보면 주의력이 산만해지는 것으로 알고 있다. 그래서 집중한다며 일
부러 커튼을 쳐놓기도 한다. 하지만 사실은 정반대다.

코넬대의 심리학자 웰스(Nancy Wells)는 7~12세 어린이들을 대상으
로 이사하기 전과 후의 주의력을 시험해보았다. 그 결과 창밖으로 정원
이나 숲 등의 푸른 나무들이 많이 보이는 곳으로 이사한 어린이일수록
주의력 시험 성적이 가장 극적으로 높아졌다. 보스턴 건축대학의 코펙
(Dak Kopec) 교수는 생활공간이 비좁은 곳에 사는 청소년들이 스트레스
에 시달리는 비율이 압도적으로 높으며, 마약이나 가정폭력의 희생자
가 될 위험성도 크다고 지적했다.

캘리포니아 에너지 위원회가 미국 초등학생 21,000명을 대상으로 조
사해본 결과도 마찬가지였다. 창문이 넓은 교실에서 공부하는 학생들
의 성적이 더 높았다. 그래서 일부 학교들로 하여금 큰 창문으로 바꾸
도록 했더니 1년 만에 수학 성적은 20퍼센트가 높아졌고, 읽기 성적은
26퍼센트나 높아졌다. 이번에는 새크라멘토 시 고객안내전화 센터 직

원들을 상대로 조사해보았다. 똑같은 결과가 나왔다. 창문이 큰 사무실에서 일하는 직원들은 고객들의 전화를 평균 7~12퍼센트 더 빨리 처리하는 것으로 나타났다. 건강도 훨씬 더 좋았다. 전망이 좋은 사무실에서 일하는 컴퓨터 프로그래머들도 업무집중도가 15퍼센트 더 높았다. 거꾸로 전망이 나쁜 사무실에서 일하는 프로그래머들은 업무시간에 통화하거나 잡담하는 시간이 15퍼센트나 더 길었다.

미시간대의 산체스-버크스(Jeffrey Sanchez-Burks) 교수와 뉴욕대의 폴만(Evan Polman) 교수도 대학생들에게 창의성 문제들을 내주고 풀어보도록 했다. 예컨대 이런 식의 문제들이다.

"아래 세 단어에 각기 어떤 하나의 공통적인 단어를 붙이면 새로운 말이 만들어집니다. 그 하나의 단어가 뭘까요?"

"measure", "worm", "video"

어떤 학생들은 카드보드로 만든 작은 방에 들어가 문제를 풀었다. 다른 학생들은 방 밖에 앉아서 풀었다. 어떤 학생들이 더 많이 풀었을까? 넓은 공간이 보이는 밖에 앉아서 푼 학생들이 평균 20퍼센트나 더 많이 풀었다.* 시야를 넓히는 것만으로 이런 일이 일어나다니!

단 한 번의 효과가 20퍼센트였다. 만일 넓은 공간에서 문제를 푸는 습관이 생활화된다면? 더 큰 마법이 일어날 것이다! 캔자스대의 심리

학자 애췰리(Ruth Atchley)는 60대까지의 성인들을 대상으로 창의력 시험
을 치도록 해봤다. 그 결과 휴대폰, 아이패드, 인터넷이 없는 넓은 자연
속에서 사흘 이상 지내면 모든 연령층에 걸쳐 창의성이 50퍼센트 급증
하는 것으로 나타났다. 그래서 예로부터 세계적인 철학자들이나 사상
가들, 예술가들, 과학자들은 거의 예외 없이 넓은 공간에서 산책을 즐
겼다. 공간이 넓어질수록 머리가 잘 돌아간다는 사실을 체험적으로 터
득했기 때문이다. 하지만 공간의 질에도 차이가 있다. 어떤 공간에서
산책하느냐에 따라 결과가 달라진다. 심리학자 하티그(Terry Hartig)는 사
람들에게 원고교정 일을 맡기면서 그 전에 세 가지의 각기 다른 활동을
시켜보았다.

* 위 문제의 답은 tape이다. tape measure(줄자), tapeworm(촌충), videotape(비디오테이프).

— 첫째 그룹: 40분간 공원에서 걷는다.

— 둘째 그룹: 40분간 도심에서 걷는다.

— 셋째 그룹: 잡지를 보고 음악을 들으며 조용히 앉아 있다.

어떤 그룹이 교정 일을 가장 잘 해냈을까? 첫째 그룹이 20퍼센트나 앞섰다. 도심에서만 걸으면 딱딱하고 고정된 콘크리트 건물로 곳곳에서 시야가 막혀버린다. 마음의 공간이 크게 넓어지지 않는다. 실내는 말할 나위 없다. 반면, 공원에서는 어떤가? 살아 있는 푸른 나무들이 자유로이 하늘로 쭉쭉 뻗어 있는 게 보인다. 드넓은 하늘도 보인다. 확 트인 공간이 많이 보일수록 머리도 잘 돌아간다. 왜 이런 일이 일어날까? '나'는 몸속에 갇힌 존재가 아니라 시야를 넓히기만 하면 끝없이 퍼져 나가는 무한한 존재이기 때문이다.

컴퓨터와의 거리를 넓힐수록 정말 쉬워질까?

"저는 두 아이와 아내를 둔 35세 가장이면서 박사과정에 재학 중인 학생입니다. 올해 안에 반드시 논문을 써야만 직장을 잡을 수 있습니다. 그런데 올해 초부터 시작한 논문이 영 써지지 않습니다. 그동안 논문에 쓸 자료는 모두 모아두었습니다. 하지만, 막상 논문을 쓰려고 컴퓨터 앞에 앉기만 하면 머리가 돌덩이처럼 굳어집니다. 하루에 한두 줄도 안 써져요. 써놓은 것도 다시 보면 엉망입니다. 반드시 써야 한다는 압박감이 들면 갑자기 가슴까지 꽉 막혀버립니다. 그래도 꾹 참고 다짐하고 또 다짐해서 쓰려고 해도 한숨부터 나옵니다. 정말 울어버리고 싶습니다. 그래서 또 영화나 게임 등을 하게 되고, 그러다 보면 또 하루가 가버립니다. 차라리 몸으로 때우는 일이 더 낫겠다는 생각도 들지만, 이제 와서 남들 눈치 보며 그럴 수도 없네요. 아이들과 아내의 얼굴을 보면 너무나 비참하고 절박해집니다. 어떻게 해야 할까요?"

논문에 쓸 자료는 산더미처럼 쌓여 있다. 하지만 컴퓨터 앞에만 앉으면 '빨리 논문을 끝내야만 해'라는 초조함, 불안, 강박관념 등이 머리를 점령해버린다. 그러다 보니 머리가 돌아가지 않는다. 시카고대의 심리학자 베일록(Sian Beilock) 교수는 아주 중요한 시험을 앞둔 대학생들에게 말했다.

"마음속의 모든 불안한 생각과 감정을 10분간 글로 적어보세요."

놀랍게도 시험 점수가 최고 15퍼센트나 상승했다. 특히 시험 때마다 불안증에 시달리는 학생들의 경우 가장 극적인 효과가 나타났다. 반면,

글을 쓰지 않던 학생들의 성적은 평소보다 오히려 12퍼센트나 떨어졌다. 불안감을 털어내야 머리가 제대로 돌아간다는 얘기다. 털어내면 마음의 공간이 넓어진다. 코넬대의 토마스(Manoj Thomas) 교수는 사람들에게 두 개의 멋진 물건을 보여주었다.

"이 두 개 중 하나를 선택하세요."

하지만 두 물건이 서로 너무나 비슷해서 사람들은 어떤 걸 골라야 할지 고민이었다. 그러자 교수가 일부 사람들에게 말했다.

"컴퓨터 스크린에 가까워지도록 몸을 앞으로 기울여보세요."

나머지 사람들에게는 거꾸로 말했다.

"컴퓨터 스크린으로부터 멀어지도록 몸을 뒤로 기울여보세요."

몸을 앞으로 기울였느냐, 아니면 뒤로 기울였느냐에 따라 갑자기 사람들의 희비가 갈렸다. 앞으로 기울인 사람들은 얼굴을 찌푸렸다.

"물건 고르기가 힘드네요. 좀더 고민해보고 선택할게요."

반면, 뒤로 기울인 사람들은 돌연 얼굴이 환해졌다.

"갑자기 왜 선택이 쉬워졌지? 전 이걸 선택하겠어요."

몸을 앞으로 기울이면 시야가 좁아진다. 그럼 문제가 어려워진다. 반면, 몸을 뒤로 기울이면 시야가 넓어진다. 그럼 문제가 쉬워진다.

이번에는 아래 단어를 큰 소리로 읽어보라.

쾟곪쉛괽갏

"무슨 단어가 이래?"

읽기가 어렵다. 하지만 이번에도 역시 시야를 넓히느냐 좁히느냐에 따라 쉬워질 수도, 어려워질 수도 있다. 토론토대의 차이(Claire Tsai) 교수는 이런 식의 엉터리 단어 몇 개를 만들어 컴퓨터 화면에 차례로 띄웠다(예를 들면 'meunstah'처럼 발음하기 어려운 엉터리 단어들). 그리고는 학생들에게 큰 소리로 읽어보라고 했다. 학생들은 자연히 더듬거렸다. 그러자 교수가 일부 학생들에게 말했다.

"몸을 컴퓨터 화면에 가까워지도록 앞으로 기울여보세요."

또 다른 학생들에겐 거꾸로 말했다.

"몸을 컴퓨터 화면으로부터 멀어지도록 뒤로 기울여보세요."

그런 다음 물어보았다.

"단어를 읽는 게 쉬웠나요, 어려웠나요?"

몸을 컴퓨터 화면에 가까이 기울였던 학생들은 일제히 어두운 얼굴로 "어려웠어요" 하고 대답했다. 반면, 몸을 뒤로 기울였던 학생들은 환한 얼굴로 "쉬웠어요" 하고 대답했다. 교수는 이렇게 조언한다.

"문제가 어려울 때는 몇 걸음 뒤로 물러서서 바라보세요. 그럼 쉬워집니다."

모든 골치 아픈 문제가 그렇다. 몇 발짝 뒤로 물러서서 바라보면 시야가 넓어진다. 넓어지는 만큼 마법이 일어난다.

이런 경험이 있는가? 당일치기로 시험공부 하는 중이다. 그런데 몇 시간 내리 책상 앞에 앉아 너무 많은 정보를 한꺼번에 머릿속에 구겨 넣었더니 눈이 뻑뻑해진다. 새로운 정보가 더 이상 입력되지도 않는다. 답답한 나머지 벌떡 일어선다. 책과의 거리가 멀어진다. 그러면서 머리가 좀 시원해짐을 느낀다. 일어서서 방 안을 이리저리 왔다 갔다 해 본다. 머리가 좀더 시원해진다. 일어서서 암기해본다. 앉아서 암기하는 것보다 더 잘 된다. 나는 기사를 쓸 때도 매번 그런 일을 겪는다. 일단 기사를 써놓고 컴퓨터를 떠난다. 일어서서 화장실에 가거나 산책하러 나서는 순간 갑자기 더 좋은 생각이 떠오른다. 그래서 다시 돌아가 기사를 고친다. 그런데 고치고 나서 산책하는 동안 더 좋은 아이디어가 또 떠오른다. 왜 책상 앞에 앉아 있을 때보다 책상에서 멀어질수록 생각이 더 잘 떠오를까? 마음의 공간이 커지기 때문이다.

그렇다면 만일 당신이 여러 사람들 앞에서 발표를 해야 한다면? 좁은 컴퓨터 화면을 보며 설명하는 게 나을까, 아니면 대형 스크린에 쏘아서 보는 게 훨씬 나을까? 당연히 후자가 낫다. 마음의 공간이 커지면 설명하기가 쉬워진다. 청중들도 마찬가지다. 앞자리에서 좁은 스크린에 쓰여 있는 걸 보는 것보다 먼 뒷자리에서 큰 스크린을 보는 게 훨씬 이해하기가 쉬워진다. 매일 초조한 마음으로 컴퓨터 앞에 붙어 있으면 아무리 모아둔 자료가 많아도 어떻게 정리를 해야 할지 두뇌가 갈피를 잡지 못한다. 그럴 땐 작업을 멈추고 시야가 넓은 곳에서 걷거나, 작업과는 전혀 관련 없는 가벼운 일을 하는 게 좋다. '나'의 공간이 커지는 만큼 일도 쉬워진다.

시야를 넓힐수록 정말 더 건강해질까?

"누구여…?"

"아버지, 저예요."

"누구시더라…"

기막힌 일이었다. 아버지가 나를 못 알아보시는 것이었다. 당시 아버지는 심낭액心囊液이 자꾸 차올라 심장운동과 호흡이 점점 어려워졌다. 두뇌에 산소공급까지 줄어들면서 섬망譫妄까지 찾아왔다. 일시적으로 정신이 오락가락하는 증세다. 아버지는 석 달 동안 입원 중이었다. 시야가 확 트인 시골에서 살다가 갑자기 시야가 좁은 병실에 장기간 갇혀 있으니 기억력까지 떨어진 것이었다. 다행히 퇴원하고 나자 차츰차츰 기억력도 되살아났다. 시야와 치매는 정말 직접적인 관계가 있는 걸까?

러시 대학병원의 제임스(Bryan James) 박사는 도시에 사는 노인 1,300명의 생활습관을 조사해보았다. 조사를 시작할 당시엔 아무도 치매 증세를 보이지 않았다. 하지만 8년쯤 지나자 180명이 치매에 걸렸다. 어떤 사람들이 치매에 많이 걸렸을까? 놀랍게도 그들에겐 공통점이 있었다. 생활공간이 집과 집 주변으로 한정된 사람들이었다. 생활공간이 좁아지면 마음의 공간도 좁아진다. 그들은 생활공간이 넓은 사람들보다 치매에 걸릴 확률이 무려 두 배나 더 높았다. 치매 전조증상인 인지장애도 빨리 찾아왔다.

　공간이 좁아지면 수명도 짧아진다. 유니버시티 칼리지 런던(UCL)의 심리학자 스텝토(Andrew Steptoe) 교수가 성인남녀 6,500명을 대상으로 조사한 바에 따르면, 가족이나 친구와의 접촉이 적고 사회활동을 안 할수록 수명이 짧았다.

　"그렇다면 천장의 높이도 건강에 영향을 미칠까?"

　오하이오 주립대와 미연방 정신건강연구소는 정부건물 내에서 일하던 사무직 근로자들을 두 개의 다른 건물로 이동시켜보았다. 일부는 천장이 낮은 오래된 정부건물로, 다른 일부는 천장이 높은 널찍한 최신 건물로 이동시켜 근무하도록 했다. 17개월간 이들의 심장박동수와 스트레스 호르몬 수치 등을 추적해본 연구자들은 놀라움을 금치 못했다.

　"이거 심장병 징후 아니야?"

　천장이 낮은 낡은 건물에서 일하게 된 근로자들의 스트레스 호르몬 수치가 눈에 띄게 치솟았던 것이다!

　"그렇다면 녹지공간은 어떨까? 녹지공간도 건강에 영향을 끼칠까?"

　암스테르담의 VU 대학병원 연구진은 네덜란드 시민 35만 명의 건강기록을 살펴보았다. 놀라운 사실이 드러났다. 자신의 거주지 반경 1킬로미터 이내에 녹지 공간이 있는 사람들과 없는 사람들의 건강상태가 눈에 띄는 차이를 보이는 것 아닌가! 예컨대 반경 1킬로미터 이내에 10퍼센트 정도의 녹지공간밖에 보이지 않는 곳에 사는 사람들은 1,000명당

울리치 교수

"창밖이 내다보이는 병실 환자의 회복
속도가 훨씬 더 빠르다."

ⓒ naturesacred.org

26명이 우울증이었지만, 90퍼센트의 녹지공간이 보이는 곳에 사는 사람들은 18명만 우울증이었다. 심장병, 척추질환, 당뇨, 우울증, 호흡기 질환 등 거의 모든 질환도 비슷한 차이를 보였다.

글래스고우 대학의 미첼(Richard Mitchell) 교수 등은 2001년~2006년 사이에 사망한 37만 명의 기록을 분석해보았다. 그 결과 자신이 거주하는 지역에 아주 작은 녹지 공간만 있어도 뇌졸중과 심장병 등 치명적인 질병으로 사망할 확률이 크게 떨어졌다.

"녹지 공간은 동네만 아름답게 꾸미는 게 아니네요. 건강에 결정적인 영향을 미쳐요."

넓은 창밖이 내다보이는 병실에서 생활하면 건강이 더 빨리 회복될까? 텍사스 A&M 대학의 울리치(Roger Ulrich) 교수는 위 수술을 받고 회복 중인 환자들에게 두 가지 병실에서 생활하도록 해보았다. 어떤 환자들은 창밖으로 나무가 내다보이는 병실에 들어갔다. 다른 환자들에게는 벽만 보이는 병실이 주어졌다. 결과는? 확 트인 자연이 내다보이는 병실에서 생활한 환자들의 퇴원속도가 더 빨랐고, 합병증도 적었으며,

진통제를 훨씬 덜 처방받았다.

"나무에서 흘러나오는 기운 때문일까?"

교수는 병실 벽에 나무가 그려진 그림을 붙여놓아 보았다. 그러자 환자들이 실제로 창밖을 내다볼 때처럼 회복속도가 빨랐다. 그건 마음의 문제였다. 확 트인 자연공간을 보면 마음의 공간도 확 트인다. 마음의 공간이 커질수록 '나'도 커진다.

시야를 넓힐수록 운도 좋아질까?

선미는 제주도의 한 방송국 직원의 딸이다. 학교는 물론 직장까지 제주도에서 다닌 제주 토박이다. 그런데 서울에서 취업 기회를 얻었다.

"서울에 가서 살아, 말아?"

부모도 선뜻 결정을 내리지 못했다. 딸이 바다 건너 먼 곳으로 떠나면 너무 허전할 것 같았다. 그녀 자신도 망설여졌다. 서울엔 친척도, 친구도 없었다. 그러다가 마침내 큰 맘 먹고 바다를 건넜다.

서울 생활은 예상대로 낯설었다. 집에만 틀어박혀 지내다 어느 주말, 쇼핑이나 할까 하고 집을 나섰다. 한 매장에서 눈에 확 띄는 스커트를 보았다. 맘에 쏙 들었다. 그래서 당장 사서 입고 다녔다. 거리를 걷는데 한 단발머리 여성이 갑자기 말을 걸었다.

"어머, 그 스커트 어디서 샀어요?"

둘 사이엔 대화가 이어졌다. 대화하다가 선미는 상대 여성도 역시 제주도 출신이라는 사실을 알게 됐다. 그것도 둘 다 서귀포! 서울에 와서

처음으로 낯선 사람과 긴 대화를 나누었는데 그녀 또한 제주도 출신이라니! 둘은 금방 가족처럼 친해졌다.

"우리 함께 점심 먹지 않을래요? 저 지금 직장 친구들이랑 점심 먹기로 했거든요."

선미는 주저했다. 일면식도 없는 사람들과 식사를 한다는 게 너무나 어색했기 때문이다. 하지만 상대가 워낙 강하게 잡아끄는 바람에 마지못해 따라갔다. 낯선 사람들과 인사를 나누다가 갑자기 아찔해졌다.

'아, 저 남자는…'

그녀는 첫눈에 그 남자에 반했다. 몇 달 사귀다가 결혼을 약속했다. 지금은 결혼해 두 살짜리 아들을 두고 있다.

만일 그녀가 시야를 제주도에만 한정시켜놓았더라면? 만일 서울에 와서도 집에만 틀어박혀 있었더라면? 만일 낯선 여성을 따라나서지 않았더라면? 그래도 지금처럼 좋은 남편을 만나 행복한 삶을 살 수 있었을까? 영국 유니버시티 칼리지 런던의 매크리(Stephann Makri) 교수는 사람들이 어떻게 행운을 만나게 되었는지를 조사해보았다.

"행운은 우연히 일어나는 게 아니죠. 자신의 범위를 좁게 한정시키지 않고 시야를 넓힐수록 운이 좋아집니다."

심리학자 와이즈만(Richard Wiseman) 교수도 몇 년간 운을 연구해보았다. 한 실험에서 사람들에게 신문을 읽으며 사진이 몇 개나 실려 있는지 세어보라고 했다. 그런데 어떤 사람들은 너무나 쉽게 답을 알아냈다.

와이즈만 교수

"시야를 넓혀 전체를 다 볼수록
운이 좋아진다."

ⓒ Antje M. Pohsegger

"이 신문에 실린 사진은 모두 43개네요."

그들은 어떻게 금방 답을 알아냈을까? 교수는 실험에 앞서 신문 속에 몰래 이런 글이 적힌 종이쪽지를 집어넣었다.

"사진을 셀 필요 없어요. 신문 속엔 43개의 사진이 실려 있어요."

대부분 사람들은 긴장된 표정으로 오로지 사진을 세는 데만 초점을 맞췄다. 다른 건 시야에 들어오지 않았다. 하지만 답을 쉽게 맞힌 사람들은 편안한 자세로, 사진만 보는 게 아니라 신문 전체를 살펴보았다. 좁은 시야를 가진 사람들은 운이 나빴고, 넓은 시야를 가진 사람들은 운이 좋았다. 맥크리 교수는 운이 좋아지려면 다음과 같이 하라고 조언한다.

〈운이 좋아지려면?〉

* 시야를 넓히라: 환경을 바꾸고 산책을 즐기는 등 바라보는 공간을 넓히라.
* 눈과 귀를 열어놓으라: 낯선 것에 저항하지 말고 새로운 가능성을 열어두라.
* '나'의 범위를 국한시키지 말라: 새로운 음식, 장소, 생각에 마음을 열라.

시야를 넓힐수록 정말 '나'가 마법처럼 커질까?

시야를 넓히면 내가 바라보는 공간도 넓어진다. 공간이 넓어지는 만큼 공간 속의 모든 것들이 내 의도대로 움직이는 놀라운 마법이 일어난다.

3 심리적 시야를 넓혀볼까?

먼 거리를 상상할수록 협상성공률도 점점 높아질까?

전셋집을 얻기 위해 부동산 사무실에 들어섰다. 집주인은 벌써 와 있었다.

"제가 가진 돈은 몽땅 털어 2억 원뿐인데 어떡하죠?"

집주인은 대뜸 눈을 치켜떴다.

"이게 얼마짜린 줄 아세요? 3억짜리 전세라구요!"

나는 얼굴이 벌게져서 그냥 자리에서 일어섰다.

"다른 데 알아보는 수밖에 없네요."

집주인도 벌떡 일어섰다. 그러자 부동산업자가 양손으로 나와 집주인의 팔을 동시에 잡았다.

"잠깐만요. 서로 하루만 더 얘기를 해보시죠. 서로 멀리 떨어져 사시니 핸드폰으로 타협해보기로 해요."

이틀 후 나는 다시 그 부동산 사무실에 갔다. 그리고 전세 계약서에 서명했다. 어찌된 일인가? 불가능한 협상 아니었던가? 나와 집주인은 핸드폰으로 문자 대화를 나눈 것뿐이다. 하루 사이에 어떤 일이 일어난

헨더슨 교수

"상대방과 멀리 떨어져 있다고 상상할수록
협상성공률이 높아진다."

ⓒ utexas.edu

걸까?

맞춤 제작된 오토바이 한 대가 있었다. 대학생들이 두 명씩 짝을 지어 서로 가격 협상을 벌였다. 서로 얼굴을 맞대고 앉아서는 도저히 협상이 이뤄지지 않았다. 협상효율성은 1,000점 만점에 500점도 되지 않았다. 텍사스 대학의 헨더슨(Marlone Henderson) 교수가 학생들에게 말했다.

"이제 서로 협상상대와 헤어져서 휴대폰 메신저로 협상을 벌여보도록 하세요."

교수가 다시 말했다.

"지금 여러분의 협상상대는 아래층에 있습니다."

이 말을 들은 학생들의 협상효율성은 갑자기 825점으로 몇 단계 껑충 뛰어올랐다. 교수는 이번에는 또 다른 학생들에게 좀더 큰 거리감을 갖도록 해보았다.

"지금 여러분의 협상 상대는 몇 킬로미터 밖에 있어요."

이 말을 들은 학생들의 협상효율성은 955점으로 더욱 껑충 뛰었다. 서로 얼굴을 맞대고 협상하는 것보다는 협상상대가 다른 층에 머물고 있다고 생각할 때 협상이 더 잘 된다. 한 발짝 더 나아가 협상상대가 멀리 떨어진 다른 건물, 혹은 먼 동네에 살고 있다고 상상하면 협상은 더욱더 잘 된다. 몇 발짝 더 나아가 협상상대가 수천 킬로미터 떨어진 외국에 나가 있다고 상상하면 협상의 성공은 따놓은 당상이다!

〈협상상대와의 거리를 늘릴수록 협상효율성이 높아진다〉
＊ "얼굴을 맞대고 협상해보세요." → 협상효율성 500점 미만
＊ "지금 여러분의 협상상대는 아래층에 있습니다." → 협상효율성 825점
＊ "지금 여러분의 협상 상대는 몇 킬로미터 밖에 있어요." → 협상효율성 955점
＊ "지금 여러분의 협상 상대는 수천 킬로미터 밖에 있어요." → 협상효율성 1,000점

"정말 신기한 일인걸!"

교수는 이번엔 다른 대학 학생들을 대상으로 비슷한 실험을 해보았다.

"당신과 한 낯선 손님이 동시에 쇼핑매장에 들어선다고 상상해보세요. 그런데 매장에 들어서는 순간 돌연 팡파레가 울리면서 천장에서 플래카드가 내려옵니다. 〈백만 번째 고객님, 축하드립니다!〉라는 글귀가 쓰인 플래카드지요. 백만 번째 고객 선물로는 백화점에서 주는 다섯 가지 선물세트를 받게 되는데요. 그런데 문제는 당신과 함께 백만 번째 고객이 된 낯선 손님 둘이서 다섯 가지 선물세트를 서로 어떻게 나눠 갖느냐 하는 겁니다."

교수는 앞의 경우처럼 학생들에게 휴대폰 메신저로 협상을 벌여보도록 했다.

"지금 여러분의 협상 상대는 아래층에 있습니다."

이 말을 들은 학생들의 협상효율성은? 1,000점 만점에 895점이었다. 교수는 이번에는 다른 학생들에게 좀더 큰 거리감을 갖도록 해보았다.

"지금 여러분의 협상 상대자는 몇 킬로미터 밖에 있어요."

이 말을 들은 학생들의 협상효율성은 961점이었다. 먼젓번 실험처럼 '협상상대가 나와 멀리 떨어져 있다'는 생각을 가질수록 협상성공률은 높아졌다. 즉, 협상상대와 나 사이의 거리가 멀어지면 멀어질수록 나의 협상능력은 점점 더 커지는 것이다.

헨더슨 교수는 "협상하기 전에 상대가 공간상으로 멀리 떨어져 있다는 느낌을 갖도록 해보세요. 그럼 협상 성공률이 높아집니다"라고 조언한다. 협상 전문가인 하버드대의 우리(William Ury) 교수도 "중재자들의 가장 큰 역할은 협상하는 사람들이 시야를 넓히도록 유도하는 것"이라고 말한다.

어떤 문제든 마찬가지다. 문제가 잘 풀리지 않는다면 마음속에서 그 문제와의 시간적, 물리적 거리를 늘리는 게 좋다.

"만일 내가 천 킬로미터 떨어져 있다면 이 문제를 어떻게 바라볼까?"

"지금부터 50년 후라면 이 문제를 어떻게 바라볼까?"

"지금부터 천 년 후라면 후세 사람들은 이 문제를 어떻게 바라볼까?"

"천국의 아인슈타인이라면 이 문제를 어떻게 생각할까?"

"만일 화성에서 외계인이 망원경을 통해 이 문제를 바라보고 있다면 어떻게 생각할까?"

내 마음의 공간을 천 킬로미터 밖까지 넓히면 그만큼 많은 지혜가 쏟아져 나온다. 내 마음의 공간을 천 년 후까지 늘려도 그만큼 많은 지혜가 쏟아져 나온다. 마음의 공간을 넓히면 넓힐수록 '나'는 무한히 퍼져 나간다.

넓은 지역을 상상해도 창의성이 높아질까?

"한 죄수가 감옥에서 탈출하려고 한다. 그는 감방에서 밧줄을 발견했다. 하지만 밧줄의 길이가 너무 짧다. 지상에 안전하게 뛰어내리기 위한 길이의 절반밖에 되지 않는다. 그는 밧줄을 둘로 나누었다. 그리고 두 부분을 서로 묶어서 탈출했다. 그는 어떻게 한 걸까?"

창의성 시험에 흔히 쓰이는 수수께끼다. 이 수수께끼를 풀 때 넓은 공간을 상상하면 어떨까? 그럼 더 잘 풀릴까?

나는 맨 처음 이 수수께끼를 서울의 한 대학 강의실에서 내주며 이렇게 말해보았다.

"이 수수께끼는 이 대학 연구실에서 만들어진 겁니다."

얼마나 많은 학생들이 이 수수께끼를 풀었을까? 학생들의 50퍼센트가 풀었다.

얼마 후 나는 다른 대학 강의실에서 똑같은 수수께끼를 내주었다. 이번에는 공간을 좀더 넓혀보았다.

"이 수수께끼는 미국의 한 대학 연구실에서 만들어진 겁니다."

얼마나 많은 학생들이 이 수수께끼를 풀었을까? 학생들의 70퍼센트가 풀었다.

지아 교수

"수수께끼가 멀리 떨어진 외국에서 만들어진 것이라고 상상할수록 점점 더 잘 풀린다."

ⓒ indiana.edu

또 며칠 후 나는 또 다른 대학 강의실에서 똑같은 수수께끼를 내주었다. 이번에는 공간을 더욱 크게 넓혀보았다.

"이 수수께끼는 미국, 러시아, 브라질 연구실에서 동시에 만들어진 겁니다."

얼마나 많은 학생들이 이 수수께끼를 풀었을까? 학생들의 90퍼센트가 풀었다.

이런 결과가 실제로 가능할까? 사실 이것은 인디아나 대학의 심리학자 릴르 지아(Lile Jia) 교수가 행했던 실험이다. 그는 두 그룹의 인디애나대 학생들에게 위와 똑같은 수수께끼를 내주며 다음과 같은 말을 덧붙여보았다.

— A그룹에게: "이 수수께끼는 인디애나대의 한 건물에서 만들어진 겁니다."

— B그룹에게: "이 수수께끼는 수천 킬로미터 떨어진 캘리포니아 주의 한 연구소에서 만들어진 겁니다."

"수수께끼가 어디서 만들어졌건 그게 무슨 상관이지?"

학생들은 수수께끼를 풀며 이렇게 생각했다. 하지만 어떤 말을 들었느냐에 따라 대답도 달라졌다.

— A그룹: "잘 몰라요."
— B그룹: "밧줄을 두 갈래로 길게 푼 뒤 양 끝을 서로 묶어서 이으면 돼요."

수수께끼가 캘리포니아 주의 연구소에서 만들어진 것이라는 말을 들은 학생들이 훨씬 더 많이 답을 찾았다. 이들은 머리가 더 좋았을까? 아니다. 더 넓은 공간으로 시야를 더 넓힌 것뿐이다. 인디애나 주에 사는 대학생들이 같은 인디애나 주에서 만들어진 수수께끼라는 말을 들으면 마음의 공간이 넓어지지 않는다. 하지만 수천 킬로미터 떨어진 캘리포니아 주의 연구소에서 만들어진 수수께끼라는 말을 들으면 마음의 공간이 크게 넓어진다. 그러면서 창의성도 저절로 높아진다. 그럼 예컨대 서울의 심각한 교통난을 해소하려면 어떻게 해야 할까? 지아 교수는 이렇게 조언한다.

'만일 내가 벌나라에서 산다면 이 문제를 어떻게 볼까?'
'만일 내가 고대 마야왕국에서 살다가 시간여행 중이라면 이 문제를 어떻게 풀까?'
'만일 내가 고대 그리스의 조각가였다면 이 문제를 어떻게 볼까?'
이렇게 마음의 공간을 넓힐수록 지혜로운 아이디어들도 많이 쏟아진다. 공간의 크기가 '나'의 크기이다.

"교통수단엔 어떤 것들이 있을까요? 최대한 많은 교통수단을 생각해 보세요."

지아 교수는 이번에도 학생들을 두 그룹으로 나눈 뒤 이런 질문을 해보았다. 질문 뒤엔 다음과 같은 말을 각각 덧붙였다.

— A그룹에게: "이 질문은 인디애나 주에 사는 인디애나 대학생들이 생각해낸 거예요."
— B그룹에게: "이 질문은 그리스에 거주하고 있는 인디아나 대학의 유학생들이 생각해낸 거예요."

이번에도 두 그룹 간의 답변에 차이가 났을까?

— A그룹이 생각해낸 답변 → 자동차, 버스, 기차, 비행기
— B그룹이 생각해낸 답변 → 자동차, 버스, 기차, 비행기, 말, 우주선, 자전거, 스쿠터, 트리에레스 선(고대 그리스·로마의 노가 3단으로 된 군용선)

놀랍지 않은가? 질문이 멀리 떨어진 그리스에서 나왔다는 지극히 하찮은 사실 하나만으로 학생들의 창의력이 몇 배나 껑충 뛰어오른 것이다! 대체 왜 이런 마법이 일어날까?

만일 내가 몸속에 갇혀 있는 존재라면 마음의 공간을 넓힌다고 해서 창의력도 덩달아 높아지는 현상은 일어나지 않아야 한다. 하지만 사실

은 어떤가? 마음의 공간을 넓힐수록 창의성도 껑충 뛰어오른다. '나'는 마음의 공간을 넓힐수록 점점 커지는 무한한 존재인 것이다.

해리포터 시리즈를 써서 세계 최고의 부자 작가가 된 영국의 조앤 롤링은 달리는 기차 안에서 아이디어를 얻었다고 밝혔다. 세계적인 이론 물리학자 프리먼 다이슨은 오랫동안 아무도 풀지 못했던 양자물리학 문제에 대한 영감이 버스를 타고 가던 중 갑자기 떠올랐다고 말했다. 헤밍웨이는 쿠바에 살면서 명작을 썼고, 고갱은 남태평양의 타히티 섬에서 명화를 그렸다. 마크 트웨인은 생애 최초의 베스트셀러를 배를 타고 가면서 썼다. 이들의 공통점은?

자신의 집을 벗어나 멀리 떨어진 곳을 여행하면서, 혹은 먼 이국땅에서 영감을 얻었다는 것이다. 마음의 공간을 넓힐수록 영감을 얻기가 쉬워진다는 얘기다. 그렇다면 마음의 공간을 넓힐수록 마음 씀씀이도 커질까?

미국 중서부에 거센 회오리바람이 몰아쳐 순식간에 수만 명의 주민들이 집을 잃었다. 한 자선단체 직원이 고민에 잠겼다.

"어떻게 하면 많은 사람들의 마음을 움직여 이재민들을 돕게 할 수 있을까?"

그는 두 가지 동영상을 만들어 두 그룹의 미국인들에게 보여줘 봤다.

― A그룹: 미국인들이 미국 이재민들을 돕는 동영상을 봤다.
― B그룹: 중국인들이 터키 이재민들을 돕는 동영상을 봤다.

어느 그룹의 미국인들이 이재민들을 돕겠다고 선뜻 나섰을까? 놀랍게도 B그룹 미국인들이 A그룹보다 60퍼센트나 더 많았다. 이 실험을 주도한 텍사스대의 심리학자 헨더슨(Marlone Henderson) 교수는 이렇게 말한다.

"사람들은 자국 사람들이 자국 사람들을 돕는 장면엔 크게 감동을 받지 않아요. 하지만 외국인들이 국경을 넘어 먼 나라의 이재민들을 돕는 장면을 보면 마음이 크게 움직이게 되죠."

그는 대학생들을 대상으로 비슷한 실험을 여러 차례 행한 바 있다. 매번 똑같은 결과가 나왔다. 중국인들이 중국인들을 돕는 장면이나 미국인들이 미국인들을 돕는 장면을 보여주면 별다른 반응이 없었다. 반면, 중국인들이 아프리카 난민들을 돕거나 미국인들이 중국인들을 돕는 장면 등을 보여주면 "나도 돕겠다"는 호응도가 부쩍 높아졌다. 이런 마법이 일어나는 이유는? 한국인들이 한국인들을 돕는 장면을 볼 때 마음의 공간은 얼마나 넓어질까? 크게 넓어지지 않는다. 한국 내에서 일어나는 일이기 때문이다. 반면, 중국인이 국경을 넘어 터키의 이재민들을 돕는 장면을 보면? 마음의 공간이 크게 넓어진다. 국경을 넘어 큰 공간에서 일어나는 일이기 때문이다.

정치인들은 정치적으로 편향된 시각을 갖기 쉽다. 당파적 이해관계 때문이다. 이렇게 정치적으로 편향된 사람들에게 멀리 떨어진 외국을 상상하도록 하면 편견도 줄어들까? 매사추세츠대의 그로스만(Igor Grossman) 교수는 이렇게 말해보았다.

"'나는 아이슬란드에 살고 있다'고 상상해보세요."

그런 다음 질문을 해보았다.

74

"진보도, 보수도 아닌 초당적 기구에 가입할 의향이 있나요?"

많은 사람들이 "가입할 의향이 있다"고 대답했다. 아이슬란드는 멀리 떨어진 북대서양의 외딴 섬나라다. '나는 아이슬란드에 살고 있다'고 상상하는 순간 내 마음의 공간은 실제로 아이슬란드까지 확장돼 세상을 큰 눈으로 바라보게 되는 마법이 일어난다.

외국문화를 받아들일수록 창의성도 높아질까?

ⓒ lucideastudio.com

"이 테이블 위에 세 가지 물건이 있습니다. 초, 성냥 한 갑, 압정 한 갑. 이 세 가지 물건만 사용해 카드보드 벽에 촛불을 세워보세요. 촛불이 꺼지거나 촛농이 바닥에 떨어지면 안 됩니다."

답이 잘 떠오르지 않는가? 걱정할 것 없다. 대학 강의실 칠판에 그림을 그려놓고 물었더니 열 명 가운데 아홉 명은 답을 몰랐다. 문제에 대한 답은?

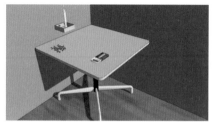

© lucideastudio.com

성냥갑을 압정으로 카드보드 벽에 고정시키고 그 위에 촛불을 세우면 된다.

조직행동학자 매덕스(William Maddux)도 위와 똑같은 창의성 문제를 대학생들에게 내줬다. 그런데 답을 알아낸 10퍼센트의 학생들에겐 뜻밖에도 한 가지 공통점이 있었다. 해외에서 살아본 경험이 있는 학생들이었다. 외국에서 살았던 기간이 길수록 창의성도 높았다.

교수는 고개를 갸웃했다.

"외국에 오래 살기만 했다고 해서 자동적으로 창의성이 높아지는 걸까?"

그렇다면 외국에 안 가본 순종 토박이들은 창의성이 밑바닥이란 말인가? 교수는 외국에서 오래 살아본 학생들을 두 그룹으로 나누었다. 첫째 그룹에게는 이렇게 지시했다.

"외국에 살면서 새 문화에 적응했던 경험을 글로 써보세요."

둘째 그룹에게는 다른 지시를 했다.

"외국에 살면서 슈퍼마켓에 가거나 새로운 스포츠를 배우거나 외국문물을 그냥 구경만 한 경험을 글로 써보세요."

지시대로 첫째 그룹은 외국에 살면서 외국어로 공부를 하고 외국 상점에서 일을 하는 등 외국문화에 적응했던 경험에 대해 썼다. 실제로 그 나라 사람들의 마음을 갖고 살았던 경험을 회상한 것이다. 반면, 둘째 그룹은 외국문화에 적응했던 경험이 아니라 외국에서 그냥 일상적인 생활만 했던 경험에 대해 썼다. 몸만 외국에 가 있었을 뿐, 그 나라 사람들의 마음을 갖고 살았던 건 아니었다. 굳이 외국에 가지 않고 자국에서도 얼마든지 할 수 있는 경험이었다. 글쓰기가 끝난 뒤 교수가 두 그룹에게 다시 지시했다.

"간단한 창의성 문제를 내줄 테니 풀어보세요."

어떤 그룹이 문제를 더 잘 풀었을까? 첫째 그룹이었다. 외국에서 오래 살면서 실제로 그 나라 사람들의 마음을 이해했던 사람의 창의성이 더 높았던 것이다.

"외국에 살면서 외국어를 구사하는 등 외국문화에 질적으로 깊이 있게 빠져볼수록 창의성도 높아집니다. 반면, 외국에 아무리 오래 살았다 하더라도 외국인들과 한마음이 돼보지 않으면 창의성은 크게 높아지지 않지요."

몸만 외국에 오래 머문다고 마음의 공간이 넓어지는 건 아니다. 설사 몸은 한국에 있더라도 책을 통해 외국의 다양한 문화를 진심으로 이해하고 받아들인다면 마음의 공간이 외국에까지 넓혀진다. 매덕스 교수가 실리콘 밸리에서 일하는 이스라엘 매니저들을 대상으로 조사해본 결과도 그랬다. 양국문화를 다 받아들이며 사는 사람들은 업무능력도 뛰어났고 승진도 빨랐다. 반면, 마음을 열지 않고 한쪽 문화만 고집하는 사람들은 업무능력도 뒤지고 승진도 느렸다.

노스웨스턴대의 심리학자 갈린스키(Adam Galinsky)는 창의성 시험결과 이민 1세대, 2세대와 다국어 사용자들의 창의성이 보통 사람들보다 높다는 사실을 발견했다. 조국의 문화와 이민 간 나라의 문화를 동시에 받아들이면서 마음의 공간이 넓어지기 때문이다. 굳이 외국에 가지 않고도 다른 나라의 문화를 깊이 공부만 해도 똑같은 효과가 생긴다. 예컨대 학생들에게 중국에 관한 영상 슬라이드를 45분간 보여줬더니 일주일간이나 창의성 성적이 올라갔다.

나 자신도 기자생활의 절반 이상을 국제뉴스를 취재하며 보냈다. 남들은 온종일 국제부에 앉아 있는 걸 답답해했다. 하지만 나는 매일 전세계에서 쏟아져 들어오는 정치, 군사, 의학, 문화 등 모든 분야의 뉴스들을 진심으로 호기심을 느끼면서 살펴보았다. 중요한 정보는 꼬박꼬박 스크랩도 해두었다. 나한테 국제뉴스는 바깥세계를 내다보는 창이었다. 외국에 가지 않고도 오히려 외국을 더 잘 알 수 있는 절호의 기회였다.

'난 국제문제에 관한 최고의 전문가가 돼야지.'

특파원 파견을 다녀온 뒤엔 아예 해외시사교양 TV프로를 만들어 직접 기획도 하고 진행도 했다. 그걸 무려 13년이나 했다.

"넌 참 진득하구나! 지루하지 않아?"

동료들은 이런 말을 툭툭 내던지곤 했다. 지루하다니! 내 몸은 한국에 있었지만, 내 마음은 매일 전 세계를 누비고 있었다. 마음의 공간이 크게 넓어진 것이다. 처음엔 꼴등으로 시작된 TV프로의 시청률도 갈수록 높아졌다. 그러더니 10년도 넘게 동 시간대 시청률 1위를 지켰다. 마음의 공간이 전 세계로 넓어지면서 창의성도 뛰어올랐던 걸까?

다국적 시각을 가질수록 협상력이 높아질까?

'돈만 벌어서 뭐해? 주유소를 팔아 세계 일주나 할까?'

주유소를 팔아치우고 싶어하는 주유소 여사장이 있다.

'2년간 세계를 맘껏 돌고 나서 다시 취직하면 되지 뭐.'

그런데 그녀는 5억 원 이하로는 절대로 팔지 않겠다고 선을 긋는다.

'세계 여행을 하고 돌아와도 집 살 돈은 있어야지.'

얼마 후 구매하겠다는 사람이 나타났다. 구매자도 여성이다. 그런데 주유소를 운영해본 경험이 없다.

"경험은 없지만, 매니저를 고용하면 될 거예요."

그런데 그녀는 4억 원 이상은 절대로 줄 수 없다고 선을 긋는다.

"바가지 쓰고 살 생각은 전혀 없어요."

팔겠다는 사람은 5억 원 이상을 부르고, 사겠다는 사람은 4억 원 이하를 부른다. 서로 한 발짝도 물러서지 않겠다고 공언한다. 이런 상황에서 과연 협상이 가능할까?

<과연 협상이 가능할까?>
* 매도자: "5억 원 이하로는 절대로 팔 수 없다."
* 매수자: "4억 원 이상으로는 절대로 살 수 없다."

갈린스키(Adam Galinsky) 교수는 MBA 학생들에게 이와 똑같은 상황에서 협상을 해보라고 했다. 학생들은 2인 1조로 매도자와 매수자 역할을 맡았다. 협상에 성공한 학생들이 있었을까? 예상대로 보통 학생들의 협상성공률은 0퍼센트였다. 그런데 놀랍게도 협상성공률이 70퍼센트나 되는 학생들이 있었다. 누구였을까? 협상자 두 명 모두 외국에서 산 경험이 있는 경우였다.

─ 보통 학생들의 성공률 → 0%
─ 외국 거주 경험자들의 성공률 → 70%

"이 학생들은 대체 어떻게 협상에 성공한 거지?"
알고 보니 해결책은 간단했다. 매수자는 주유소를 매수하고 나서 매니저가 필요했다. 매도자도 세계 여행을 마치고 귀국하면 일자리가 필요했다. 매도자가 귀국할 때 매수자가 주유소의 매니저로 채용해주면 서로 필요한 조건을 충족시켜줄 수 있다. 이렇게 서로를 배려해주면서 가격을 적당히 타협하면 서로에게 득이 된다. 외국에 오래 살았던 사람들은 마음의 크기가 컸다. 그래서 서로 필요한 부분을 인정해주고 인정받음으로써 해결책을 찾았다.

갈린스키 교수는 이번엔 학생들에게 이런 질문을 해보았다.

"외계인들은 어떻게 생겼을까요? 그려보세요."

이번에도 큰 차이가 벌어졌다. 자신의 나라에만 살았던 사람들은 대부분 예측 가능한 외계인을 그렸다. 눈과 입이 있고 팔다리가 있는 외계인들이었다. 상식의 틀을 크게 벗어나지 못했다. 반면, 외국에 오래 살았던 사람들은? 눈이나 입, 혹은 팔다리가 없는 등 기존의 생각 틀을 벗어난 외계인들을 많이 그렸다. 그림이 훨씬 더 재미있고 의외였고 훨씬 더 창의적이었다.

외국문화에 노출됐던 사람들은 왜 더 창의적일까?

예컨대 식탁예절을 보자. 일본에서는 식사할 때 수프를 마시면서 후루룩 소리를 내는 게 전혀 예의에 벗어나지 않는다. 하지만 미국에서는? 무례하다고 여겨진다. 러시아에서는 음식을 약간 남기는 게 좋다. 왜냐하면 음식을 남겨야 할 정도로 배불리 먹었다는 의미로 해석되기 때문이다. 하지만 미국에서는? 음식을 차려준 주인의 정성이 무시당한 것으로 여겨진다. 인도인들은 음식은 반드시 오른손으로 먹어야 한다고 생각한다. 왼손은 용변을 본 뒤 쓰는 손으로 여기기 때문이다. 하지만 대부분의 나라에선 어느 쪽 손을 쓰든 개의치 않는다.

다양한 외국문화에 젖었던 사람들은 낯선 풍습이나 새로운 생각에 별 거부감을 갖지 않는다. 이것은 옳고, 저것은 틀리다는 식으로 받아들이지 않는다. 이럴 수도, 저럴 수도 있다고 생각한다. 왜냐하면 낯선 나라에 살면서 자신만이 갖고 있던 가치관, 행동양식을 스스로 바꾸지 않고는 생존하기가 어려웠기 때문이다. 외국문화를 받아들이라는 건 외국문화에 동의하라는 게 아니다. 다른 문화도 존재할 수 있다는 사실을 받아들이라는 것이다. 이렇게 마음을 열어놓아야 난관에 봉착해서도 전혀 뜻밖의 해결책에 눈을 돌릴 수 있다.

"저는 아시아인이기도 하고 미국인이기도 해요. 왜냐하면 어머니가 한국인이거든요."

"저는 여자이면서도 기술자예요. 남자들만 기술자 되는 건 아니죠."

"저는 돈이 많지만 가난한 사람들의 마음을 이해해요. 저도 돈이 떨어질 수 있으니까요."

미시간대의 심리학자 산체스-버크스(Jeffrey Sanchez-Burks)의 조사결과, 이런 식으로 자신을 넓은 시야로 바라보는 사람일수록 창의성도 높은 것으로 나타났다. 나를 아시아인이라고 생각하면 나는 아시아인의 마음을 갖는다. 하지만 나는 아시아인이기도 하고 미국인이기도 하다라고 생각하면 아시아인의 마음과 미국인의 마음을 동시에 갖게 된다. 마음의 공간이 넓어지는 것이다.

캘리포니아대의 심리학자 프루(Travis Proulx)는 숨겨진 패턴을 인식하는 시험(pattern recognition test)을 치르기에 앞서 카프카의 단편소설을 읽으면 패턴 인식 능력이 높아진다는 사실을 밝혀냈다. 왜? 카프카는 이야기를 엉뚱하게 전개시키는 것으로 유명하다. 예컨대 불은 뜨겁다. 그런데 당신의 손을 불에 넣었더니 얼음장처럼 차갑다고 말한다면? 상식적으로 통하지 않는 말이다. 상식에서 벗어나야만 의미를 이해할 수 있다. 〈이상한 나라의 앨리스〉를 읽어도 비슷한 효과가 나타났다. 이처럼 생각의 틀을 깨는 경험이나 이야기를 접할수록 마음의 공간이 넓어진다. 그래서 다양한 시각으로 사물을 바라볼 수 있게 된다. 자연히 창의성도 높아진다. 유대인들은 왜 머리가 좋을까? 수천 년간 나라 없이 이곳저곳을 방황하면서 마음의 공간이 시간적으로나 지리적으로 넓어졌기 때문은 아닐까?

비교대상을 넓힐수록 정말 덜 고통스러울까?

"야, 은희야. 대학동기들 얼굴 좀 보자."

나갈까 말까, 그녀는 백 번도 넘게 고민했다. 나이 서른에 난데없이 해고당한 자신의 모습… 결국 친구들의 재촉전화에 이끌려 모임장소로 나갔다. 만나니 반가웠다. 두 친구는 교사로, 한 친구는 대기업 홍보팀에서, 또 한 친구는 번역회사에서 일하고 있었다. 나머지 한 친구는 미국에서 박사과정을 밟고 몇 달 후 귀국한다고 했다.

"야, 그런데 은희 넌 지금 뭐 하니?"

그녀는 얼굴이 확 달아올랐다.

"응, 지금 일자리 알아보고 있어."

"뭐하고 싶은데?"

"사진 찍는 일은 어떨까?"

"휴, 넌 20대에 할 고민을 지금 하고 있니? 그럼 애인은 있고?"

"아직 없어."

"야, 너 정말 막막하다야."

두 친구는 이미 결혼했고, 둘은 남자친구가 있고, 또 한 친구는 곧 결혼할 예정이었다. 청첩장을 받아드는 그녀는 더욱 바짝 오그라들었다. 직장도 없고, 결혼도 못했고, 모아둔 돈도 없고, 나이만 잔뜩 먹었다. 친구들과 서로 수다도 떨고 서로를 위로하며 스트레스를 날려볼까 기대했던 마음은 더욱 꽉 닫혀버리고 말았다. 친구들은 혼수 이야기 혹은 내 집 마련 이야기에 푹 빠져 있었다. 그녀는 끼어들 틈이 없어 그냥 멍하니 듣고만 있었다. 청춘이 몸에서 다 빠져나가는 기분이었다.

그녀는 집에 돌아와서도 기분이 영 좋지 않았다.

'내 기분이 왜 이 모양이지?'

잘 나가는 친구들과 한 자리에 모이니 나만 못나 보였던 건 아닐까? 그녀는 시야를 넓혀 주변사람들을 떠올려보았다. 아이들 다 키워놓고 40대, 50대에 뒤늦게 직장생활을 시작한 여자들도 많았다. 한 대학선배는 서른다섯에 결혼해 잘 살고 있었다. 결혼은 늦게 할 수도 있고 아예 안 할 수도 있다. 이번에는 내면의 시야를 넓혀보았다.

'취직도, 결혼도 못한 채 놀고 있는 게 꼭 불행한 걸까?'

그녀는 그 어느 때보다 자기만의 시간을 많이 갖고 있었다. 자유로이 산책도 하며 자신의 인생을 되돌아보면서 많은 걸 느낄 수 있었다.

'실직하지 않았다면 내가 이런 감정들을 깊이 느껴볼 수 있었을까? 나 자신을 깊이 되돌아볼 순간들이 있었을까?'

이렇게 시야를 안팎으로 넓혀보니 전체가 보였고, 마음도 한결 가벼워졌다.

2009년 미국 인구조사국이 조사해보니 연간 소득 31,000달러 이하에서는 생활고로 자살하는 사람이 많았다. 하지만 그 이상에서는 이웃들과의 소득격차가 자살의 가장 큰 원인이었다. 즉 이웃들과의 소득을 비교했을 때 소득이 뒤질수록 자살률도 높았다. 이웃들의 소득이 10퍼센트 높아질수록 자살률도 7.5퍼센트 치솟았다. 파리 경제대학이 유럽의 23개국 34,000명을 대상으로 조사한 결과도 역시 비슷했다. 사람들은 남들과의 소득격차에 몹시 고통스러워하면서도 "남들과 소득을 비교해보는 건 참 중요한 일이에요"라고 대답했다. 그럼 그들은 누구와의 소득격차를 가장 괴로워했을까?

"가장 친한 친구와 소득격차가 벌어지는 게 죽는 것보다 더 고통스러워요."

그들은 가장 친한 친구와 소득격차가 벌어지는 게 직장 내의 소득격차보다 두 배나 더 고통스럽다고 응답했다. 시야를 가까운 친구나 이웃으로 비좁게 국한시킨 게 원인이었다. 하지만 시야를 넓혀 비교대상을 확대할수록 고통은 점점 줄어든다. 눈을 안으로 돌려 내면의 시야를 넓혀보면 비교하는 생각 자체가 허상이라는 사실을 깨닫게 된다. 이처럼

'나'는 시야를 넓히면 넓힐수록 점점 더 넓게 멀리 퍼져나간다.

시야를 넓히면 정말 다른 문이 보일까?

"전 세상이 원래 뿌연 줄 알았어요."

유창수 씨는 태어날 때부터 망막색소변성증으로 앞이 잘 보이지 않았다. 낮에는 세상이 안개가 낀 것처럼 뿌옇게, 밤에는 칠흑처럼 깜깜하게 보였다. 초등학교에 입학하니 교실 신발장도 찾을 수 없었고, 칠판도 읽지 못했다. 병원에 데려갔더니 의사가 말했다.

"이 아이는 안경을 껴야만 겨우 0.1 정도의 시력이 나오네요. 앞으로 점점 더 시력이 떨어져 실명하게 될 겁니다."

그는 여덟 살 때 안경을 끼고 처음으로 세상을 보았다. 시한부 시력으로 열심히 공부했다. 교사가 되고 싶어 교대에 지원하려 했지만 자격이 없다고 했다.

"교대에 지원하려면 시력이 최소한 0.3은 돼야 해요."

어쩔 수 없이 일반 대학에 진학해 교직과목을 이수했다. 졸업 후 사설학원의 국어강사로 취직했지만, 시각장애인이란 사실이 드러나자 쫓겨났다.

그때부터 8년간 절망 속에서 백수생활을 했다. 화원도 해보고 비디오 가게도 차려보았지만 실패였다. 그러던 중 "제가 평생 당신의 눈이 돼줄게요"라고 말하는 여성을 만났다. 두 딸도 낳았다. 행복이 찾아오는가 했더니 자영업 부채 원리금 상환 고지서가 날아들었다. 시력도 완전히 상실됐다. 막막했다.

'아이들이 날 아빠로 받아들일까?'

'아이들을 어떻게 먹여 살리지?'

심장이 터질 것만 같았다. 그대로 죽을 것만 같았다. 공황장애였다.

'세상에서 나만큼 불행한 사람이 또 있을까? 난 왜 태어났지?"

두려움에 떨던 어느 날, 라디오에서 시각장애인 교사임용이 허용된다는 뉴스가 흘러나왔다. 하지만 시각장애인이 공부할 수 있는 교재가 없었다. 컴퓨터 화면에 뜬 글자를 음성으로 읽어주는 프로그램에 쓸 파일을 구할 수 없었던 것이다. 남들은 하루 만에 배송받을 수 있는 임용교재를 컴퓨터 파일로 만들기 위해 부부가 8개월 동안 이리저리 뛰었다. 그는 그 파일을 귀로 들어서 외웠다. 그리고 마침내 임용시험에 합격했다.

중학교에 발령받자 너무나 설레고 두려웠다.

'학생들이 날 받아들일까? 학부모들이 날 받아들일까?'

첫 수업을 들은 한 학생이 집에 돌아가 어머니에게 새 국어선생님에 대해 말해주었다. 어머니가 대답했다.

"얘야, 지금까지 네가 책에서 헬렌 켈러를 만난 건 학교에서 유창수 선생님 만난 거와 비교하면 아무것도 아니야. 이제부터 넌 국어를 제일 잘할 기회를 얻은 거야."

그는 그 말을 전해 듣고 너무나 감사했다. 두려움이 싹 사라졌다. 그는 학생들이 사랑하는 최고의 국어선생님이다. 그는 시련이 닥쳤을 때 문이 닫혀버렸다고 생각했다. 하지만 시야를 넓혀보니 딱 하나의 문만 있는 게 아니었다. 하나의 문이 닫히면 다른 문이 열렸다. 헬렌 켈러도 이런 말을 했다.

"행복의 한쪽 문이 닫히면 다른 문이 열린다. 그러나 우리는 종종 닫힌 문만 너무 오래 쳐다보고 있기 때문에 우리를 위해 열려 있는 다른 문을 보지 못한다."

하나의 문밖에 보지 못하는 건 시야를 좁게 고정시키기 때문이다. 시야를 넓히면 다른 문이 보인다. 시야를 완전히 넓히면 모든 문이 보인다.

4 시간적 시야를 넓혀볼까?

길게 내다볼수록 정말 더 성공할까?

"유재석의 성공비결은 뭘까?"

술도 마시지 않고 담배도 피우지 않는다. 차도 녹차 정도만 마신다. 건강을 위해 짜장면도 먹지 않는다. 취미라곤 운동밖에 없다. 다른 한편으로 상대를 배려하는 마음도 강하다. 국민 MC 유재석의 변함없는 인기 비결은 놀랍게도 정치, 경제 등 다른 분야에서 성공한 사람들의 비결과 너무나 똑같다. 철저한 자기관리이다.

"우리 사회에서 가장 성공하는 사람들의 특징은 뭘까?"

하버드 대학의 사회학자 밴필드(Edward Banfield) 교수는 가문, 교육, 지능, 연줄 등에 답이 있을 것으로 예상했다. 하지만 장기간 조사를 해보니 그게 아니었다. 답은 '시간적 시야'(time perspective)였다. '시간적 시야'란 지금 뭘 할지를 결정할 때 시간적으로 얼마나 길게 내다보느냐 하는 것이다. 사회적으로나 경제적으로나 가장 성공한 사람들은 한결같이 시간적으로 수십 년 뒤의 일을 내다보고 현재의 일을 결정한 것으로 나타났다. 예컨대 유재석처럼 대한민국 최고 MC가 되겠다는 꿈을 갖고 있다면 현재의 모든 결정을 그 꿈에 맞추는 것이다. 최고 MC가 되기 위해 술담배도 안 하고 규칙적인 운동으로 체력관리도 한다. 미래의 더 큰 즐거움을 위해 현재의 작은 즐거움을 희생하는 것이다.

자녀가 대학에 갈 때를 대비해 갓난아기 때부터 매월 10만 원씩 저축한다면 길게 내다보는 것이다. 퇴근 후 TV를 볼까, 아니면 아이와 함께 놀까? TV를 보는 건 지금의 순간적인 즐거움이다. 자라나는 아이와 노는 건 지금의 기쁨이기도 하지만 아이의 행복과 건강을 위한 장기적인 투자이기도 하다. 밴필드 교수는 사회적으로 최상위층에 진입하는 사람일수록 시야도 길다는 사실이 놀라웠다.

"시야가 길수록 높이 올라요. 신기한 현상이죠."

암스테르담대의 심리학자 포스터(Jens Forster)도 비슷한 실험을 했다. 그는 사람들을 두 그룹으로 나눠 각기 다음과 같은 질문을 생각하게 했다.

— A그룹에게 '1년 후 나의 삶은 어떨까?' 하고 생각하게 했다.
— B그룹에게 '내일 나의 삶은 어떨까?' 하고 생각하게 했다.

그런 다음 두 그룹에게 창의성 시험을 내주었다. 결과는? A그룹의 창의성 성적이 B그룹보다 훨씬 높았다. 한 사업가는 손을 대는 사업마다 성공한다. 비결을 알아봤더니 너무나 간단하다.

"저는 길게 내다봐요. 10년 후 나는 이 사업을 어떻게 되돌아볼까? 이렇게 상상하면 일이 잘 풀려요."

이렇게 시간적 시야를 넓히는 것만으로도 성공 확률이 높아진다. 시간적 공간이 커지는 만큼 '나'도 커지기 때문이다.

"IQ가 높으면 공부를 잘할까?"
"성적을 예측할 수 있게 하는 변수는 뭘까?"
심리학자 셀리그먼(Martin Seligman)과 더크워스(Angela Duckworth)는 중학교 2학년생 164명을 대상으로 여러 항목을 조사해보았다. 결과는? 놀랍게도 IQ는 큰 잣대가 아니었다. 미래의 성적을 예측할 수 있는 가장 정확한 잣대는 자제력(self-discipline)이었다. IQ보다 두 배나 더 정확했다. 자제력은 순간적인 충동을 이겨내는 힘이다.
"그렇다면 자제력을 어떻게 키울 수 있을까?"
오하이오 주립대의 후지타(Kentaro Fujita) 교수는 대학생들에게 두 가지 방법으로 질문해보았다.

  ─ A그룹에게 한 질문: "여러분은 왜 건강을 유지해야 하죠?"
  ─ B그룹에게 한 질문: "여러분은 어떤 방법으로 건강을 유지하죠?"

A그룹 학생들은 각기 나름대로 건강을 유지해야 하는 목적을 생각해보았다. 이를테면 이런 것들이다. '공부를 잘하기 위해서는 건강을 유지해야지.' '꿈을 이루기 위해서는 건강을 유지해야지.'
B그룹 학생들은 "운동하죠", "건강식을 먹죠" 등과 같은 대답을 했다.

그런 다음 교수는 A, B 두 그룹의 손의 악력을 측정해보았다.

"이 손잡이를 꽉 잡고 있어보세요. 최대한 오래."

이 실험은 손의 악력 자체를 시험하려는 게 아니었다. 각자의 기준 악력보다 얼마나 더 참을성 있게 손잡이를 잡고 버티는지를 알아보려는 시험이었다. 어느 그룹이 더 오래 잡고 있었을까?

— 목적을 생각한 A그룹 → 기준 악력보다 11.1초 더 오래 잡았다.
— 구체적 방법을 생각한 B그룹 → 기준 악력보다 4.9초 더 오래 잡았다.

놀라운 차이가 벌어졌다. 시야를 좁혀서 생각한 학생들보다 시야를 넓혀서 생각한 학생들이 두 배도 넘는 자제력을 발휘한 것이었다. 왜 이렇게 큰 차이가 벌어졌을까? A그룹에게 던진 질문은 건강을 유지하는 목적을 묻는 질문으로, 시야를 넓혀 큰 그림을 보게 한다. 반면, B그룹에게 던진 질문은 건강을 유지하는 구체적인 방법을 묻는다. 이것은 시야를 좁혀 작은 그림을 보게 한다. 단지 시야를 넓히는 것만으로 돌연 '나'의 덩치가 두 배나 커진 것이다.

다른 방법으로 실험해봐도 마찬가지 결과가 나왔다. 넓고 멀리 볼수록 중간에 포기하고 싶은 순간적인 유혹을 물리치는 자제력이 훨씬 더 커졌다. 이렇게 자제력이 큰 사람일수록 공부를 위해 음주나 TV 시청 등을 피하고, 건강을 위해 운동 등에 투자했다. 시야를 넓히는 만큼 '나'가 커지는 것이다.

길게 볼수록 정말 나를 더 정확히 보게 될까?

중학교 3학년 말, 가난한 산골마을을 떠나 난생처음으로 도시 구경을 했다. 삼촌과 함께 작은아버지가 사는 인천으로 갔다. 나이만 먹었을 뿐 철부지였다. 저녁이면 거의 매일 TV를 들여다봤다. 시골엔 TV가 없었기 때문이다. 한 달 후에 고교입시를 치렀다. 붙었을까? 보기 좋게 떨어졌다. 3년 후 이번엔 서울에 올라가 대입시험을 치렀다. 역시 또 떨어졌다. 대학 졸업 후 유학을 가고 싶어 외국 항공사 장학금 신청시험에 지원했지만 또 떨어졌다. 막연히 학자가 되고 싶었던 꿈은 물거품이 됐다. 왜 자꾸 떨어졌을까? 나 자신을 몰랐기 때문이다.

실패는 나를 들여다보라는 신호이다. 실제로 나를 제대로 알기 시작하자 현실도 바뀌기 시작했다. 입사 후 방송국 전 직원을 대상으로 한 영어시험에서 1등을 했다. 30대 중반의 나이로 미국 대학원에 연수를 가서 단기간에 남들보다 훨씬 많은 과목을 들으며 전 과목 A학점을 받았다. 지도교수는 "대학원이 생긴 이래 가장 훌륭한 논문"이라고 칭찬해주었다. 내가 지금 이 책을 쓸 수 있는 것도 나를 훨씬 더 정확히 알게 됐기 때문이다. 그렇지 않았다면 감히 엄두도 내지 못했을 일이다. 과거에 매달리는 건 어리석은 일이다. 과거 자체가 생각이 만들어낸 허상이기 때문이다. 미래도 역시 허상이다. 모든 현상이 단지 배움을 위한 허상의 물결일 뿐이다. 배움이 끝나면 물결도 흘러간다. 실제로 늦었다고 생각할 때가 가장 빠르다.

인생 전체를 보면 늦게 눈뜬 사람이 앞서고, 일찍 눈 뜬 사람이 뒤처지는 일이 비일비재하다. 뒤늦게 50대, 70대에 정신 차려 갑자기 도약하는 사람도 있다. 길거리의 걸인이 나보다 더 자비로울 수도 있다. 학교 문턱에도 안 가본 사람이 나보다 더 지혜로울 수도 있다. 부처님과 예수님은 학교를 다녔을까? 아인슈타인은 어렸을 때 공부를 잘했을까? 우리가 '남'으로 여기는 모든 사람들이 사실은 '나'의 다른 모습들이다. 서로 '나'를 알아가기 위한 연기를 하고 있을 뿐이다.

일리노이대 연구진이 100명을 모아놓고 말했다.

"여러분은 나머지 99명과 비교해볼 때 자신을 어떻게 평가하세요? 유머, 지능, 친화력, 자긍심 등 여러 면에서 말입니다."

100명 가운데 80명이 모든 점에서 자신이 평균 이상이라고 대답했다. 40명은 자신이 최상위 10퍼센트에 든다고 응답했다. 통계상 말이 안 되는 일 아닌가? 100명 가운데 50명은 평균 이하여야 하는데 말이다.

버지니아대의 스프리그맨(Christopher Sprigman) 교수는 화가 수십 명에게 "가장 자신 있는 그림을 한 점씩 출품해보세요"라고 해보았다. 화가들은 제각기 최고의 작품을 골라 출품했다. 교수는 화가들로 하여금 출품된 모든 작품을 둘러보도록 한 뒤 물었다.

"당신의 작품이 최고작으로 뽑힐 가능성은 얼마나 될까요?"

놀랍게도 화가들은 자신의 작품이 최고작으로 뽑힐 가능성이 평균 75퍼센트 이상이라고 대답했다! 영국통계청에 따르면, 결혼한 사람들의 42퍼센트가 이혼한다. 결혼하는 날 모든 남녀가 '우리의 혼인언약은 눈을 감을 때까지 변치 않을 것'임을 맹세하지만, 맹세를 지키지 못하는 경우가 생긴다. 왜? 상대를 모르기 때문일까? 자신을 모르기 때문일까? 아니면 서로가 자신을 모르기 때문일까?

에플리 교수

"오늘 평가받는 것보다 한 달 후
평가받는다고 상상하면 자신을 더 정확히
평가하게 된다."

ⓒ chicagobooth.edu

시카고대의 에플리(Nicholas Epley) 교수는 A그룹 학생들에게 이렇게
말해보았다.

"사진을 찍어줄 테니 멋지게 포즈를 취해보세요. 얼마나 멋진지 B그
룹 학생들이 점수를 매길 겁니다."

그러면서 이런 말도 덧붙였다.

"B그룹 학생들이 여러분을 어떻게 평가하고, 어떤 점수를 줄지 한 번
예측해보세요."

자신들이 B그룹 학생들로부터 어떤 평가를 받게 될지 예측해보라는
거였다. 교수는 이런 호기심도 들었다.

'자신을 평가할 때 '오늘 남들의 평가를 받을 거야'라고 생각하는 게
나을까, 아니면 '한 달 후에 남들의 평가를 받을 거야'라고 생각하는 게
나을까?'

자신이 오늘 평가받는다고 생각하면 시간적 시야가 짧아진다. 반면,
한 달 후에 평가받는다고 생각하면 시간적 시야가 길어진다. 이렇게 시
야가 길어지면 평가하는 사람들의 마음을 더 정확히 예측할 수 있게 될
까?

결과는 예상대로였다. 한 달 후에 평가받는다고 생각하며 자신을 평가한 학생들이 자신을 훨씬 더 정확히 평가했다.

"참 신기한 일이야. 시간적 시야가 길어질수록 예측력이 더 정확해지다니!"

교수는 이번엔 시간적 시야를 좀더 길게 늘려 약간 다른 실험을 해보았다. 학생들에게 이렇게 지시했다.

"각자 녹음기에 대고 자신을 묘사해보세요. 다른 사람들이 녹음을 듣고 여러분을 평가할 테니까요. 그리고 그들로부터 몇 점이나 받을 수 있을지 한 번 예측해보세요."

그는 먼젓번처럼 두 가지로 말해주었다.

A. "오늘 사람들의 평가를 받을 겁니다."
B. "서너 달 후에 사람들의 평가를 받을 겁니다."

결과는? 역시 '서너 달 후에 남들의 평가를 받을 것'이라고 생각하며 자신을 평가한 학생들의 예측력이 훨씬 더 정확했다. 놀랍게도 시간적 시야가 길어질수록 정확도도 그만큼 높아지는 것이었다. 교수는 왜 이런 차이가 났는지, 다시 한 번 곰곰이 생각해보았다. '오늘 사람들의 평가를 받을 거야'라고 생각하면 시야가 짧아진다. 예컨대 외모로 치자면, '머리가 너무 짧은데', '눈이 좀 충혈됐어', '오늘따라 얼굴이 좀 지쳐 보여' 등 단기적인 겉모습에 초점이 맞춰진다. 반면, '몇 달 후에 사람들의 평가를 받을 거야'라고 생각하면 '난 전형적인 한국인의 얼굴이야', '난 안경을 끼고 있어', '난 얼굴이 좀 큰 편 같아' 등 좀더 장기적인 인상에 초점이 맞춰진다. 그러면서 자신을 더 정확하게 보게 된다. 그렇다면 시간적 시야를 더욱 넓혀보면 어떨까?

'내 아이들은 10년 후에 나를 어떻게 볼까?'

'나는 세상을 떠날 때 내 인생을 어떻게 되돌아볼까?'

'100년 후에는 사람들이 나의 인생을 어떻게 평가할까?'

이렇게 시간적 시야를 넓힐수록 '나'는 더욱 커진다. 그러면 나 자신을 더욱더 정확히 보게 되고, 헛발을 내딛지도 않게 된다.

2

공간을 넓힐수록
정말 '나'가 마법처럼 커질까?

1 '나'의 공간을 남에까지 넓혀볼까?

상대방의 눈으로 바라보면 마법처럼 갈등이 풀릴까?

"… 정말 살기 싫다. 공부도 싫다. 집도 싫다. 엄마 아빠도 싫다. 오빠도 싫다. 그냥 수면제 잔뜩 먹고 잠을 자다가 조용히 이 세상을 떠나고 싶다……"

한 지인이 우연히 딸의 일기를 훔쳐보다가 가슴이 철렁했다. 너무나 떨리고 눈앞이 캄캄했다. 이제 겨우 중2인 딸아이가 죽을 생각을 다 하다니. 어릴 땐 오빠와 도서관에 가서 책 읽는 걸 좋아하던 아이가 중학교에 들어가면서 돌변했다. 고1인 오빠와는 너무나 대조적이었다. 오빠는 초등학교 때부터 공부도 잘하고, 예의도 바르고, 마음씨도 착했다. 누가 봐도 이른바 '범생이'였다. 수진이는 그런 오빠가 눈곱만큼도 부럽지 않다고 했다.

"꼭 공부만 잘한다고 행복한 건 아니야. 난 공부보다 가수가 적성에 맞아."

수진이는 온종일 문을 닫아놓은 채 음악을 듣거나 노래를 따라 불렀다. 밖에 나갈 땐 늘 이어폰이 귀에 꽂혀 있었다. 심지어는 밤에도 이어폰을 꽂고 잤다. 수진이의 방은 온통 가수들의 사진과 가수들에 대한 기사로 도배됐다. 시험기간 중 인기척이 안 나 슬쩍 들여다보면 수진이는 라디오 음악프로에 보내는 엽서를 쓰거나 팬레터를 쓰고 있었다. 초등학교 땐 얌전한 아이들과 어울려 다니더니 이제는 이른바 '날라리'들과 몰려다녔다. 옷차림이나 머리 모양, 화장도 점점 그런 친구들을 닮아갔다.

"수진아. 너 나중에 뭐가 되려고 그러니? 이젠 제발 정신 좀 차려!"

그녀는 혼내기도 하고, 위협하기도 하고, 사정도 해보았다. 하지만 수진이는 점점 더 멀어져만 갔다. 대화도 끊어졌다.

지푸라기라도 잡고 싶었던 그녀는 한 학부모 교육 프로그램에 등록했다. 교육을 들으면서 점점 분명히 깨닫게 되는 사실이 있었다.

'문제는 수진이가 아니고 나였구나!'

어느 날 밤 그녀는 수진이 방문을 두드렸다.

"수진아, 너 학원 다니기 싫지?"

수진이는 경계하는 눈빛으로 엄마를 올려다보았다.

"네가 싫은 학원은 다 끊어도 좋아."

수진이는 당장 모든 학원을 몽땅 끊고 싶다고 했다. 이튿날 그녀는 정말 모든 학원을 끊었다. 딸에 대한 모든 욕심도 내려놓았다. 그리고 철저하게 딸의 눈으로 모든 것을 바라보기 시작했다. 딸이 좋아하는 라디오 음악프로도 함께 듣고, 가사도 함께 외우고, 노래도 함께 따라 불렀다. 딸이 좋아하는 가수에 관한 기사가 나오면 스크랩도 해주었다.

'날라리' 친구들을 데려오면 진심으로 따뜻하게 대해주었다. 그러면서 딸의 마음을 점점 더 깊이 이해하기 시작했다. 딸이 왜 음악에 빠져들었는지 이해가 갔다.

"수진아, 오늘은 휴일인데 도서관 갈까? 네가 좋아하는 책 있으면 맘대로 읽어봐."

공부와는 전혀 상관없는 책들이었다. 수진이가 그냥 좋아하는 책들이었다. 그러면서 수진이는 서서히 책을 좋아하던 동심으로 되돌아갔다. 마음도 열리기 시작했다. 끊겼던 엄마와의 대화가 점점 더 길어졌다.

한번은 등교하러 집을 나서던 수진이가 물었다.

"엄마, 내가 공부 못해도 나 사랑하지?"

"물론이지. 넌 언제나 내 딸이니까."

어느 날 그녀가 식사를 준비하고 있을 때였다. 소리도 없이 들어온 수진이가 뒤에서 슬며시 그녀의 한 손을 잡았다.

"엄마, 나 이번 중간고사에서 100등도 넘게 올랐어. 반에선 5등!"

그녀의 입이 딱 벌어졌다.

"엄마, 감사합니다. 기다려줘서."

수진이를 꽉 껴안는 엄마의 눈에 눈물이 가득 고였다.

아이들은 부모의 눈빛을 읽는다. 내가 아이를 받아들이지 않으면 아이도 나를 받아들이지 않는다. 나는 나만의 좁은 공간에, 아이는 아이만의 좁은 공간에 갇혀버린다. 서로 상대의 마음속을 모르니 자연히 겉으로 드러나는 행동만 보고 상대를 심판하게 된다. 내가 내 기준으로 아이를 심판하면 아이도 자신의 기준으로 나를 심판한다. 갈등의 골은 갈수록 깊어진다. 내가 강요하면 강요할수록 아이는 오히려 더욱 거세게 저항할 뿐이다. 이렇게 '나'의 공간 밖으로 완전히 떨어져나간 아이가 과연 내가 이끄는 대로 움직여줄까? 그렇다면 어떻게 해야 할까?

아이의 행동을 움직이는 건 아이의 마음이다. 아이의 행동을 변화시키고자 한다면 내 마음의 공간을 아이에게까지 넓혀야 한다. 나의 시각이 아닌 아이의 시각으로 바라보면 나의 시야가 아이에게까지 확장된다. 그럼 아이의 속마음을 이해하게 되고, 있는 그대로를 받아들일 수 있게 된다. 내가 아이를 받아들이면 아이도 나를 받아들인다. 상대와 갈등이 생기면 무조건 상대의 시각으로 바라보라. 절대로 손해나는 일이 아니다. 그래야 나의 공간이 상대에게까지 확장된다. 그러면서 상대는 마법처럼 내 의도대로 움직이게 된다. 공간을 넓힐수록 기적이 일어난다.

'나'가 아닌 '누군가'의 눈으로 보면 정말 더 현명해질까?

캐나다 워털루대학의 그로스만(Igor Grossmann) 교수는 심각한 경기침체로 대학졸업 후 아직 취업을 못한 일부 대졸자들에게 주문했다.

"지금의 경기침체를 '나'의 시각에서 생각해보세요."

다른 대졸자들에게는 좀 달리 주문했다.

"지금의 경기침체를 '나' 아닌 '어떤 사람'의 시각에서 생각해보세요."

그런 다음 대졸자들에게 침체된 경기에 대한 의견을 말해보라고 했다. 이들의 의견은 어떻게 달랐을까?

104

<경기침체에 대한 의견>

* '나'의 시각에서 본 대졸자들 → "전 경기침체에 대해 잘 알고 있어요." "경기침체는 쉽게 끝나지 않을걸요."
* '어떤 사람'의 시각에서 본 대졸자들 → "제 지식으로는 앞으로의 경제상황을 내다보기가 힘들어요." "경기침체는 빨리 끝날 수도 있고, 늦게 끝날 수도 있다고 생각해요."

'나'의 시각에서 본 대졸자들은 시각이 주관적이었다. 마치 자신이 경기침체에 대해 다 아는 것처럼 말했다. 반면, '어떤 사람'의 시각에서 본 대졸자들은 훨씬 객관적이었다. 자신이 잘 모른다는 사실을 잘 알고 있었다. '나'의 공간을 '어떤 사람'에게까지 넓혔기 때문이다. 이번에는 대통령 선거를 앞두고 정치적 성향이 강한 진보, 보수 유권자들에게 주문했다.

"여러분이 강한 애착을 느끼는 두 가지 정치문제에 대해 생각해보세요."

그런 다음 다시 말했다.

"만일 여러분이 지지하는 후보가 떨어지고, 반대당 후보가 당선된다면 참 실망스럽겠죠? 그렇게 되면 여러분이 관심 깊게 보는 정치문제는 어떻게 될까요? 여러분의 생각을 솔직하게 얘기해보세요."

그러면서 교수는 앞서 실험처럼 두 가지 방식으로 얘기해보라고 말했다.

— '나'의 시각에서 본다: "나는 이 문제가 어떻게 될 거라고 생각하는가?"

그로스만 교수

"나 아닌 다른 누군가의 시각으로 볼수록
더 현명해진다."

ⓒ uwaterloo.ca

— '누군가'의 시각에서 본다: "누군가는 이 문제가 어떻게 될 거라
고 생각할까?"

이번에도 어떤 시각으로 보느냐에 따라 큰 차이가 났다.

'누군가'의 시각으로 본 사람들이 훨씬 더 현명하게 얘기했다. 그들
은 훨씬 더 협조적이었고, 당파적인 시각에서 벗어나 있었다. 심지어
초당적 토론그룹에 선뜻 참여하겠다고 대답했다. 현명한 사람들은 어
떤 상황에 대한 고정된 편견을 갖고 있지 않다. 모든 상황은 변할 수 있
다고 생각한다. 또, 자신의 지식엔 한계가 있다는 사실도 순순히 받아
들인다. 현명함은 타고나는 게 아니다. 시야를 넓히면 넓힐수록 점점
더 현명해진다.

"최고의 전문가라면 이 문제를 어떻게 볼까?"

"링컨이라면 이 문제를 어떻게 생각할까?"

이렇게 시야를 남에게까지 넓히면 넓힐수록 나는 그만큼 더 많은 지
혜를 얻는다. '나'의 공간이 넓어지기 때문이다.

'나'가 아닌 '누군가'의 눈으로 보면 정말 더 쉬워질까?

"한 죄수가 감옥에서 탈출하려고 한다. 그는 감방에서 밧줄을 발견했다. 하지만 밧줄의 길이가 너무 짧다. 지상으로 안전하게 내려갈 수 있는 길이의 절반밖에 되지 않는다. 그는 밧줄을 둘로 나누었다. 그리고 두 부분을 서로 묶어서 탈출에 성공했다. 그는 어떻게 한 걸까?"

앞에서도 나온 바 있는 창의성 문제이다. 뉴욕대의 폴먼(Evan Polman) 교수는 대학생들에게 이 문제를 두 가지로 풀어보도록 했다.
  — 그룹 A: '감옥에 갇혀 있는 죄수가 나'라고 상상한다.
  — 그룹 B: '감옥에 갇혀 있는 죄수가 다른 사람'이라고 상상한다.

어느 쪽이 더 많이 문제를 풀었을까?
  — A그룹: 48퍼센트가 문제를 풀었다.
  — B그룹: 66퍼센트가 문제를 풀었다.

교수는 이번에는 사람들에게 〈외계인 이야기〉에 쓸 외계인 그림을 그려보라고 했다. 그러면서 두 그룹에게 각기 다르게 말했다.
  — A그룹에게 해준 말: "이야기는 나중에 여러분이 직접 쓰게 됩니다."
  — B그룹에게 해준 말: "이야기는 나중에 다른 사람이 쓰게 됩니다."

누가 더 창의적인 그림을 그렸을까? B그룹이 훨씬 더 창의적인 그림을 그렸다. 나중에 이야기를 쓰게 될 다른 사람의 시각에서 그림을 그렸기 때문이다.

세 번째 실험에서 교수는 남에게 줄 선물을 상상해보라고 했다. 사람들은 두 가지로 상상했다.

　─ A그룹: '나와 가까운 사람에게 선물을 준다'고 상상한다.
　─ B그룹: '내가 거의 모르는 낯선 사람에게 선물을 준다'고 상상한다.

누가 더 독창적인 선물을 생각해냈을까? 역시 낯선 사람에게 선물을 준다고 상상한 사람들이었다. 낯선 사람을 상상할 때 마음의 공간이 더 커지기 때문이다. 영국의 8~10세 초등학생들은 '벌들은 어떻게 꿀이 많은 꽃들을 찾아갈까?' 하는 호기심을 품고 있었다. 답을 찾아내기 위한 가장 쉬운 방법은? 내가 직접 벌이 돼보는 것이다. '만일 내가 벌이라면 나는 어떻게 꿀이 많은 꽃을 찾아갈까?' 이렇게 상상한 결과 마침내 답을 알아냈다. 그 연구결과는 세계적인 과학전문지(Biology Letters)에 게재됐다. 과학사상 최연소 과학자들이 탄생한 것이다.

나만의 시각으로 문제를 바라보면 나만의 공간 속에 갇혀버린다. 하지만 남의 시각으로 문제를 바라보면 나의 공간이 남의 공간까지 확장된다. 그러면서 더 많은 지혜가 흘러나온다. '나'의 공간을 넓히면 더 큰 힘이 흘러나온다.

예컨대 시골에 혼자 사시는 어머니는 혼자 계실 땐 식사를 대충 해서 드신다. 서울에서 전화를 드리면 "혼자 먹는데 대충 먹으면 되지 뭘" 하신다. 하지만 자식들이 내려가면 불편한 몸을 이끌고 정성껏 식사를 준비하신다. 그럴 때 나는 모르는 척 그냥 내버려둔다. 의무감에서 억지로 몸을 움직이는 건 건강에 해로울 수도 있지만, 자식들에 대한 사랑의 마음으로 몸을 움직이면 자식들에게까지 '나'의 공간이 확장돼 더 많은 힘이 흘러나오기 때문이다.

'나'의 공간을 시간적으로 확장할 수도 있다. 예컨대 '나'의 어린 시절로 돌아가 '어린 나'의 눈으로 세상을 바라볼 수도 있다. 심리학자 로빈슨(Michael Robinson)은 대학생 수백 명을 두 그룹으로 나눠 각자에게 두 가지 질문을 던졌다.

— A그룹: "당신은 일곱 살입니다. 오늘 하루 수업이 없다면 무엇을 하고, 어디를 가고, 누구를 만나겠습니까?"
— B그룹: "오늘 하루 수업이 없다면 무엇을 하고, 어디를 가고, 누구를 만나겠습니까?"

두 질문 간의 유일한 차이는 A그룹의 경우 자신을 일곱 살이라고 상상한다는 것뿐이었다. 학생들은 각기 10분 동안 열심히 질문에 대한 답을 작성했다. 그런 다음 창의성 시험을 치렀다. 두 그룹 가운데 어느 쪽이 창의성 시험에서 더 높은 점수를 받았을까?

자신을 일곱 살이라고 상상한 A그룹이 두 배나 더 높은 점수를 받았다. 왜? '난 일곱 살'이라고 상상하는 순간 동심의 세계로 돌아갔기 때문이다. 동심은 순수하고 열려 있다. 이처럼 '나'의 공간을 남의 공간까지 확장할 수도 있고, 시간상으로 나의 시야를 어린 시절까지 넓힐 수도 있다.

연이와 진이는 서로 친구다. 누군가가 연이에게 "가장 친한 친구가 누구냐?"고 물으면 연이는 이렇게 대답한다.

"진이요."

연이는 진이를 가장 친한 친구로 받아들인다. 연이의 마음공간엔 진이가 가장 가까운 친구로 들어와 있다. 그러면서 연이의 몸이나 성격은 점점 진이를 닮아간다. 만일 진이가 비만해지면 연이 역시 비만해질 확률이 세 배로 높아진다. 그렇다면 진이는 어떨까? 누군가가 진이에게 "가장 친한 친구가 누구냐?"고 물으면 진이는 이렇게 대답한다.

"송이요."

진이는 연이가 아닌 송이를 가장 친한 친구로 받아들인다. 그러면서 진이는 연이가 아닌 송이의 몸과 마음을 점점 닮아간다. '나'의 공간에 포함시키는 친구를 닮아가는 것이다. 그 친구가 멀리 떨어진 곳에 살고 있든 가까운 곳에 살고 있든 전혀 상관없다. 마음속에서는 거리가 존재하지 않기 때문이다. 하버드 의대의 크리스태키스(Nicholas Christakis) 교수가 지난 32년에 걸쳐 1만2천 명을 추적 조사해본 결과다.

친구만 닮는 게 아니다. 친구의 친구도 닮아간다. 내 친구의 친구가 비만이 되면 나 자신도 역시 비만이 될 확률이 25퍼센트나 늘어난다. 또, 내게 행복한 친구 한 명이 더 생길 때마다 내가 행복해질 확률은 9퍼센트씩 늘어난다. 거꾸로 불행한 친구 한 명이 더 생길 때마다 행복해질 확률은 7퍼센트씩 감소한다.

그럼 배우자는 어떨까? 내가 살이 빠지면 배우자도 빠질까? 한 연구에서 체중감량 코스에 참가하는 사람 357명의 배우자들을 추적해보았다. 그 결과 참가자들의 체중이 빠질 경우 놀랍게도 배우자들의 체중도 함께 빠진 것으로 나타났다. 크리스태키스 교수는 대학 신입생들에게 우울증이 약간 있는 사람과 3개월간 방을 함께 쓰도록 해봤다. 그랬더니 신입생들이 갈수록 우울해졌다.

흡연도 마찬가지다. 한 사람이 담배를 끊으면 친구의 친구, 그리고 친구의 친구의 친구에게까지 파급효과가 미친다. 자살도 그렇다. 자살한 친구가 있는 사람은 자살을 생각하는 비율이 더 높다. 전년에 자살한 친구가 있는 소년은 다른 소년들보다 자살을 생각하는 비율이 세 배나 더 높고, 실제로 자살을 시도하는 비율도 두 배나 더 높다. '친구를 보면 그 사람을 알 수 있다'는 말이 그냥 나온 말이 아니다.

베를린 장벽이 무너지기 전 동독의 요통 발생률은 서독보다 훨씬 낮았다. 하지만 통일 후 동독의 발생률이 갈수록 높아지더니 10년쯤 지나자 서독과 비슷해졌다. 동독인들이 서독인들을 '나'의 공간 속으로 받아들이면서 요통까지 닮아갔던 것이다.

남을 '나'의 공간에 받아들이면 마음까지 닮아간다. 하버드대의 심리학자 웨그너(Daniel Wegner)는 3개월 이상 사귄 남녀 59쌍을 두 그룹으로 나눴다. A그룹은 각기 사귀던 사람과 함께 머물게 했다. B그룹은 각기 낯선 사람과 새로 짝을 짓도록 했다. 그런 다음 각 쌍에게 64가지 문장을 읽어보게 했다. 5분이 지난 뒤 말했다.

"자, 이제 아까 읽어본 문장들 가운데 생각나는 걸 모두 적어보세요."

어느 그룹이 더 많은 문장을 기억해냈을까?

— 사귀던 짝과 함께 읽어본 A그룹 → B그룹보다 월등히 많은 문장을 기억해냈다.

— 낯선 짝과 함께 읽어본 B그룹 → A그룹보다 현저히 적은 문장을 기억해냈다.

사귀던 짝들이 월등히 더 많은 문장을 기억해낸 이유는? 사귀는 짝을 '나'의 공간에 받아들였기 때문이다. 같은 이치로 부부간엔 치매도 닮아간다. 부부 중 한쪽이 치매에 걸리면 그 배우자도 치매에 걸릴 확률이 여섯 배나 높아진다. 아내가 치매에 걸리면 남편이 치매에 걸릴 위험은 열두 배로 늘어난다. 남편이 치매이면 아내의 치매 위험은 네 배로 커진다. 유타 주립대 노인의학 연구팀이 12년간 1,221쌍의 노년 부부들을 살펴본 결과다.

따라서 누군가를 닮고 싶다면? 그 누군가를 '나'의 공간에 완전히 받아들이면 된다. 나는 부처님과 예수님을 완전히 받아들인다. 완전한 깨달음을 얻은 기적의 치유사들도 완전히 받아들인다. 과학의 경지를 뛰어넘은 아인슈타인도 완전히 받아들인다. 그 모든 사람들을 품고 있는 무한한 공간도 완전히 받아들인다. 받아들이는 만큼 닮아간다.

2 '나'의 공간을
물건과 동물에까지 넓혀볼까?

'나'의 공간은 대체 어디까지일까?

"내 인생은 이제 끝장났어."

이 여성은 불과 열아홉 살 때 두 다리를 잃었다. 비장과 양쪽 콩팥도 잃었고 왼쪽 청력도 완전히 상실했다. 고등학교 때부터 그녀의 원래 소원은 하얀 눈이 내리는 곳에 살면서 스키를 타는 것이었다. 그래서 고등학교를 졸업하자 마사지 치유사가 되어서 눈이 많이 내리는 곳에 살았다. 하지만 기쁨도 잠시, 어느 날 돌연 급성 세균성 수막염으로 혼수 상태에 빠졌다. 생존율은 불과 2퍼센트. 두 달 보름 동안 사경을 헤맸다.

"깨어나 보니 두 다리가 사라졌어요. 대신 침대 곁에 엉성한 철제 다리가 놓여 있었죠."

퇴원한 뒤 그녀는 몇 달간 마치 죽은 사람처럼 누워 있었다. 철제 다리를 침대 곁에 세워둔 채. 그러다가 문득 하루하루 정말 죽어가고 있는 자신을 발견했다.

"이렇게 죽어가든지, 아니면 일어서든지. 만일 내 인생이 한 권의 책이라면? 그리고 내가 그 책의 저자라면? 난 이렇게 죽어가는 이야기만

© motortrendauthor

쓰고 끝내야 하나?"

그녀는 다시 우아하게 스키를 타는 모습을 그려보았다. 몇 달 후 그녀는 다시 스키에 도전했다. 드디어 의족을 착용하고 스키를 타던 첫날, 황당한 일이 벌어졌다.

"앗, 내 다리!"

스키장 정상에서 내려오는 순간 의족 두 개가 빠져버린 것이었다! 스키를 타던 사람들도 경악했다. 결국 그녀는 전문가의 도움을 얻어 의족을 손수 만들기 시작했다. 아버지로부터 콩팥도 이식받았다. 그리고 끈질긴 시도 끝에 마침내 완벽한 의족을 만들어냈다. 그 의족을 끼고 월드컵 여성 스노우보드 부문에서 두 차례나 우승했다. 지금도 세계 1위에 랭크돼 있다. 그녀는 자신이 고안해낸 의족을 전 세계에 보급하고 있다. 장애인들이 스포츠에 참여할 수 있도록 도와주는 비영리 단체도 설립했다. 대학에도 진학했다. 미국에 사는 퍼디(Amy Purdy)의 이야기다. 기자들이 그녀에게 질문을 던졌다.

"만일 할 수만 있다면 두 다리가 멀쩡하던 때로 되돌아가고 싶지 않나요?"

그녀는 주저 없이 대답했다.

"아니요. 두 다리를 잃은 덕분에 저는 더 큰 것을 얻은 걸요."

자신이 육신 이상의 존재라는 사실에 눈을 뜬 것이다. 육신도 일정 기간 빌려 쓰고 돌려주는 것이다. 의족도 빌려 쓸 수 있다. 장기도 기증받아 빌려 쓸 수 있다. 이 세상에 내 것은 아무것도 없다. 그렇다면 두

뇌도 빌려 쓰는 것일까?

용준이라는 이름의 남자가 있다. 어느 날 그가 연아라는 여성에게 전화를 건다.

"연아야, 우리 미술 박물관 갈까?"

"그거 좋은 생각이야. 우리 박물관에서 만나."

연아는 박물관이 어디 있는지 생각해본다.

"맞아. 공원 옆으로 세 번째 블록에 있지."

그녀는 두뇌를 빌려 정보를 저장하기도 하고 끄집어내기도 한다. 하지만 용준은 두뇌를 제대로 빌려 쓸 수 없다. 치매환자다. 그렇다고 방법이 없을까? 두뇌 이외의 것을 빌려 쓰면 안 될까? 그는 박물관의 주소를 찾아 노트에 적는다. 그리고 노트를 보고 박물관을 찾아간다. 연아는 정보를 저장하기 위해 두뇌를 빌려 쓰고, 용준은 노트를 빌려 쓴다. 용준의 마음은 어디까지일까? 호주 국립대학의 챌머스(David Chalmers) 교수는 이렇게 설명한다.

"치매환자가 기억할 수 있는 것은 노트에 정보를 저장해두기 때문입니다. 따라서 그의 마음은 노트까지 확장되는 것이죠." 만일 내가 돌멩이를 던져 100미터 떨어진 유리창을 깬다면? 그것은 돌멩이가 한 일일까? 아니다. 내가 한 일이다. 누군가가 총을 쏘아서 1킬로미터 밖의 행인이 총알에 맞았다면? 그건 총알이 한 짓이 아니다. 그 '누군가'가 한 짓이다. 만일 내가 긴 막대기로 돼지의 등을 긁어준다면? 내 마음이 막대기 끝까지 확장된다.

내가 차를 운전할 때 내 마음이 차에까지 확장된다. 만일 내가 숲 속의 무성한 나무들과 교감을 하면 내 마음은 그 나무들만큼 넓어진다. 파란 하늘을 보고 내 마음이 맑아진다면 파란 하늘도 역시 내 마음이다. 내가 남의 말에 완전히 공감한다면 그 역시 내 마음이다. 이처럼 마음은 두뇌에만 국한된 게 아니다. 마음이 닿는 곳까지 무한하게 확장된다. 케임브리지 대학의 셸드레이크 교수도 한 목소리를 낸다.

"당신이 나무를 볼 수 있는 것은 당신의 마음이 나무에까지 이르기 때문입니다. 당신이 어떤 사람과 사랑에 빠지는 것은 당신의 마음이 그 사람의 마음과 교감하기 때문입니다. 마음이 두뇌 속에 갇혀 있다면 불가능한 일이죠."

이처럼 마음은 무한하게 퍼져나간다. 마음은 빛이기 때문이다. 이런 이치를 이용해 성적을 높일 수도 있다. 알래스카 대학의 마하니(Teri Mahaney) 교수는 성적부진으로 고민 중인 한 학생에게 '수학과 나는 하나다', '서양문화사와 나는 하나다'라고 반복적으로 되뇌어 보도록 했다. 그 결과 평소 C, D학점 투성이였던 그 학생의 성적은 A, B학점으로 껑충 뛰어올랐다. '수학과 나는 하나다'라고 생각하면 '나'의 공간이 수학까지 확장되는 것이다. 단지 내가 얼마나 진심으로 수학을 나로 받아들이느냐에 따라 결과가 달라질 뿐이다.

당신은 마음이 어디에 들어 있다고 생각하는가? 사람들에게 물으면 대부분 머리를 가리킨다. 두뇌 속에 들어 있다고 생각한다. 당신은 지금 책을 읽고 있다. 그런데 만일 마음이 두뇌 '속'에 국한돼 있다면 당신이 두뇌 '밖'의 책을 읽을 수 있을까? 두뇌 속은 칠흑처럼 깜깜하다. 그 속에 있는 마음이 어떻게 바깥에 있는 책을 읽을 수 있을까? 당신이 책

116

을 읽을 수 있는 건 마음이 두개골을 벗어나 책에까지 확장됐기 때문이다. 이처럼 '나'의 공간은 내가 시야를 넓히는 만큼 무한히 퍼져나간다.

박쥐처럼 소리로 볼 수 있을까?

© PopTech

이 남자는 생후 13개월 만에 암으로 양쪽 눈의 시력을 완전히 상실했다. 하지만 그는 자전거를 타고 차량으로 붐비는 도로를 자유로이 달린다. 자갈이 깔려 있는 비포장 도로에서도 마찬가지다. 야산 깊숙한 곳에 혼자 올라가 캠핑을 하기도 한다. 요리도 잘한다. 수영도 잘하고 춤도 잘 춘다. 미국의 TV에 출연해 100미터 거리에 떨어진 고무공을 찾아내기도 했다. 육안이 안 보이는 그가 어떻게 정상인들과 똑같은 삶을 살아갈 수 있을까?

'눈이 멀면 앞이 안 보인다.'

이건 누구의 생각인가? 인간의 생각이다. 인간은 이 생각에 갇혀 있다. 그렇다면 시야를 넓혀 다른 동물의 생각으로 보면 어떨까? 눈먼 박쥐는 어떻게 자유로이 날아다닐 수 있을까?

미국의 과학자들이 박쥐의 눈을 가려보았다. 박쥐는 자유로이 날아다녔다. 공중에 날아다니는 먹이도 맘대로 낚아챌 수 있었다. 눈이 안 보여도 볼 수 있는 게 틀림없었다.

"거참. 눈으로 보는 게 아니라면 대체 뭘로 보는 거지?"

그래서 이번엔 박쥐의 귀를 막아보았다. 소리를 듣지 못하는 박쥐는 날아가다가 벽이나 나무에 부딪혔다. 이번에는 박쥐의 입만 막아보았다. 이번에도 역시 벽이나 나무에 부딪혔다. 박쥐는 귀와 입을 이용해 사물을 보는 것이었다.

"맞아! 박쥐는 입으로 소리를 내보내서 소리가 사물에 부딪히게 하는구나. 그래서 되돌아오는 음파로 사물의 위치를 알아내는 거야."

되돌아오는 소리만 듣고 사물의 위치와 거리, 크기, 재질까지 정확하게 파악하는 것이다. 하지만 눈을 이용해 앞을 보는 박쥐들도 많다. 박쥐들도 환경에 따라 눈을 이용하여 볼 것인지 소리를 이용하여 볼 것인지를 스스로 선택해서 진화해가는 것이다.

그렇다면 사람은 왜 그렇게 못 할까? 그렇게 못한다는 생각에 갇혀 살아왔기 때문이다. 그렇다면 생각만 바꾸면 그렇게 할 수 있을까?

시력을 잃고도 일상생활을 훌륭히 해내는 키쉬(Daniel Kish)는 아주 어릴 때부터 '사물을 볼 수 있는 방법은 없을까?' 하고 궁리했다. 그러다가 소리를 내면 메아리처럼 되돌아온다는 사실을 알았다. 그러면서 주변의 사물을 향해 조금씩 소리를 보내보기 시작했다. 혀와 입천장 사이에 진공을 만들어 "딱딱" 소리를 내면 사물에 부딪쳐 되돌아왔다. 되돌아오는 소리에는 사물에 대한 정보가 담겨 있었다.

"소리도 빛처럼 에너지의 물결이에요. 이 물결이 주변의 사물에 부딪혀서 되돌아오죠. 그 물결 속에는 사물의 위치, 크기, 높이, 재질 등에 관한 모든 정보가 담겨 있습니다."

이런 정보를 바탕으로 상(이미지)이 형성된다. 보통사람들은 빛으로 형성되는 상을 육안으로 보지만 그는 소리로 형성되는 상을 보는 것이다. 육안이 안 보이면 귀로 듣는 소리가 형성하는 상으로 살아갈 수도 있는 것이다. 마음속에 형성되는 상은 똑같다. 단지 약간 흐릿하게 보일 뿐이다. 그가 자유로운 삶을 살아갈 수 있는 이유는? '나'의 공간을 다른 동물에까지 넓혔기 때문이다. 이처럼 '나'의 공간을 넓히면 넓힐수록 무한한 잠재력이 끝도 없이 쏟아져 나온다.

흰개미처럼 에어컨 없는 건물도 지을 수 있을까?

낮 기온이 섭씨 40도를 웃도는 찜통더위. 이런 곳에 에어컨 없는 대형 건물을 세울 수 있을까? 아프리카 짐바브웨의 수도 하라레에 바로 그런 건물이 있다. '이스트게이트 센터'(아래 왼쪽 사진)는 다른 건물에 비

흰개미집에서 힌트를 얻어 지은
짐바브웨(좌)와 호주(우)의 대형건물
ⓒ mickpearce.com

해 전기는 90퍼센트, 물은 80퍼센트나 덜 쓴다. 인간의 생각으론 불가능한 일이다. 그렇다면 누구의 생각으로 이런 일이 가능할까?

이 건물을 지은 건축가는 피어스(Mick Pearce). 그는 누구한테서 이 놀라운 건축술을 배웠을까? 흰개미한테서 배웠다. 아프리카의 낮 기온은 40도 넘게 치솟지만 밤엔 0도 가까이 떨어진다. 이렇게 기온차이가 크면 흰개미들은 번식하지 못한다. 왜? 여왕개미는 하루 평균 3만 개의 알을 15년간 매일같이 낳는다. 그런데 알이 부화하기 위해서는 개미집의 내부온도가 30도 정도로 일정하게 유지돼야 한다. 여왕벌의 먹이를 적당히 발효시키기 위해서도 역시 30도 정도로 일정하게 유지돼야 한다. 하지만 땅 밑의 개미집엔 무려 2백만 마리의 개미들이 몰려 산다. 공기가 탁할 수밖에 없다. 그래서 공기를 정화시키기 위한 방법으로 땅 위에까지 개미집을 연장시킨다. 최고 9미터 높이의 개미집도 있다.

ⓒ Veennema

개미집 한가운데엔 큰 굴뚝이 있다. 낮에는 이 굴뚝을 통해 내부의 탁하고 더운 공기가 위로 올라온다. 하지만 개미집 꼭대기는 막혀 있다. 그럼 탁한 공기를 어떻게 내보낼까? 개미집 벽에 무수히 많은 작은 구멍들이 송송 뚫려 있다. 이 구멍들을 통해 신선한 공기가 들어오고 탁하고 더운 공기는 밖으로 빠져나간다. 구멍에 유입되는 바람의 힘으로 신선한 공기는 개미집 아래까지 내려간다. 그렇다면 밤에는 어떻게 기온을 30도로 유지할까? 벽에 송송 뚫린 구멍들을 막아서 벽에 저장된 태양열이 빠져나가지 못하게 한다.

건축가 피어스는 흰개미들의 지혜를 빌려 매장의 내부온도를 24도로 일정하게 유지할 수 있도록 설계했다. 에어컨을 틀지 않고 쾌적한 온도를 유지하는 세계 최초의 건물이다. 그는 10년 후 호주의 멜버른에도 에어컨 없는 10층짜리 건물을 지었다. 이 두 건물은 건축가들 사이엔 반드시 연구해야 할 건축물로 꼽힌다.

그가 이런 기적 같은 일을 이뤄낸 비결은? 인간의 눈으로 보면 인간은 개미보다 월등한 지능을 갖고 있다. 하지만 개미의 눈으로 보면?

"우린 에어컨 같은 건 필요 없어. 더 좋은 방법이 있거든."

시야를 인간으로 좁히면 인간이 갖고 있는 생각의 한계에 갇힌다. 아무리 머리를 싸매고 궁리해도 인간의 한계를 벗어나지 못한다. 거꾸로 시야를 넓혀 다른 생명체들을 잘 살펴보면 전혀 다른 차원의 아이디어를 얻게 된다.

물고기처럼 얼음물 속에서도 살 수 있을까?

ⓒ icemanwimhof.com

이 사람은 북극의 얼음을 깨고 그 밑에서 수영을 한다. 그런가 하면 두 시간 동안이나 얼음통 속에서 미동도 않고 앉아 있다. 섭씨 영하 20도의 살인적 추위 속에 반바지 차림의 맨몸과 맨발로 설원을 달린다. 50대 중반의 나이에 말이다. 그는 인간일까, 아니면 물고기일까?

"보통 사람은 불과 몇 분 만에 몸의 기능이 망가져 사망하게 됩니다. 하지만 저는 끄떡없어요."

일명 '얼음 인간'으로 불리는 네덜란드의 호프(Wim Hof)는 상식적으로는 도저히 이해할 수 없는 사람이지만, 실존인물이다. 유럽과 미국의 TV에도 여러 차례 소개된 바 있다. 인간은 체온이 섭씨 42도만 넘어가도 생명을 잃을 수 있다. 거꾸로 몸속 온도가 35도 이하로 떨어지면 열 발생기능을 완전히 상실하게 된다. 무더운 여름날 아무것도 깔지 않은 콘크리트 방바닥에서 자다가 체온이 급속도로 떨어져 목숨을 잃는 일들이 종종 일어나는 것도 그래서다. 우리는 이런 생리적 현상을 '정상'으로 여긴다. 그래서 그 '정상'을 벗어난 사람을 별종 인간으로 취급한다. 해외토픽감 정도로 여기는 것이다.

만일 누군가가 당신에게 "이 얼음통 속에 딱 한 시간 동안만 들어가 있어볼래요?" 하고 묻는다면? 당신은 즉각 손사래를 치며 고개를 내저을 것이다. 그런 일은 불가능하다고 생각한다. 하지만 정말 그런가? 그도 원래 평범한 사람이었다. 중년에 접어들어 정신적으로 방황하기도 했다. 그러다가 티베트 불교의 전통적 수행법인 툼모(내면의 불이라는 뜻)를 배웠다. 즉, 그는 선천적으로 불가사의한 능력을 갖고 태어난 별종 인간이 아니다.

그렇다면 그는 어떻게 '얼음인간'이 됐을까? 시야를 물고기로 넓힌 것뿐이다. 북극 바다에도 물고기들이 헤엄쳐 다니지 않는가? 그 가능성을 열어놓고 매일 아주 조금씩 차가움에 익숙해지는 연습을 했을 뿐이다. 래드부드(Radboud) 대학의 피커스(Peter Pikkers) 박사는 호프가 명상하기 전후의 혈액과 명상 중인 그의 혈액을 각각 채취해 정밀검사를 해보았다. 그는 놀라움을 감추지 못했다.

"이렇게 엄청난 양의 항체가 들어 있다니!"

명상 중 그의 혈액에서는 온갖 병균과 맞서 싸우는 단백질이 어마어마하게 늘어났던 것이다. 또 다른 변화도 있었다.

우리 두뇌엔 몸의 기능을 조절하는 10여 개의 뇌신경(cranial nerve)이 들어 있다. 이 가운데 가장 중요한 게 바로 심장박동수, 혈압, 체온 등이 자율적으로 조절되게 하는 미주신경(vagus nerve)이다. 호프는 깊은 명상을 통해 이 미주신경의 기능을 자유자재로 변화시키는 것이었다. 그러면 면역체계도 동시에 완벽하게 바뀌는 것으로 드러났다. 그의 미주신경 기능을 이처럼 자유자재로 변화시키는 건 누구인가? 그는 의지로 그렇게 할 수 있을까? 당신은 의지로 심장박동수와 혈압과 체온을 마음대로 조절할 수 있는가? 아니다. 그렇다면 그는 누구의 힘을 빌리고 있는 걸까? 그도 인간인지라 얼음장을 뚫고 그 속에 들어갈 생각을 하면 두렵다.

"그런데 두렵다는 생각을 완전히 받아들이면 두려움이 사라져요. 그러면서 몸 밖의 힘을 빌릴 수 있게 되는 거죠."

몸 밖의 힘이란? 바로 시야를 넓히면 넓힐수록 점점 커지는 무한한 공간의 힘이다.

© spiritualdoctors.com

손가락 하나 까딱 안 하고 불치병을 치유할 수가 있을까? 브라질의 '신의 요한'(John of God)은 마음만으로 사람들의 몸속을 수술한다. 이른바 '보이지 않는 수술'(invisible surgery)이다. 사람들이 기도실에 앉아 있으면 다른 방에 앉아 있는 그가 마음으로 한꺼번에 수술해준다. 현장에 나타나지도 않고 말이다. 하버드대학 심리학과 레디거(Jeffrey Rediger) 교수는 의심이 들었다.

"사람들이 무슨 속임수에 놀아나고 있겠지."

그는 CNN - TV 취재진을 따라 두 눈으로 직접 확인해보기로 했다. 현장에서 치료 장면을 보고는 입이 딱 벌어졌다. 신의 요한이 소독도 안된 수술용 메스로 환자의 눈알을 긁어내고 있었기 때문이다.

"마취도 안 했는데 환자가 통증을 전혀 못 느끼는 것, 병균에 감염되지 않는 것, 눈알을 긁어냈는데 몸속의 다른 난치병들이 낫는 것 등은 불가사의한 일입니다."

교수 자신도 불가사의한 일을 겪었다. 치료 장면을 보고 나오면서 기자에게 "머리로는 이해하지만 가슴으로는 받아들이기 어렵네요"라고 말하는 순간이었다.

"어, 내 가슴에서 피가 나오네?"

돌연 왼쪽 가슴에 작은 구멍이 열리면서 피가 솟아나왔다. 피는 셔츠와 바지를 물들이며 계속 떨어졌다.

교수가 겁에 질린 얼굴을 하자 현지 사람이 말해주었다.

© oprah.com

"그것도 보이지 않는 수술입니다."

하지만 그는 두려웠다.

"내 몸을 내가 아닌 누군가가 맘대로 움직이고 있다는 사실이 두렵네요."

그제야 교수는 육안으로는 보이지 않는 세계가 따로 있음을 받아들였다. 그러자 한 시간이나 흐르던 피가 저절로 멈췄다.

신의 요한이 메스나 칼로 눈을 긁어내는 이유는 뭘까? 그는 그 간단한 행위로 무려 수십 가지의 난치병을 치유한다고 한다. 그와 함께 일해온 한 측근은 미국의 TV 토크쇼 〈오프라 윈프리 쇼〉에 나와 이렇게 설명했다.

"눈알을 긁어내는 건 마음을 열어주기 위한 행위예요. 마음을 열면 병은 저절로 사라지거든요."

마음의 문을 열면 마음속에 도사리고 있던 온갖 어두운 생각들이 풀려나간다. 그러면서 어두운 생각들이 만들어낸 병도 사라진다. 신의 요한은 환자를 보는 순간 즉각 무슨 병인지 알아낸다. 몸속에 암 덩어리가 있으면 마취도 없이 정확히 그 부위에 손을 넣어 끄집어낸다. 몸을 훤히 들여다보는 것이다. 환자들은 대부분 아무런 통증도 느끼지 않는다. 설사 통증을 느끼더라도 그가 손으로 통증 부위를 어루만지는 순간 사라져버린다. 그는 9세부터 지금까지 50여 년간 이런 식으로 전 세계의 불치병 환자들을 무료로 치료해왔다.

그는 자신이 기적을 일으키는 게 아니라고 말한다.

"내가 수술하는 게 아니에요. 오래전에 죽은 성스러운 영혼들이 해주는 겁니다."

그는 수술할 때 영혼 30명의 힘을 빌린다고 한다. 과거에 살았던 유명한 의사들, 성자들, 솔로몬 왕 등 현자들의 영혼을 수술 직전에 자신의 몸속에 받아들인다. 실제로 그 순간 몸이 갑자기 틀어지고, 심지어 눈동자 색깔까지 변하기도 한다.

"나는 사람들을 치료할 때 마치 내가 잠들어 있는 것처럼 느낍니다. 육안엔 아무것도 보이지 않아요. 수술이 끝나면 내가 뭘 했는지 아무것도 기억나지 않습니다."

그의 시야는 시간상으로 무한하다. 수천 년 전에 살았던 이스라엘의 솔로몬왕, 수백 년 전 유럽 혹은 브라질에 살았던 명의들의 힘을 자유로이 빌린다. 공간상으로는 어떤가? 여러 나라에 흩어져 살던 명의들을 '나'의 공간에 받아들인다. 환자와 자신 간의 경계도, 환자의 몸속과 몸 밖의 경계도 완전히 사라진다. 이렇게 시야가 무한해지면 초능력이 나타난다.

바틀릿(Richard Bartlett) 박사가 손을 대는 환자마다 즉각 황홀경에 빠져 몸이 뒤로 넘어간다. 그러면 뒤에 있던 사람이 얼른 손으로 환자의 몸을 받쳐준다. 황홀경에서 깨어난 환자는 몇 초 만에 병이 완치된다. 한

바틀릿 박사 ⓒ matrixenergetics.com

환자의 증언이다.

"박사님은 저를 처음 보는 순간 한눈에 제가 척추 측만증 환자라는 걸 알아챘어요. 치료가 시작되자 몇 초 만에 제 척추가 제 몸을 떠나는 것처럼 느껴졌어요. 그리고 곧 완벽한 척추로 제 몸에 돌아왔습니다. 기형적으로 형성된 갈비뼈도 폐를 짓눌러서 그동안 폐의 기능이 원활치 못했어요. 엉덩이뼈도 좌우 비대칭이라 걸을 때마다 고통이었고요. 그런데 그 모든 문제가 박사님의 손이 닿는 순간 불과 몇 초 만에 정상으로 돌아왔습니다."

바틀릿 박사는 원래 평범한 척추지압 전문의였다. 그러다가 현대의술로는 자신의 어린 아들이 앓고 있는 불치병을 고치기 힘들다는 사실을 알고 다른 치료법을 찾아다녔다. 그러다가 마침내 모든 인간에겐 놀라운 치유의 힘이 들어 있다는 사실을 깨달았다.

"두뇌의 생각을 완전히 벗어나면 모든 것이 가능해집니다. 우리 모두의 마음속엔 상상을 초월하는 능력을 지닌 존재가 들어 있어요."

그의 치료 사례들은 책은 물론 동영상(www.matrixenegetics.com)으로도 볼 수 있다. 우리는 나의 좁은 시각으로만 세상을 바라본다. 좁은 시야에 갇혀 산다. 하지만 시야를 넓히면 넓힐수록 나의 공간이 점점 커진다. 나의 공간이 무한히 커지면 모든 생각이 사라지고 기적이 일어난다.

3 공부를 할 때도 효과가 있을까?

공간을 넓힐수록 정말 성적이 쑥쑥 올라갈까?

"난 왜 공부를 못하지?"

"왜 열심히 해도 점수가 안 나오지?"

"난 원래 머리가 나쁜가?"

고민투성이의 소년이 세계적인 심리학자가 됐다. 그러고 나서도 어릴 적 고민이 떠올랐다.

"아무리 달달 외웠던 것도 왜 시험 보는 순간엔 깜빡했던 걸까?"

그는 전혀 생소한 단어 100개를 만들어놓고, 단 하루 만에 완벽하게 외우기 위해서는 얼마나 많은 반복작업이 필요한지를 실험해보았다. 벼락치기를 해본 것이다.

"와! 무려 68차례나 반복해서야 완전히 암기되네!"

이번엔 3일간에 걸쳐 암기해보았다. 이렇게 나누어 암기했더니 놀랍게도 38차례 반복만으로도 완벽하게 암기되는 것이 아닌가?

〈단어 100개를 외우는 데 걸린 암기횟수〉

* 방법1: 하루에 전부 외우기 → 총 68회 반복
* 방법2: 3일간 나누어 외우기 → 총 38회 반복

"나눠서 암기하면 노력이 절반으로 줄어드네?"

이처럼 한꺼번에 암기하는 것보다 시간적 간격을 두고 나누어 암기하면 암기효과가 커지는 현상을 심리학에서는 '간격 효과'(spacing effect)라고 한다. 그는 그 이후에도 스스로 무수한 암기 시험을 치러가며 연구한 끝에 마침내 이런 결과를 얻었다.

"사람들은 아무리 달달 암기했던 것이라도 한 시간만 지나면 55퍼센트, 하루 지나면 67퍼센트, 한 달쯤 지나면 90퍼센트를 망각하게 된다."

이것이 이른바 '망각 곡선'(Forgetting Curve)이다. 독일의 심리학자 에빙하우스(Hermann Ebbinghaus)의 이야기다. 이 곡선이 말해주듯이, 무엇이든 완벽하게 기억하려면 단번에 왕창 외우는 건 큰 소용없다. 한 달쯤 지나면 어차피 90퍼센트는 까먹게 되니까. 하지만 시간적 간격을 두고 떠올리면 오래 기억된다. 이런 궁금증이 들 것이다.

"왜 시간적 간격을 두고 암기하면 더 오래 기억될까?"

이유는 간단하다. 생각 사이의 거리를 넓힐수록 '나'의 공간도 커지기 때문이다. 예컨대 하루 만에 달달 외우고 덮어버리면 아무 시간적 거리도 생기지 않는다. 하지만 일주일 후에 또 외우면 일주일간의 시간적 거리가 생긴다. 그러다가 일주일 후에 또 외우면 2주일간의 시간적 거리가 생긴다.

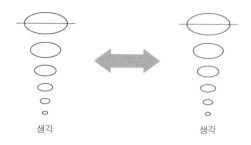

공부(생각) 사이의 시간적 간격을 넓힐수록 '나'의 공간이 커져 오래 기억된다

1981년 프랑스의 심리학자 블룸(Kristine Bloom)과 슈엘(Thomas Shuell)도 비슷한 실험을 했다. 그들은 학생들을 두 그룹으로 나누어 새 프랑스어 단어 20개를 외우도록 했다. 첫째 그룹에게는 이렇게 말했다.

"딱 한 번의 기회입니다. 30분간 열심히 암기해보세요."

둘째 그룹에게는 달리 말했다.

"3일간 하루 10분씩의 시간을 드릴게요. 열심히 암기해보세요."

수업이 끝난 직후 실시한 시험성적은 두 그룹 간에 별 차이가 없었다. 그래서 4일 후 또 한 차례의 시험을 치도록 했다. 이번에는 결과가 달랐다. 3일에 걸쳐 나눠 암기한 학생들은 15개를 기억한 반면 30분간 집중적으로 한 번에 암기한 학생들은 겨우 11개만 기억해냈다. 시간적 거리를 넓힐수록 그만큼 더 오래 기억하는 것이다.

〈프랑스어 단어 20개 암기실험〉

	암기시간	암기 4일 후 시험결과
첫째 그룹	하루 30분 총 1회	11/20개 기억
둘째 그룹	3일간 10분씩 총 3회	15/20개 기억

시간적 거리를 더 넓히면 어떻게 될까?

1987년 바릭(Harry Bahrick)과 펠프스(Elizabeth Phelps)는 학생들을 각각 A, B, C반으로 나눠놓고 스페인어 단어 50개를 7~8번씩 암기하도록 했다. A반은 몇 분 간격으로 암기와 복습을 반복하도록 하고, B반은 하루 간격으로, C반은 30일 간격으로 암기와 복습을 되풀이하게 했다. 암기 직후의 성적은 각 반 모두가 평균 100점에 가까웠다. 하지만 8년 후에 다시 시험을 쳤더니 어마어마한 차이가 벌어졌다. 몇 분 간격으로 암기했던 A반은 고작 6퍼센트, 하루 간격으로 암기했던 B반은 8퍼센트만 기억해냈다. 반면에 30일 간격으로 암기한 C반 학생들은 놀랍게도 83퍼센트나 기억해내는 것이 아닌가! 시간적 거리를 넓힐수록 기억력이 놀랍도록 좋아지는 것이다.

〈스페인어 단어 50개 암기실험〉

	암기시간 간격	8년 후 시험결과
A 반	몇 분 간격 총 7~8회 반복	6% 기억
B 반	하루 간격 총 7~8회 반복	8% 기억
C 반	30일 간격 총 7~8회 반복	80% 기억

바릭 교수

"암기 사이사이의 빈 공간을 늘릴수록
오래 기억된다."

© owu.edu

"암기 간격을 더 크게 벌리면 어떨까?"

그들은 이번에는 사람들의 암기 간격을 14일, 28일, 56일로 더 크게
벌려보았다. 암기작업 횟수도 13~26차례로 늘렸다. 그런 다음 1년 후,
2년 후, 3년 후, 그리고 5년 후에는 과연 얼마나 기억해내는지를 추적
해보았다.

"역시 암기 간격이 벌어질수록 성적도 좋아지는군."

예상 적중이었다. 14일 간격으로 암기했던 사람들이 56일 간격으로
암기했던 사람들과 같은 수준의 성적을 거두려면 무려 두 배나 더 많은
시간을 투자해야 했다. 결론은 자명하다.

"암기 간격, 즉 암기 사이사이의 빈 공간을 늘릴수록 오래 기억된다."

그럼 이런 질문을 해보자.

현우와 윤아에게 각기 세 시간의 공부 시간이 주어졌다. 그런데 현우
는 세 시간 동안 단 한숨도 쉬지 않고 열심히 공부만 했다. 반면, 윤아
는 50분간 공부하고, 10분씩 휴식시간을 가졌다. 짧은 휴식 시간 동안
누워 있기도 하고, 만화책을 보기도 하고, 산책도 했다. 내일 시험에서

누가 더 많은 것을 기억해낼까?

답은 자명하다. 윤아가 훨씬 더 좋은 성적을 올린다. 왜냐하면 휴식 횟수가 많아질수록 생각 사이의 시간적 공간이 커지기 때문이다.

공부 사이의 시간적 거리를 넓히라

"어라? 한 과목당 겨우 열두 시간밖에 공부할 시간이 없네?"

기말시험이 코앞이다. 이 열두 시간을 한 과목에 내리 몰아서 한꺼번에 투입하는 게 나을까? 아니면 세 시간씩 쪼개서 네 차례에 걸쳐 공부하는 게 나을까? 예컨대 오늘 세 시간, 모레 세 시간, 며칠 후 또 세 시간 등으로 말이다.

"무조건 공부하면 되는 거지 그게 무슨 상관이야?"

대부분 이렇게 생각한다. 하지만 어떤 방식을 선택하느냐에 따라 시험점수 차이가 크게 벌어진다. 장기적 차이는 더욱 크게 벌어진다. 예컨대 초등학교 4학년 어린이들에게 네 가지 유형의 방정식을 가르쳐준다. 하지만 A반과 B반 어린이들에게 각기 다른 방법으로 가르쳐준다.

— A반: 한 가지 유형의 방정식 문제들만 집중적으로 푼 뒤, 다른 유형의 문제들로 넘어갔다.

— B반: 네 가지 유형의 방정식 문제들 가운데 각기 하나씩 섞어서 풀도록 했다.

이를 그림으로 그리면 이렇다.

　— A반: 빨간 문제 → 노란 문제 → 파란 문제 → 보라 문제
　— B반: 빨─노─파─보 → 빨─노─파─보 → 빨─노─파─보 →
빨─노─파─보

　바로 다음날 A, B반 모두 시험을 치렀다. 어느 반 어린이들의 시험성
적이 더 좋았을까?

　— A반: 평균 38점
　— B반: 평균 77점

　B반 어린이들의 성적이 거의 두 배나 더 높았다! 똑같은 시간을 투자
했는데 왜 이처럼 큰 차이가 벌어졌을까? A반처럼 한 가지 유형의 문
제만 내리 다 풀어버리고 손을 털면 그 문제는 그것으로 끝이다. 공부
한 내용을 저장할 공간이 채 생기기도 전에 곧바로 다음 유형의 문제로
넘어가기 때문이다. 반면, B반처럼 네 가지 유형의 문제들을 섞어서 풀
면? 한 가지 유형의 문제들을 네 차례에 걸쳐 풀게 된다. 그 사이사이에
공간이 생긴다. 다른 유형의 문제를 푸는 동안 이미 푼 유형의 문제 풀
이법을 저장할 공간이 커지는 것이다.
　사우스플로리다대의 로러(Doug Roher)와 테일러(Kelly Taylor) 교수는 이
런 실험을 통해 텅 빈 공간이 바로 '진정한 두뇌'와 같다는 사실을 발
견했다. 텅 빈 공간이 커지면 커질수록 '진정한 두뇌'도 커지는 것이다.

두뇌의 작은 공간으로 공부하느냐, 아니면 두뇌 밖의 무한한 공간으로 공부하느냐에 따라 벌어지는 엄청난 차이다.

그렇다면 기억력도 그럴까? 이런 식으로 사이사이의 공간을 늘릴수록 기억력도 더 높아질까? 윌리엄스대의 심리학자 코넬(Nate Kornell) 교수는 대학생들에게 단어가 한 개씩 적힌 20장의 플래시카드를 보여주었다.

"이 단어들을 네 차례에 걸쳐 외워보세요."

하지만 두 그룹은 서로 다른 방법으로 공부했다.

— A그룹: 첫 번째 단어부터 스무 번째 단어까지 차례로 총 4회 반복

— B그룹: 첫 번째 단어부터 다섯 번째 단어까지 4회 반복 → 여섯 번째 단어부터 열 번째 단어까지 4회 반복 → 열한 번째 단어부터 열다섯 번째 단어까지 4회 반복 → 열여섯 번째 단어부터 스무 번째 단어까지 4회 반복

이튿날 시험을 치렀다. 어떤 그룹의 점수가 더 높았을까?

— A그룹: 평균 49점

— B그룹: 평균 36점

왜 이런 차이가 벌어졌을까? 한 단어를 한 차례 공부하는 데 1분이 걸린다고 가정해보자. A그룹의 경우 한 단어를 다시 공부하는 데는 20분의 시간적 거리가 생긴다. 반면, B그룹의 경우 한 단어를 다시 공부하는 데는 불과 5분의 시간적 거리밖에 생기지 않는다. 시간적 공간이 네 배나 더 큰 A그룹의 성적이 당연히 더 나을 수밖에.

다른 분야에도 이런 원리가 똑같이 적용될까?

화가 열두 명이 그린 총 72점의 그림이 있다. 한 명당 여섯 점씩이다. 화가마다 화풍이 각기 다르다. 캘리포니아대의 심리학자 비요크(Robert Bjork) 교수는 두 그룹의 학생들에게 화가 72점의 그림들을 각기 다른 방법으로 익히도록 했다.

─ A그룹: 화가 한 명의 그림 여섯 점을 한꺼번에 다 본 뒤 다음 화가의 그림으로 넘어갔다.

─ B그룹: 화가 여섯 명의 그림을 각기 한 점씩 섞어서 보았다.

공부가 끝나자 교수가 말했다.

"여러분, 이제 547부터 세 숫자씩 거꾸로 세어보세요."

숫자를 세는 동안 학생들은 공부한 내용을 잠시 잊고 있었다. 그러자 교수가 학생들에게 새로운 그림을 보여주며 물었다.

"화풍을 보면 어느 화가가 그린 그림인지 알겠죠? 어느 화가가 그린 그림일까요?" 어느 그룹이 답을 더 잘 알아맞혔을까? B그룹이었다. 왜? A그룹처럼 화가 한 명의 그림 여섯 점을 한꺼번에 다 보면 그걸로 마무리된다. 이미 본 것을 저장할 마음의 공간이 채 생기기도 전에 곧바로 다음 화가의 그림으로 넘어간다. 반면, B그룹의 경우 한 화가의 그림을 시간적 거리를 두고 여섯 차례에 걸쳐 쪼개서 보기 때문에 본 것을 저장할 공간이 커진다.

이런 원리는 일반 업무의 효율성과도 직결된다. 영국의 심리학자들은 우체국 직원들을 대상으로 새로운 업무처리에 대한 교육을 두 가지로 실시해보았다.

─ 어떤 직원들은 한꺼번에 세 시간 교육을 받았다.
─ 다른 직원들은 한 번에 한 시간씩 일주일에 걸쳐 3회 교육을 받았다.

교육받은 내용을 어떤 직원들이 더 많이 기억했을까? 일주일에 걸쳐 3회로 쪼개서 교육받은 직원들의 성적이 월등히 더 좋았다. 하지만 시험을 치기 전까지는 대부분 이렇게 생각했다.

"당연히 한꺼번에 세 시간 교육받는 게 낫지."

텅 빈 공간이 '진정한 두뇌'라는 사실을 모르기 때문에 하는 소리였다.

"엄마, 선생님이 모레까지 세계 각국의 수도를 외워 오래. 어떡하지?" 외우는 시간을 쪼개서 공부하는 게 낫다. 한 시간 내내 수도만 외우기보다는 수도를 외우다가 수학문제도 하나 풀어보고, 국어책도 읽어보는 것이다. 운동도 마찬가지다. 한 시간 내내 근력 운동만 하는 것보다는 근력 운동과 순발력 운동, 기술력 훈련 등 여러 가지를 번갈아

로슨 교수

"한꺼번에 몰아서 공부하는 것보다 잘게 쪼개
조금씩 공부하는 것이 오래 기억된다."

© kent.edu

가며 하는 게 효율적이다.

하지만 우리는 한꺼번에 왕창 공부하면 '난 이제 할 만큼 했어. 다 알아' 하고 착각하게 된다. 심리학자들은 이를 '안다는 착각'(illusion of knowing)이라 일컫는다. 이 때문에 우리는 열심히 공부하고서도 며칠만 지나면 까맣게 잊어버리는 악순환을 되풀이한다. 켄트 주립대학의 심리학자 로슨(Katherine Rawson) 교수는 이렇게 말한다.

"벼락치기도 당장의 시험성적엔 효과가 있겠지만 장기적으로는 기억에 남는 게 거의 없다. 기왕에 똑같은 시간을 투입해서 공부할 바엔 기억에 오래 남도록 미리 쪼개서 공부하는 게 훨씬 낫다."

평소 공부할 때도 마찬가지다. 하루에 한 단원을 전부 끝내는 것보다는 며칠에 걸쳐 작게 쪼개어 공부하는 게 장기적으로 오래 기억된다. 공부하는 사이사이의 공간이 커질수록 그만큼 영구적으로 기억된다. 공간의 크기가 나의 크기이다.

시간에 쫓겨도 '나'의 공간이 좁아진다. 하버드 대학의 아마빌레 (Teresa Amabile) 교수는 미국 굴지의 첨단업체 일곱 곳의 고학력 직원

238명을 대상으로 시간과 창의성 간의 관계를 조사해보았다. 그 결과 시간에 쫓기는 날엔 직원들의 창의성이 평균 45퍼센트나 뚝 떨어지는 것으로 나타났다.

"사람들은 시간에 쫓길 때 창의성이 가장 떨어진다. 당일뿐만 아니라 사흘간 계속 창의성이 떨어진다. 시간에 쫓기면 문제에 깊이 몰입하지 못하기 때문이다. 창의성이 피어오르려면 부화기가 필요하다."

여기서 부화기란 시간적 거리를 말한다. 시간적 거리가 좁아지면 '나'의 공간도 작아져서 자연히 창의성도 떨어진다.

반복암기보다 문제를 풀 때 공간이 생긴다

"앞으로 강의가 끝날 때마다 짧은 시험을 치르기로 해요. 4~6문제밖에 안 되니까 부담 안 가져도 됩니다."

교수가 A반의 통계학 시간에 학생들에게 말했다. 이에 따라 학생들은 강의가 끝날 때마다 짧은 시험을 보곤 했다. B반 학생들도 똑같은 통계학 강의를 들었다. 하지만 교수는 그 반 학생들에게는 강의는 똑같이 하면서도 짧은 시험은 보게 하지 않았다. 한 학기가 끝나갈 때 교수는 두 반 학생들의 성적을 비교해보고 몹시 놀랐다.

"수준이 똑같은 학생들인데 한 학기 만에 성적 차이가 어쩌면 이렇게 벌어졌지?"

강의가 끝날 때마다 짧은 시험을 치른 학생들의 성적이 시험을 치르지 않은 학생들과는 비교조차 안 될 정도로 높았기 때문이다. 루이빌대학의 심리학자 라일(Keith Lyle) 교수의 실험이다.

워싱턴 대학의 심리학자 로우디거(Henry Roediger)는 학생들에게 자연사 책을 공부하게 했다. A, B 두 그룹 학생들은 각기 다른 방법으로 공부했다.

　－ A그룹: 네 차례에 걸쳐 반복해서 공부했다.
　－ B그룹: 한 차례 공부한 뒤 세 번의 시험을 쳤다.

일주일 후, 어떤 결과가 나왔을까? B그룹 성적이 무려 50퍼센트나 더 높았다.

왜 이런 차이가 벌어졌을까? 공부할 내용을 그냥 기계적으로 반복하면 공부 사이사이의 시간적 거리가 생기지 않는다. '나'의 공간이 넓어지지 않는다. 반면, 시험을 치면? 갑자기 공부에 대한 생각이 끊어지면서 공간이 생긴다. 게다가 이리저리 궁리하면 사이사이에 또 공간이 생긴다. 공간이 더욱 커진다. 물론 두 가지로 공부한 지 5분 후 치른 시험 성적의 결과는 달랐다. 네 차례 반복해서 공부한 A그룹의 성적이 약간 더 좋았다. 하지만 그들은 쉽게 잊어버렸다.

이 실험이 주는 교훈은? 벼락치기도 시험이 닥치면 단기적인 암기효과는 있다. 하지만 하루만 지나도 까맣게 잊어먹는다. 따라서 장기적으로도 오래 기억하고자 한다면 여유를 갖고 문제집을 푸는 게 훨씬 더 낫다. 여유를 갖는 것이 '나'의 공간을 넓히는 것이다. 교수는 이렇게 조언한다.

로우디거 교수

"네 차례에 걸쳐 공부만 하는 것보다
한 차례 공부, 세 차례 시험 치는 게 성적을
50퍼센트나 더 높여준다."

"사람들은 '시험'이란 말만 들어도 골치 아파한다. 하지만 시험만큼 강력한 배움의 도구는 없다."

공부는 똑같다. 그런데 어떤 사람은 책상 앞에 달라붙어 오랫동안 공부하면서도 성적은 제자리걸음이다. 반면, 어떤 사람은 쉬엄쉬엄 놀아가며 공부하는데도 성적은 멀찌감치 앞서 간다. 지능의 차이일까? 아니다. 지능은 '나'의 공간을 넓히면 넓힐수록 무한히 높아진다. '나'의 공간을 얼마나 넓히느냐가 성적을 높이기도 하고 낮추기도 한다.

4 시야가 좁아지면
   정말 '나'도 작아질까?

시야가 좁아지면 정말 탈출하고 싶어질까?

"이 남자를 어떻게 해야죠?"

대학에서 가르쳤던 한 여성이 찾아왔다. 그녀는 졸업 후 직장을 다니다 직장동료의 소개로 한 남자를 만났다. 첫인상이 맘에 들었다. 만날수록 좋아졌다. 더 만나고 싶었다. 그래서 일주일에 두어 번씩 만났다. 그런데 점점 그것만으로는 부족한 것 같았다. 그래서 매일 전화도 하고 문자와 카톡도 보냈다. 그런데 몇 달쯤 지나면서부터는 남자가 갑자기 심드렁해졌다. 전화를 안 받거나 문자에 회신을 안 하는 경우가 생기기 시작했다. 그녀는 갑자기 불안해졌다.

"왜 회신 안 해?"

"음, 요즘 일이 바빠져서."

남자가 은행에 다니는지라 처음엔 그러려니 하고 꾹 참았다. 하지만 회신을 안 하는 경우가 점점 더 늘어났다. 그녀는 화가 치솟았다.

"자기, 나 무시하는 거야? 나 싫어진 거지?"

하지만 그녀가 다그칠수록 남자는 점점 더 연락이 뜸해졌다. 그러더니 얼마 후 결별을 선언하는 문자가 왔다. 그녀는 충격을 받았다. 분노를 주체할 수 없었다. 날마다 전화와 문자 공세를 폈다. 하지만 남자는 아예 아무 대꾸조차 하지 않았다.

"선생님, 저를 진심으로 사랑한다던 남자가 대체 왜 돌변한 거죠? 제가 뭘 잘못한 거죠?"

"그 남자에겐 공간이 필요한가 보네."

그녀가 고개를 갸웃했다.

"사랑하는 사이끼리 무슨 공간이 필요해요? 서로 가까이 붙어 있고 싶어해야지."

좁은 공간 속에 갇혀 있다고 느끼면 시야가 확 트인 넓은 공간으로 탈출하고 싶어진다. 진정한 사랑도 자유로운 공간을 느낄 때 흘러나온다.

"늘 졸리고 피곤해요. 입맛도 없고요."

이제 겨우 초등학교 4학년인 열한 살짜리 소녀가 한 TV 프로에 나왔다. 소녀는 영어, 수학, 국어, 미술, 과학, 지리, 독서토론 등 모두 열두 개나 되는 학원에 다니고 있었다. 학원에서 돌아오면 보통 8~9시, 이때부터 학원 숙제를 하다 보면 어느새 새벽 2~3시쯤 됐다. 등교하려면 늦어도 7시 50분까지는 일어나야 했다. 학교에 가면 힘도 없고 졸음도 쏟아져 책상에 엎드려 있는 경우도 많았다.

"엄마, 학원 좀 줄이면 안 돼요?"

"그냥 학원 가!"

한번은 소녀가 머리와 배가 아프고 손가락도 잘 안 움직여서 병원에

갔다. 의사는 아무 이상도 없다고 했다. 엄마는 딸이 꾀병을 부린다고 생각했다.

"네가 공부를 너무 힘들어하니 음악학원 하나 더 다니면 어떻겠니?"

소녀는 하소연할 곳이 없었다.

"무슨 학원을 더 다녀요? 이 지옥에서 저를 구해주세요."

소녀가 마침내 고민을 해결해주는 TV에 출연했다. 방송이 나가자 엄마에 대한 비난의 댓글들이 빗발쳤다.

"학원을 열두 개씩이나 보내다니요? 아동학대 수준이네요."

"엄마의 욕심에 아이가 죽어나네요."

물론 엄마는 어떻게 해서든 딸을 원하는 대학에 보내겠다는 생각이다. 하지만 아이의 공간은 어디로 사라졌는가? 아이의 공간은 학교와 학원, 집이 전부이다. 좁은 공간 속에 갇힌 채 자나 깨나 오로지 공부에만 집중하도록 강요받는다.

사람은 몸이 자유롭다고 느낄 때 마음도 자유로워진다. 스탠퍼드대 연구진은 대학생들을 조용한 방에 앉혀놓고 여러 가지 창의력 문제를 내주었다. 예컨대 이런 식의 문제들이다.

"단추를 이용해서 어떤 일들을 할 수 있을까요? 최대한 많이 떠올려보세요."

학생들은 열심히 답을 써내려갔다. 그러자 연구진이 다시 말했다.

"이번에는 일어서서 러닝머신 위를 걸으면서 답을 생각해보세요."

앉아서 답을 생각하는 것과 러닝머신 위를 걸으면서 답을 생각하는 것. 이 두 가지 가운데 어느 쪽이 더 나을까? 놀랍게도 러닝머신 위를 걸으면서 생각해낸 답이 60퍼센트나 더 많았다!

미시건대의 산체스-버크스(Jeffrey Sanchez-Burks) 교수는 학생들에게 장난감 레고 블록으로 만든 물건들, 예컨대 공룡이나 계단의 사진을 보여주며 말했다.

"이 물건들을 어떤 용도로 쓸 수 있을까요? 최대한 많은 용도를 떠올려보세요."

어떤 학생들에게는 바닥에 그려진 직사각형 모양의 선을 따라 걸으면서 답을 생각하게 했다. 다른 학생들은 실험실 내에서 자유로이 걸으면서 답을 생각했다. 누가 더 많은 답을 알아냈을까? 자유로이 걸으면서 문제를 푼 학생들이 평균 25퍼센트나 더 많은 답을 알아냈다.

이번엔 이런 문제를 내주었다.

"새로 지은 대학건물을 어떤 용도로 쓸 수 있을까요? 최대한 많은 용도를 떠올려보세요."

답을 생각하면서 어떤 학생들에게는 오른손을 앞으로 길게 뻗도록 했다. 다른 학생들은 오른손을 뻗었다가 왼손을 뻗었다. 누가 더 창의적인 아이디어를 냈을까? 오른손과 왼손을 다 뻗었던 학생들이 50퍼센트나 더 많은 아이디어를 냈다. 왜? 몸을 자유로이 움직일 수 있다고 생각할 때 마음의 공간도 커진다. 한쪽 손만 뻗는 것보다는 양손을 차례로 뻗는 것이 더 자유롭게 느껴지고, 마음의 공간도 더 커진다.

이렇게 마음의 공간이 커질수록 머리도 더 잘 돌아간다. 거꾸로 마음의 공간이 작아지면 심신이 아프고 머리도 잘 안 돌아간다. 마음의 공간이 '진정한 나'이다.

시야가 너무 좁아지면 정말 포기하고 싶어질까?

김지효 씨도 초등학교 때부터 자신의 삶이 없었다. 영어, 과학, 수학 학원에다 종합학습지도 네 가지나 해야 했다.

"나는 내가 아니었어요. 꼭두각시 같았죠."

부모는 딸을 최고의 명문대에 입학시키는 게 목표였다. 그래서 딸이 중학교에 입학하자 과학고 입시반에 들어가도록 했다. 학교가 끝난 뒤 학원에 가서 수업 듣고 자습까지 하고 오면 새벽 2시. 학교 숙제와 학원 숙제를 다 하고 예습까지 하다 보면 하루 두세 시간밖에 자지 못했다. 만성적인 피로가 쌓여 툭하면 코피가 쏟아졌다.

"링거 주사를 꽂고 학원에 간 적도 있었어요. 그때 내가 왜 이렇게 살아야 하나 하는 생각이 자꾸 들었어요."

꿈도 목적도 없이 부모의 강요에 의해 학교와 학원만 오가는 새장에 갇힌 새. 새장 밖의 넓은 공간을 구경하고 싶었지만 도무지 출구가 보이지 않았다.

"엄마, 학원 좀 줄여줘. 너무 힘들어."

"대학 들어갈 때까지만 참아."

어느 날 창밖을 내다보니 차들이 쌩쌩 달리고 있었다.

'나도 저렇게 자유롭게 달려봤으면…'

문득 모든 걸 포기하고 싶다는 생각이 들었다.

'그래. 이렇게 꼭두각시처럼 살 바엔 차라리 죽는 게 낫지.'

그녀는 무작정 집 앞의 도로로 뛰쳐나갔다. 눈물이 왈칵 쏟아졌다. 마지막으로 아빠에게 전화를 걸었다.

"아빠, 나 이제 이렇게 사는 거 너무 지쳤어요. 그냥 죽는 게 낫겠어요."

출장을 떠나던 아빠가 황급히 차를 돌려 달려와서 "미안하다"며 딸을 안아주었다. 이튿날 모든 학원을 몽땅 끊었다. 그녀의 인생도 180도 달라졌다. 공부 대신 가슴속에 숨어 있던 꿈을 찾기 시작했다.

"제 꿈은 발명가로 자유롭게 사는 거였어요."

그녀는 부모의 반대를 무릅쓰고 실업계인 발명 특성화고등학교에 진학했다. 거기서 여덟 개의 발명특허 출원을 냈다. 3학년 재학 중 600 대 1의 경쟁을 뚫고 대기업 연구원으로 입사했다. 대학과 대학원 과정을 훌쩍 건너뛰고 거짓말처럼 발명가의 꿈을 이룬 것이다. 시야가 막힌 좁은 공간에 너무 오래 갇혀 있으면 모든 걸 포기하고 싶을 정도로 고통스럽다. 옥살이나 다름없다. 몸도 아프고 공부도 안 된다. 직장에서는 안 그럴까?

사무실을 공유하는 직원의 수가 늘어날수록 병가를 내는 사례도 급증한다. 덴마크의 심리학자 피터젠(Jan Pejtersen)이 조사해보니 사무실을 두 사람이 함께 쓸 경우 혼자 쓸 때보다 병가가 50퍼센트나 늘어났다. 또, 모든 직원들이 함께 쓰는 사무실에서는 병가신청 건수가 평균 62퍼센트나 증가했다. 옆 사람이 내 통화내용을 훤히 알아듣고, 지나가는 사람이 내 컴퓨터 화면을 수시로 들여다볼 수 있다면 내가 숨을 쉴 수 있는 공간은 사라진다. 심한 무력감이 찾아오고 몸도 무기력해진다.

심리학자 크레이그(David Craig)도 사무실 근로자 38,000명을 대상으로 조사해보았다. 그 결과 시야를 넓힐 수 없는 작은 사무실이나 좁은

마멋 교수

"남의 눈길이 닿지 않는
자유로운 공간이 크다고 느낄수록
심장질환도 줄어든다."

칸막이 방에서 일하는 사람들의 경우 생산성, 창의성, 건강지수가 크게 떨어지는 것으로 나타났다. 사람들은 몸 자체만 자유롭다고 해서 자유로움을 느끼는 게 아니다. 시야를 넓힐 수 있어야 자유를 느낀다.

　사람들이 높은 자리에 올라가고 싶어하는 근원적인 이유도 역시 시야를 넓히기 위해서다. 런던대학의 마멋(Michael Marmot) 교수가 공무원들의 건강을 조사해보니 하위직일수록 심혈관 질환으로 사망할 확률이 무려 세 배나 더 높았다. 돈 때문만은 아니었다. 지위가 낮은 공무원들은 '난 윗사람의 감시를 받고 있어'라는 생각에 윗사람의 시야에서 벗어날 수 없다고 느꼈다. 반면 지위가 높은 공무원들일수록 '난 내 맘대로야. 난 자유로워'라고 생각하고 있었다. 이렇게 남의 시야에서 자유롭다고 느낄수록 심장질환 발생률도 뚝 떨어졌다.

　출산 시의 심리적 공간은 어떤가? 모든 동물은 출산할 때 누군가가 지켜보면 긍정의 호르몬인 옥시토신 분비량이 크게 줄어든다. 그런데도 요즘은 의료진의 시선 속에서 아이를 낳아야만 한다. 자연히 옥시토신이 잘 분비되지 않아 자궁문이 잘 열리지 않는다. 엄청난 진통도 일어난다. 그래서 병원에서 출산할 땐 자연출산보다 제왕절개가 압도적으로 많다. 자연출산이 많은 네덜란드는 인구 1,000명당 범죄율이 15건에 불과하다. 반면 유럽에서 제왕절개율이 가장 높은 이탈리아의 범죄율은 이보다 세 배나 많은 41건이나 된다. 우리나라의 제왕절개율은? OECD 국가 중 가장 높은 수준인 40퍼센트나 된다. 우리나라의 우울증과 자살률이 세계 최고인 것과 무관하지 않다. 마음의 공간이 작아질수록 '나'도 점점 고통에 빠져든다.

시야가 좁아지면 정말 천재성도 닫혀버릴까?

"IQ 210의 천재"

"4세부터 대학 수업 청강"

"8세에 미국대학원 최연소 입학"

"10세에 미국항공우주국(NASA) 입사"

이런 꼬리표들이 붙었던 소년은 과연 행복한 삶을 살았을까?

"제가 아기 때부터 기자들이 수시로 찾아와 똑같은 질문을 되풀이해서 묻곤 했어요. 나중엔 외국기자들까지. 너무나 귀찮았죠."

미국과 일본 기자들도 찾아왔다. 일본에서는 TV에도 출연했고 장장 일곱 시간에 걸쳐 IQ테스트도 받았다. 그때 확인된 IQ가 210이었다.

NASA에 근무할 땐 아침부터 밤 11시까지 온종일 수학문제만 풀었다.

"10세 소년이 하루 이틀도 아니고 몇 년씩 계속 계산만 한다고 생각해보세요. 내가 대체 누굴 위해 이런 일을 하는 거지? 왜 이런 일만 해야 하는 거지? 회의가 들 수밖에 없죠."

주말에도 함께 놀아주는 사람이 없었다. 직장동료들과의 나이 차이가 30년도 넘게 났으니 당연한 일이었다. 그는 한국에 있는 부모에게 전화를 걸었다.

"저도 이제 제가 하고 싶은 일을 하고 싶어요."

"거기서 일하는 것도 우리나라를 위한 거야. 꾹 참고 일해봐."

하지만 일에 대한 회의가 커지면서 직장상사들과의 갈등도 깊어져 갔다. 마침내 16세 되는 해 NASA를 떠나 한국행 비행기를 탔다.

하지만 한국에 돌아와 취직하려니 직장마다 대학졸업장을 요구했다. 하는 수 없이 2년간 검정고시로 초등학교부터 고등학교까지의 과정을 모두 마쳤다. 대학입학을 위해 체력장 시험을 보는데 기자들이 들이닥쳤다. 하도 성가시게 이것저것 캐묻는 바람에 체력장시험을 아예 포기하고 말았다. 이튿날 신문들이 대서특필했다. "미국 대학원을 마친 IQ 210의 천재가 대학문턱을 넘지 못하고 있다." "실패한 천재" 등등.

그는 서울을 떠나고 싶었다. 그래서 다음 해에 지방대학에 입학했다.

"완전히 새로운 인생을 시작한 거죠. 3학년 때까지 신나게 놀기만 했어요. 동아리도 일곱 개나 들고."

'IQ 천재'의 딱지를 떼어버리니 너무나 행복했다. 언론의 시선에서 벗어나 난생처음 자유로움을 느꼈다. 역시 지방에서 대학원을 마친 후에는 충북개발공사 창립사원으로 입사했다.

"천재라는 딱지를 붙인 채 보통 사람들로부터 완전히 격리된 좁은 공간 속에서 사는 건 정말 고통이었죠. 지금처럼 넓은 공간에서 내가 하고 싶은 일을 맘껏 하며 살 수 있어서 행복해요."

김웅용 씨의 이야기는 시야가 좁아지면 천재성도 닫혀버린다는 사실을 말해준다.

"지능이 높은 아이들은 어떤 인생을 살까?"

1920년대 스탠포드대학의 심리학자 터먼(Lewis Terman)은 전무후무한 최장기 천재 연구를 시작했다. 연구대상은 IQ가 높은 아이들 2천 명. 그가 죽은 뒤에도 다른 학자들이 연구를 계속했다. 지금도 계속되고 있다. 연구대상자 가운데는 아직 생존해 있는 사람도 있다. 궁금할 것이다.

"IQ가 높은 사람들은 정말 각 분야에서 천재성을 발휘했을까?"

1920년대, IQ가 높지 않다는 이유로 연구대상에서 탈락했던 쇼클리 (William Shockley) 박사는 나중에 하버드대학을 졸업한 뒤 노벨물리학상을 받았다. 그런데 뜻밖에도 평균 IQ가 151이나 되는 연구대상자들 가운데서는 단 한 명의 노벨상 수상자도 나오지 않았다. 절대다수가 지극히 평범한 인생을 살고 있다. 연구를 시작한 터먼도 죽기 직전 이런 말을 남겼다.

"지능과 성취도가 서로 완벽한 연관성이 있다고 보기엔 너무나 거리가 멀다."

왜 이런 현상이 나타날까? '나'는 무한히 퍼져나가는 존재다. 이 무한한 존재에 'IQ 천재'라는 딱지를 붙여 좁은 공간에 가둬놓으니 퍼져나갈 리가 없다.

5 시야에 따라 '나'는 커지기도 하고 작아지기도 한다

시야를 넓히면 창의적인 일을 잘하고, 좁히면 구체적인 일을 잘한다

만일 누군가가 당신에게 이런 말을 한다면?

"제가 두 개의 영어 단어를 보여드릴게요. 글자 순서만 바꿔서 전혀 다른 단어들을 만들어보실래요?"

그러면서 아래와 같은 단어들을 보여준다.

school master, the eyes

이른바 '단어 놀이(anagram)' 문제이다. 답은 다음과 같다.

school master → the classroom

the eyes → they see

문제가 어렵게 느껴질 수도 있다. 거꾸로 쉽게 풀릴 수도 있다. 그건 어떤 방에서 푸느냐가 좌우할 수 있다. 대개 천장이 높은 방에서는 모

쥬 교수

"천장이 높으면 창의적인 일을 잘하고,
천장이 낮으면 구체적인 일을 잘한다."

ⓒ ubc.ca

든 문제가 더 잘 풀린다. 시야가 넓어지면 '나'도 커지기 때문이다. 그런데 특이한 사실이 있다. 천장이 높은 방에서 유달리 더욱 잘 풀리는 문제들이 따로 있다는 것이다. 거꾸로 천장이 낮은 방에서도 비교적 잘 풀리는 문제들이 따로 있다. 어떤 문제들일까?

브리티시 컬럼비아대의 마케팅 교수인 쥬(Juliet Zhu)가 살펴보니 천장이 높은 방에 있는 사람들은 '자유로운(liberated)', '무제한의(unlimited)', '해방된(emancipated)' 등과 같은 단어들을 빨리 풀었다. 반면 천장이 낮은 방에 있는 사람들은 '제한된(restricted)', '묶여 있는(bound)', '억제된(restrained)' 등과 같은 단어들을 더 빨리 풀었다.

왜 이런 결과가 나왔을까? 천장이 높으면 시야가 넓어져서 자유로움을 느낀다. 그래서 자유로움에 어울리는 일을 잘한다. 반면, 천장이 낮으면 시야가 좁아진다. 그래서 초점을 맞추는 일을 잘한다. 실제로 암벽등반장비를 파는 상점이라면 천장을 높이는 게 유리하다. 천장이 높아야 암벽등반을 떠올리면서 장비를 사는 사람들과 시야가 일치되기 때문이다. 거꾸로 새로 나온 약의 특정 효능을 알리고자 한다면 상점의 천장을 낮게 만드는 게 좋다. 천장이 낮으면 시야가 좁아져서 구체적인 정보에 초점을 맞추게 되기 때문이다.

그렇다면 병실의 천장은 어떨까? 높은 게 좋다. 병실 공간이 넓어져야 시야가 넓어져서 환자들이 자신의 통증을 더 멀리서 바라볼 여유가 생기기 때문이다. 반면, 수술실의 천장은 낮은 게 좋다. 왜? 수술은 구체적인 행동이 필요하다. 시야가 좁아지면 전체를 보기보다는 구체적인 작은 행동에 초점을 맞추게 된다. 회의할 때도 그렇다. 기발한 아이디어를 얻기 위한 회의라면 천장이 높은 곳에서 하는 게 낫다. 반면, 구체적인 행동을 논의하기 위한 회의라면 천장이 낮은 곳에서 하는 게 효과적이다.

시야가 넓어질수록 '나'의 공간이 커져서 지혜가 늘어난다. 반면, 시야가 좁아질수록 '나'의 공간이 작아져서 기계적인 일을 잘한다.

지능도 마찬가지다. 로체스터 대학의 심리학자 엘리엇(Andrew Elliot) 교수는 먼저 사람들에게 IQ 시험을 치도록 했다. 그리고는 IQ가 비슷한 사람들을 두 그룹으로 나눠 똑같은 시험문제를 나눠주고 풀어보게 했다. 시험문제를 채점하면서 교수는 깜짝 놀랐다.

"점수가 이렇게 벌어지다니!"

IQ가 비슷한 사람들이었는데도 어떤 사람들은 점수가 크게 높았고, 어떤 사람들은 크게 낮았다.

"표지 색깔이 이런 차이를 만들어내다니!"

교수는 시험문제지의 표지를 두 가지 색깔로 만들었다. 하나는 빨간색, 다른 하나는 파란색이었다. 똑같은 내용의 시험지였지만 빨간색 표

154

엘리엇 교수

"시험 문제지 표지를 빨강으로 하면 점수가
떨어지고, 파랑으로 하면 점수가 올라간다."

© rochester.edu

지의 시험지로 시험을 친 사람들은 하나같이 점수가 나빴고, 파란색 표
지의 시험지를 받아든 사람들은 하나같이 점수가 높았던 것이다. 100
점 만점에 평균 10점이나 차이가 났다.

　브리티시 컬럼비아대의 심리학자들도 똑같은 실험결과를 얻었다.
사람들에게 빨간 벽지를 바른 방과 파란 벽지를 바른 방에서 일하게 해
봤다. 그랬더니 파란 방에서 일한 사람들이 어린이 장난감 만들기 등
상상력 시험에서 무려 세 배나 높은 성적을 보였다. 반면, 빨간 방에서
일한 사람들은 오자나 탈자를 잡아내는 세세한 일을 잘했다. 파란색은
확 트인 하늘을 연상시켜 상상의 나래를 펴게 한다. 하늘을 연상하는
것만으로도 상상력이 높아지는 것이다. 반면, 빨간색은 위험을 연상시
켜서 시야가 좁아지게 한다. 넓게 보진 못하지만 바로 코앞의 기계적이
고 구체적인 일은 잘하게 된다. 이처럼 '나'는 몸속에 고정된 존재가 아
니다. 시야를 넓히면 커지고, 시야를 좁히면 작아지는 존재이다.

메시지 전달자, 전달 내용, 전달 장소의 시야를 일치시키라

"고베! 고베! 고베!"

추운 겨울밤 9시, 나는 일본 간사이 공항에서 추위에 떨며 택시를 부르고 있었다. 아무리 외쳐도 택시들은 그냥 지나갔다. 허탕, 허탕, 또 허탕. 속이 바짝바짝 타들어갔다. 하지만 택시 기사들을 원망할 수도 없는 일이었다. 땅이 쩍쩍 갈라진 아수라장을 누가 선뜻 가겠는가? 하지만 나는 고베 대지진 현장을 취재하기 위해 급파됐다. 어떻게든 빨리 현장에 도착해서 선발대와 합류해야 했다.

한 시간쯤 발을 동동 구르며 외친 끝에야 겨우 택시를 잡았다. 평소 두 시간 거리를 무려 열네 시간 만에 도착했다. 현장에 도착하니 투숙할 호텔도 없었다. 간신히 도시 외곽의 낡은 모텔에 여장을 풀었다.

천재지변이나 전쟁, 대형 사건사고가 터지면 특히 TV 기자들은 무조건 현장으로 달려간다. 마이크를 잡고 현장에 서 있는 모습을 시청자들에게 보여줘야 한다. 왜 그래야만 할까? 정보를 얻기 위해서만은 아니다. 요즘엔 현장에 가지 않고도 최신정보를 얻을 수 있는 세상이다. 그런데 왜 굳이 현장에 달려가야만 할까?

고베에서 지진이 났는데 만일 취재기자가 서울에서 최신정보를 종합해서 뉴스를 전한다면? 과연 설득력이 있을까? "고베에서 지진이 났다"는 말을 듣는 순간 시청자들의 시야는 고베까지 넓혀진다. 마음의 공간이 고베까지 확장되는 것이다. 그런데 취재기자는 서울에 있다? 시청자들의 시야는 급작스럽게 서울로 좁혀진다. 마음의 공간이 느닷

없이 작아지는 것이다. 마음의 공간이 바로 '나' 아닌가? 시청자들은 졸지에 풍선처럼 커졌다 작아졌다 해야 한다. 과연 시청자들은 편한 마음으로 뉴스를 보게 될까? 그 뉴스가 과연 설득력이 있을까?

만일 어떤 정치인이 자신의 지역구 문제를 국회에 가서 얘기한다면? 그에 대한 지지도가 떨어질까? 거꾸로 만일 그가 자신의 지역구 문제를 직접 지역구에 내려가서 얘기한다면? 지지도가 올라갈까?

2011년, 미국의 한 여성 하원의원이 애리조나주 수퍼마켓 주차장에서 괴한의 총격을 받았다. 함께 있던 시민 여섯 명은 그 자리에서 숨졌다. 여성 의원은 두뇌에 총탄이 박혀 혼수상태에 빠졌다. 여기저기서 정치인들이 총기규제를 강화하자는 인터뷰를 자청했다. 그런데 인터뷰를 어느 곳에서 하느냐에 따라 그 정치인에 대한 지지도가 크게 엇갈렸다. 예컨대 애리조나 주 정치인이 애리조나 주에서 애리조나 주 총격사건을 언급하며 인터뷰를 하면 지지도가 크게 치솟았다. 반면, 그가 수도인 워싱턴에 올라가 똑같은 인터뷰를 하면 반응이 시큰둥했다.

"인터뷰 내용이 중요하지 인터뷰 장소가 뭐 그리 중요해?"

대부분 이렇게 생각한다. 하지만 텍사스대학의 심리학자 버군(Erin Burgoon)과 헨더슨(Marlone Henderson) 등 심리학자들의 조사결과는 한결같다. 인터뷰하는 사람, 인터뷰 내용, 인터뷰 장소 등이 서로 격이 맞아야 설득력이 높아진다는 것이다.

"우리 지역구 의원이 우리 지역구 문제를 우리 지역에서 인터뷰했다"는 글을 읽는 주민들의 느낌은 어떨까? 편안한 느낌을 갖게 된다. 왜냐하면 시야가 널뛰기를 하지 않기 때문이다. 이처럼 지역구 의원은 지역구에 내려가서 그 지역에서 일어난 사건에 대해 구체적으로 언급하면 설득력이 껑충 뛰어오른다. 하지만 만일 그가 지역구에 내려와서 국가적 차원의 큰 그림을 제시한다면? 주민들의 시야는 지역으로 좁아졌다가 다시 전국으로 넓어져야 한다. 지역주민들은 불편함을 느낀다. 큰 그림은 워싱턴에 올라가 제시해야 호응을 얻는다.

만일 "수도인 워싱턴에서 대통령이 큰 그림을 제시하는 연설을 했다"는 글을 읽는다면? 사람들의 호응도는 높아진다. 대통령에 대한 호감도도 높아진다. 대부분 사람들에게 워싱턴은 멀리 떨어진 곳이다. 멀리 떨어진 곳에서 대통령이 큰 그림을 제시하면 모든 면에서 제격이다. 버군 교수는 이렇게 말한다.

"지역 행사장에서 연설하는 정치인은 한 가지 사건이나 사안에 대해 구체적으로 언급해야 지지도가 올라갑니다. 반면, 워싱턴에서 지역구 주민들에게 그룹메일을 보낼 땐 전체적인 통계나 전반적인 추세를 언급하는 게 현명한 일이죠."

우리는 자신의 주장을 뒷받침하기 위한 증거로 통계를 자주 이용한다. 통계를 이용할 때도 똑같은 원리가 적용된다. 즉, 현실적인 주장을 할 때는 구체적인 통계를 언급하는 게 설득력이 높고, 큰 비전을 제시하는 주장을 할 때는 전체를 볼 수 있는 개괄적인 통계를 언급하는 게 효과적이다. 이처럼 어떤 메시지를 전달하고자 할 땐 사람들의 시야가 널뛰기를 하지 않도록 메시지의 내용, 전달 장소, 전달자의 사회적 위치 등을 일치시켜줘야 설득력이 높아진다. 사람은 시야에 따라 커지기도 하고 작아지기도 하는 존재이기 때문이다.

큰 그림은 먼 곳에서 제시하라

어느 날 당신이 승강기를 탔는데 직장동료와 마주쳤다. 그런데 그가 돌연 이런 거창한 말을 한다.

"우리 회사가 살아남기 위해선 길게 내다봐야 해. 미래에 대한 투자도 과감히 하고. 그지?"

그 말을 듣는 당신은 어떤 생각이 들까?

'웬 생뚱맞은 소리? 지가 사장인 줄 아나?'

아마 이런 생각이 들 것이다.

어느 회사 사장이 미래의 비전에 대해 말하면 잘 어울린다. 그래서 호소력이 있다. 하지만 평사원이 미래의 비전에 대해 말하면 주제 넘는 소리로 들린다. 왜 그럴까?

직장동료들은 조직서열상 서로 가깝다. 서열상의 시야가 비슷하다. 그런데 직장 동료가 갑자기 먼 비전에 대해 말하면? 서열상의 시야가 갑자기 멀어진다. 가까이 있는 사람에게는 업무내용 등 가까운 문제에 대해 말할 때 설득력이 높아진다. 반면 사장은 어떤가? 사장은 조직서열상 평사원인 나와 먼 사이이다. 내가 사장을 떠올리는 순간 시야가 멀어진다. 따라서 그가 미래의 비전에 대해 말하면 설득력이 있다. 하지만 만일 그가 "자네 기안서 작성 어떻게 하는지 아나?" 하고 물어본다면? 나는 속으로 '세상에! 무슨 사장이 이런 시시콜콜한 일까지 다 물어보네?' 하고 생각할 것이다.

스탠퍼드 대학의 조직행동학자 할레비(Nir Halevy)는 큰 텔레콤 업체 직원 2,000명을 대상으로 설문조사를 해봤다. 윗사람의 윗사람(예컨대 사장)이 미래의 비전에 대해 말하면 직원들의 직업 만족도가 치솟았다. 하지만 바로 윗사람(예컨대 부장)이 미래의 비전에 대해 말하면 직업 만족도가 올라가지 않았다. 그렇다면 바로 윗사람은 어떤 말을 해야 직원들의 직업만족도가 올라갈까? 미래의 비전과 같은 추상적인 말이 아니라 구체적인 말을 할 때이다. 바로 윗사람은 서열상 직원들과 가깝기 때문이다.

정부가 심리학 분야의 연구비를 대폭 삭감할 것이라는 뉴스가 신문에 나왔다. 그 뉴스를 보고 심리학 교수는 시름에 잠겼다.

'어떡하지? 연구비가 줄면 실험도 제대로 못할 텐데?'

그는 심리학 지지를 호소하는 두 가지 메시지를 만들었다. 첫째는 심리학과 학생들이 어떻게 행동해야 할지를 주문하는 구체적인 메시지였다. 둘째는 심리학과 학생들이 왜 행동을 취해야만 하는지, 큰 그림을 보게 하는 추상적인 메시지였다.

"이 메시지를 심리학과 학생들에게 전해줘야 할 텐데. 누구한테 부탁하지?"

고민 끝에 교수는 대학원생과 전국 심리학회 회장에게 부탁했다. 두 사람은 교수가 부탁한 대로 심리학 지지를 호소하는 메시지를 학생들에게 보냈다.

— 어떤 학생들은 구체적인 메시지를 대학원생으로부터 받았다.

— 어떤 학생들은 구체적인 메시지를 전국 심리학회 회장으로부터 받았다.

— 어떤 학생들은 추상적인 메시지를 대학원생으로부터 받았다.

160

– 어떤 학생들은 추상적인 메시지를 전국 심리학회 회장으로부터 받았다.

그런 다음 교수가 학생들에게 물었다.
"다음 달에 열리는 심리학 지지 행사에 몇 시간이나 시간을 낼 수 있나요?"
학생들의 호응도는 메시지를 누구로부터 받았느냐에 따라 크게 차이가 났다.

– 구체적인 메시지를 대학원생으로부터 받았다. → 호응도가 높았다.
– 구체적인 메시지를 전국 심리학회 회장으로부터 받았다. → 호응도가 낮았다.
– 추상적인 메시지를 대학원생으로부터 받았다. → 호응도가 낮았다.
– 추상적인 메시지를 전국 심리학회 회장으로부터 받았다. → 호응도가 높았다.

이처럼 구체적인 메시지는 나와 서열상 가까운 사람이 전달하는 게 낫다. 반면 큰 그림을 보게 하는 추상적인 메시지는 나와 서열상 거리가 먼 높은 지위에 있는 사람이 전해야 설득력이 높아진다. 이처럼 메시지의 내용과 메시지 전달자의 사회적 서열 등에 따라 상대의 시야는 넓어지기도 하고 좁아지기도 한다. '나'가 커졌다 작아졌다 하는 것이다. 사람은 육신 속에 갇힌 존재가 아니라 시야에 따라 커지기도 하고 작아지기도 한다는 사실을 유념하라.

Review

시야를 넓힐수록 '나'는 정말 마법처럼 점점 커진다

- '진정한 나'는 무한히 퍼져나가는 빛이다. 시야를 넓히면 넓힐수록, 마음의 공간을 넓히면 넓힐수록 무한히 퍼져나간다.

- 마음의 공간이 커지면 커질수록 지능, 지혜, 창의성, 성적, 협상력, 건강, 운, 갈등해소 능력 등 '나'의 모든 것이 마법처럼 끝도 없이 쏟아져 나온다. 즉, '나'가 커진다.

- '나'의 공간을 인간의 범위 밖까지 넓히면 다른 차원의 에너지와 아이디어를 얻게 된다.

- 공부 사이사이의 공간을 넓힐수록 성적도 쑥쑥 올라간다.

- 시야를 무한히 넓히면 초능력이 나타난다.

- 시야가 좁아지면 모든 걸 포기하고 싶어지고, 천재성 등 모든 능력이 일제히 떨어진다. 즉, '나'가 작아진다.

- 시야에 따라 '나'는 커지기도 하고 작아지기도 한다.

3

텅 빈 공간이
정말 '진정한 나'일까?

1 왜 시야를 넓히는 대로
  거침없이 퍼져나갈까?

시야를 무한히 넓혀볼까?

내가 시야를 넓히면 넓힐수록 '빛으로 된 나'인 셀프2는 왜 거침없이
퍼져나갈까? 우주가 텅 빈 공간이 아니라면 거침없이 퍼져나갈 리 없
다. 그렇다면 우주는 텅 빈 공간이란 말인가? 시야를 무한히 넓혀보자.

나는 거리 한복판에 서 있다. 눈을 감고 100미터 상공에서 나를 내려
다본 모습을 그려본다. 내가 수박만 하게 작아진다. 1,000미터 상공에
서 나를 내려다본다. 나는 주먹만 하게 작아진다. 10,000미터 상공에서
나를 내려다본다. 나는 티끌만 하게 작아진다. 100,000미터 상공에서
내려다보니 서울시가 손바닥만 하게 보인다. 더 멀리서 내려다본다.
'와~~!! 한반도가 한눈에 내려다보이네!'
더욱 솟구쳐 오른다. 아시아가 보인다. 더 높이 날아오른다.
'오! 이젠 지구가 손바닥만 하게 보여!'
더 빠른 속도로 멀어져가니 지구는 완전히 시야에서 사라지고 무수
한 별들이 보인다. 더 멀리 내려다보니 우주가 티끌만 하게 작아진다.

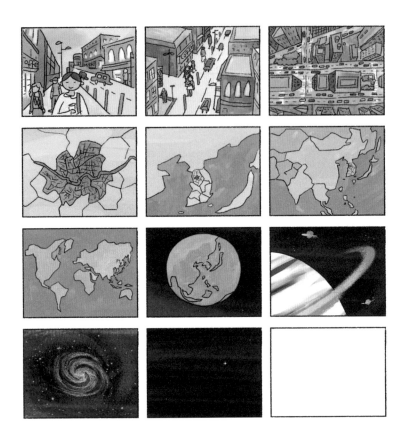

서 있는 나 → 도시 → 한국 → 아시아 → 세계 → 지구 → 은하 → 티끌 → 공☜

'우와! 우주고 뭐고 다 사라졌어!'

그렇다. 시야를 무한히 넓히면 모든 방향에서 전체를 다 보게 된다. 진실을 보게 되는 것이다. 진실은 텅 빈 공☜이다.

'이젠 거꾸로 시야를 최대한 가까이 끌어당겨볼까?'

텅 빈 공간이다. 시야를 점점 끌어당겨보자.

'시야를 좁히면 우주가 나타나겠지?'

정말 그렇다. 텅 빈 공간 속에 티끌만 한 우주가 보이기 시작한다. 더 가까이 끌어당겨보니 무수한 별들이 보인다. 시야를 더 빠른 속도로 더욱 가까이 끌어당긴다. 태양계도 보이고 지구도 보인다. 더 가까이 끌어당기니 한반도도 보인다. 더 가까이 끌어당기니 운동장에 서 있는 나도 보인다.

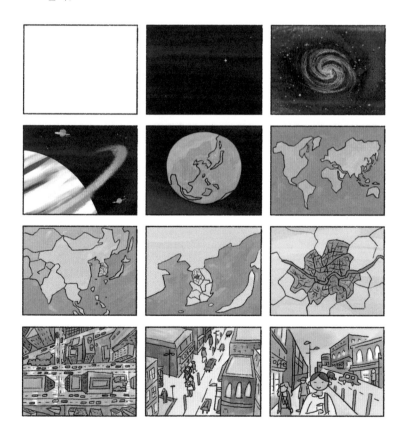

공☆ → 티끌 → 은하 → 지구 → 세계 → 아시아 → 한국 → 도시 →
서 있는 나

이번엔 시야를 더욱 가까이 끌어당겨 내 몸을 자세히 들여다보자. 내
몸은 실제로 존재할까? 내 몸은 심장, 폐, 위, 창자, 두뇌, 뼈, 근육 등의
장기들로 쪼개진다. 이들 가운데 예컨대 근육을 쪼개어 전자현미경으
로 확대해보자. 세포들이 나온다. 세포를 더욱 확대해보니 분자들로 쪼
개진다. 분자를 더욱 확대해보니 원자들로 쪼개진다. 원자를 더욱 확대
해보자.

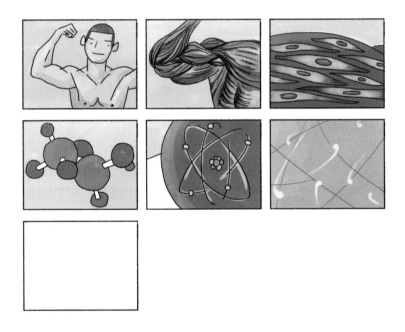

몸 → 근육 → 세포 → 분자 → 원자 → 전자 → 공

원자핵이 구슬 크기라면 그 주위를 도는 전자는 무려 1킬로미터 이상 떨어진 곳의 눈에 보이지도 않는 먼지 크기이다. 게다가 전자는 어느 한 곳에 멈춰 있지도 않다. 빛보다 빠른 속도로 핵 주위를 맴돈다. 전자 자체가 텅 비어 있다. 최대한 끌어당겨 자세히 봐도 텅 빈 공空이다.

나무, 자동차, 책상, 컵, 물… 이 세상에 존재하는 그 어떤 것도 죄다 마찬가지다. 전자현미경으로 쪼개고 쪼개어 확대해보면 죄다 텅텅 비어 있다.

"아주 멀리 보아도 텅 비어 있고, 아주 가까이 보아도 텅 비어 있다? 그렇다면?"

그렇다. 우리가 철석같이 현실로 믿고 사는 '물질우주'가 사실은 일정한 범위의 시야 내에서만 현실로 보이는 환영이다. 우리는 왜 환영 속에 살고 있을까? 육안의 시야가 짧고 좁기 때문이다. 그래서 지극히 일부만 본다. 하지만 무한한 전체를 모든 방향에서, 모든 거리에서 완전히 다 보면? 우주는 텅 비어 있다. 이는 지극히 당연한 일이다. 왜? 우주만물은 텅 빈 공간에서 태어나 텅 빈 공간으로 사라지지 않는가? 시작과 끝이 텅 비어 있는 것들이 진실일 리 없다. 그래서 아인슈타인도 "현실은 시각적 착각"일 뿐이라고 했다.

"우주에 무한한 에너지가 흘러넘치는데 텅 비어 있다니?"

이렇게 반문할지 모른다. 하지만 우주물리학자 호킹(Stephen Hawking)은 "우주의 모든 양에너지와 모든 음에너지를 합친 우주 에너지의 총량은 제로(0)이다"라고 했다. 이론물리학자 카쿠(Michio Kaku) 교수도 "우주의 모든 물질은 양(positive)이다. 우주의 모든 에너지는 음(negative)

이다. 둘을 합치면 제로(0)이다. 따라서 우주를 창조하는 데는 아무 에너지도 필요하지 않다"라고 말한다. 우주는 아무 에너지도 존재하지 않는 완벽한 공간 속에서 탄생한다는 것이다. 실제로 앞장에 소개된 기적의 치유사들이 환자들을 즉각적으로 치유할 수 있는 것도 사람을 포함한 우주만물이 사실은 허상이라는 사실을 완전히 이해하고 받아들이기 때문에 일어나는 일이다. 허상이 아니라면 사람의 몸이 즉각적으로 변화할 리 만무하다. 이처럼 우주는 텅 빈 공간이다. 내가 시야를 넓히면 넓힐수록 '빛으로 된 나' 셀프2가 거침없이 퍼져나가는 게 당연하다.

내 몸과 만물도 정말 텅 빈 공간일까?

이번엔 다른 방식으로 내 몸과 만물을 자세히 뜯어보자. 먼저 내 몸을 보자. 내 몸의 70퍼센트는 물이다. 내 몸속의 뇌, 심장, 폐, 신장 등 핵심장기의 70퍼센트 내외도 역시 물이다. 이 물은 어디서 나오는가? 강물에서 나온다. 나는 강물을 정수한 수돗물을 마신다. 그렇다면 내 몸의 70퍼센트는 강물 아닌가?

"정말! 내 몸에 강물이 흐르네?"

그렇다. 강물과 나는 하나이다.

"그렇다면 나무와 나도 하나일까?"

나무와 나가 하나라고? 아마 펄쩍 뛸지 모른다. 하지만 좀더 자세히 보자. 나무는 내가 내쉬는 이산화탄소를 들이마신다. 그리고 나는 나무가 내쉬는 산소를 들이마신다. 서로 호흡을 주고받는다.

"그러게? 나무와 내가 한몸이네?"

만일 나무가 없다면? 산소가 끊어진다. 내 생명도 끊어진다.

태양은 어떤가? 태양빛이 없으면 우리 몸은 비타민 A와 D를 제대로 만들어내지 못한다. 비타민 A와 D가 없으면 칼슘을 만들어내지 못한다. 칼슘이 없으면 우리 몸의 뼈는 슬쩍 미끄러지기만 해도 과자처럼 부스러진다.

"놀라운걸! 내 몸속에 태양빛이 들어 있다니?"

태양빛이 없으면 우리 건강에 필수적인 채소나 과일도 자라지 못한다. 그러고 보면 태양과 나도 하나이다.

"그렇다면 박테리아와 나도 하나일까?"

내장에 박테리아가 없으면 어떻게 될까? 음식을 먹어도 분해되지 않는다. 소화와 영양섭취가 불가능하다. 박테리아가 없으면 내 몸은 생존하지 못하는 것이다. 모든 동물이 그렇다. 박테리아와 한 덩어리가 돼야만 생존할 수 있다. 피부는 어떤가? 100퍼센트 청정 피부가 존재할 수 있을까? 손목이나 손가락을 움직일 때마다 피부가 갈라지지 않는 이유는 뭘까? 피부에 무수한 박테리아들이 우글거리는 덕분이다. 피부에 기생하는 박테리아들은 죽은 피부 세포들을 끊임없이 먹어치우며 라놀린이라는 윤활유를 분비한다. 피부가 갈라지지 않도록 해준다. 만일 피부에 박테리아가 없다면 몸을 움직일 때마다 피부는 쩍쩍 갈라질 것이다. 피부와 소화기관 내벽에는 인간세포보다 최고 100배나 더 많은 박테리아 세포들이 붙어있다.

그래서 세계적인 미생물학자이자 저술가인 맥줄랙(Anne Maczulak)은 "우리는 인간이라기보다 박테리아 덩어리에 더 가깝다"고 말한다. 우리 몸 자체가 박테리아 덩어리라는 것이다. 우리는 '박테리아가 우리 몸에 기생하고 있다'고 생각한다. 하지만 박테리아 입장에서 보면? '인간이 박테리아에 기생하고 있다.' 이렇게 입장을 바꿔보면 서로 분리될 수 없는 한 덩어리임을 알게 된다. 그러고 보니 나는 강물이자 나무이자 태양이자 공기이자 박테리아이다. 만물이 나이다.

"여전히 믿기지 않는걸?"

그렇다면 내 몸에서 내 몸이 아니라고 생각되는 것들을 하나씩 몽땅 떼어내 보자. 내 몸에서 강물을 빼내면? 내 몸의 70퍼센트는 사라진다. 혈액도 사라진다. 태양을 빼내면? 태양빛을 받아 만들어진 뼈가 사라진다. 박테리아를 빼내면? 내 몸은 빈 쭉정이가 된다. 내가 먹은 채소와 고기를 빼내면? 남은 살과 근육이 사라진다. 내가 들이마시는 공기를 빼내면? 내 몸의 생명은 아예 꺼져버린다. 어찌된 일인가? 내 몸이 아닌 걸 몽땅 빼내니 내 몸은 사라지지 않는가?

"내 몸도 정말 텅 비어 있네?"

책상은 안 그럴까? 책상의 다리 하나를 빼버려도 책상이라 할 수 있을까? 만일 다리를 모두 빼버리면 어떨까? 책상 서랍을 몽땅 빼내면 어떨까? 그래도 책상일까? 책상의 상판 절반을 떼어내면 어떨까? 더 이상 책상이 아닐까? 이번엔 책상에서 나무로 만든 것을 몽땅 떼어내 볼까? 못 몇 개밖에 남지 않는다. 그걸 책상이라 할 수 있을까? 그럼 내친김에 못까지 빼내보자. 책상은 돌연 어디로 사라진 것인가?

"정말! 책상 자체는 텅 비어 있네?"

우리가 무심코 "책상"이라 불렀던 것이 사실은 환영임이 드러난다.

그렇다면 책상을 만드는 나무는 어떨까? 수십 미터 높이까지 자라는 나무는 뭐로 만들어져있을까? 17세기 초 벨기에의 과학자 홀름홀트 (Johann Baptista van Holmholt)는 "나무는 대체 뭘 먹고 저렇게 덩치가 커질까?" 하는 호기심이 들었다. 그래서 화분에 일정량의 흙을 담아놓고 버드나무를 심었다. 흙과 물의 양이 얼마나 더해지거나 덜어지는지 날마다 꼼꼼히 기록해두었다. 5년 후 나무의 무게를 달아보니 무려 72킬로그램이나 나갔다. 그런데 놀랍게도 그 사이 흙의 무게는 불과 60그램밖에 줄지 않았다! 나무가 흙을 먹고 자라는 게 아니라는 증거였다.

"그렇다면 나무는 뭘 먹고 이렇게 덩치가 커진 거지?"

그는 당시 나무가 물을 먹고 자란다고 생각했다. 하지만 현대과학은 나무의 덩치를 키우는 가장 큰 요소는 눈에 보이지 않는 공기와 햇빛이라는 사실을 밝혀냈다. 나무의 생명줄은 공간에 있다. 노벨물리학상 수상자 파인만의 설명은 이렇다.

"나무의 95퍼센트는 이산화탄소이다. 나무는 공기 중의 이산화탄소를 들이마신 뒤, 햇빛을 이용해 이산화탄소를 분해한다. 그래서 산소를 내보내고 탄소와 물로 몸집을 불린다. 나무의 구성성분은 탄소와 물이다."

나무는 탄소와 물로 만들어져 있다는 것이다. 그렇다면 나무에서 탄소와 물을 빼내면? 나무는 돌연 눈앞에서 사라져버린다. 우리가 '나무'라고 부르는 것도 역시 환영임이 드러난다.

만물이 죄다 이렇게 '돌려막기' 식으로 만들어진 환영들이다. 내 몸을 자세히 들여다보면 내 것은 아무것도 없다. 식탁도 자세히 들여다보면 식탁 자체의 것은 아무것도 없다. 나무도 자세히 들여다보면 나무 자체의 것은 아무것도 없다. 왜 그럴까? 만물은 텅 빈 공간 속에서 태어나 텅 빈 공간 속으로 사라진다. 만물을 만드는 벽돌 자체도 역시 텅 빈 공간에서 태어난다. 허상의 벽돌로 지은 만물도 자연히 허상일 수밖에 없다.

마음이 온갖 고통스러운 생각이나 감정으로 가득 차오를 때 이렇게 상상해보자.

— 내 몸에서 모든 물을 빼낸다면? → 내 몸의 70퍼센트는 사라진다.

— 내 몸에서 모든 음식물을 빼낸다면? → 내 몸의 살과 근육이 사라진다.

— 내 몸에서 모든 박테리아를 빼낸다면? → 내 피부가 사라진다.

— 내 몸에서 햇빛이 만들어낸 모든 걸 빼낸다면? → 내 몸의 뼈가 사라진다

⇒ 내 몸은 텅 비어버린다 ⇒ 모든 생각과 감정은 저절로 사라진다

174

두뇌의 생각이 허상을 만들어낸다

"큰 나무가 쓰러질 때 정말 쾅 소리가 날까?"

"아무도 없는 깊은 산 속, 큰 나무가 쓰러진다면 쾅 소리를 내고 쓰러질까요, 아니면 쥐죽은 듯 고요히 쓰러질까요?"

대학생들에게 이 질문을 던졌더니 웃음부터 흘러나왔다. 실없는 소리로 들렸던 것이다. 당신은 어떻게 생각하는가?

"큰 나무가 쓰러지면 당연히 소리를 내죠~"

아마 이렇게 생각할 것이다. 나도 그렇게 생각했다. 하지만 그게 정말 '진실'일까? 돌이켜보면 초등학교 때 배운 과학상식이다.

큰 나무가 쓰러질 땐 무성한 잎, 가지, 몸통이 기울어지면서 공기가 크게 진동한다. 땅에 부딪힐 때 공기가 더욱 크게 진동한다. 그 진동의 물결이 귀의 고막을 진동시키면 두뇌는 쾅 소리를 듣게 된다. 작은 풀이 쓰러질 땐 공기의 진동이 약하므로 고막을 진동시키지 못한다. 그래서 우리는 풀이 쓰러지는 소리는 듣지 못한다. 즉, 두뇌는 공기의 진동이 일정한 크기에 이를 때만 고막의 진동을 통해 소리가 들린다고 인식하는 것이다. 공기의 진동 자체엔 아무 소리가 없다. 단지 고막이 진동하면 두뇌는 소리가 난다고 생각하는 것이다. 두뇌의 생각만 뺀다면 우주는 쥐죽은 듯 고요한 공(空)이다.

그렇다면 눈에 보이는 것도 착각일까?

식탁 위에 켜놓은 촛불을 보자. 빛은 진동하는 광자들의 물결이다. 말하자면 전자기파의 일종이다. 전자기파 자체는 아무 빛이 없다. 그래서 눈에 보이지 않는다. 그런데 촛불은 왜 눈에 여러 가지 색깔로 보일까? 일정한 파장(400~700나노미터)의 전자기파가 눈의 망막에 이르면 망막에 있는 8백만 개의 세포에 자극을 준다. 이 자극이 시신경 세포에 전기적 진동을 전달하면 두뇌가 '저기에 노란색 불빛이 보인다'고 생각한다. 사실은 아무 색깔이 없는 전자기파에 불과한데도 두뇌는 전자기파가 일정한 주파수대에 들어오면 '노란색 불빛'이라고 착각하는 것이다. 사과는 정말 빨강일까? 사과 자체엔 아무 색깔도 없다. 단지 두뇌가 사과에서 반사되는 일정한 주파수대의 빛을 빨강으로 해석할 뿐이다. 색깔은 밖에 있는 게 아니다. 두뇌 속에 있다. 따라서 만일 두뇌의 생각이 없다면 우주는 육안이 보는 색깔이 아닌 투명한 공(空)일 뿐이다.

"만물이 텅 비어 있다? 그런데 왜 단단하게 만져지는 거지?"

지금 책을 잡고 있는 당신의 손도, 몸도, 책도, 책상도, 방바닥도, 벽도 다 단단하게 만져진다. 왜 그럴까? 만물을 쪼개고 쪼개면 원자들이 나온다. 만물은 원자들의 덩어리다. 그런데 원자를 자세히 확대해보면 앞서 언급한 것처럼 텅 비어 있다.

원자의 중앙엔 원자핵이 있고 바깥엔 전자들이 돌고 있다. 전자들은

176

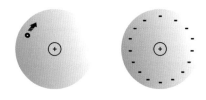

원자핵은 양전기, 핵을 도는 전자들은 음전기를 띤다

빛보다도 빠른, 상상을 초월하는 속도로 돌고 있다. 원자핵은 양전기, 전자들은 음전기를 띤다. 그래서 원자핵과 전자들은 서로 끌어당기며 하나의 원자를 이룬다. 하지만 원자들끼리는 서로 밀어낸다. 왜냐하면 A원자의 주변에 맴도는 음전기들과 B원자의 주변에 맴도는 음전기들은 서로를 싫어하여 밀어내기 때문이다. 하지만 하나의 물질을 만들기 위해선 원자들끼리 서로 한 덩어리가 돼야 한다. 그럴 땐 어떻게 될까? 그럴 땐 바깥의 전자들이 한꺼번에 더 바깥으로 밀려난다. 그래서 만물의 표면, 즉 원자 덩어리들의 표면엔 늘 음전기가 흐른다. 말하자면 만물의 표면엔 음전기를 띤 전자들의 막이 쳐 있는 셈이다. 따라서 만물은 표면에서 서로를 밀어낸다.

원자들의 덩어리인 당신의 손도 마찬가지다. 책상의 표면도 음전기를 띠고 있고 당신의 손 표면도 음전기를 띠고 있다. 그래서 서로 밀어낸다. 노벨 물리학상 수상자인 파인만은 이처럼 당신의 손과 책상이 서로 전기적으로 밀어내기 때문에 당신은 책상을 만질 때 단단하게 느끼게 된다고 설명했다. 사실은 책상이나 손은 텅 비어 있다는 것이다. 우리는 책상과 손이 서로 맞닿아 있다고 생각하지만 전자현미경으로 자세히 들여다보면 실제로는 서로 붙어 있는 게 아니다. 다른 삼라만상도 마찬가지다. 아인슈타인의 말대로 만물은 단지 전기를 띤 에너지 덩어리일 뿐이다.

런던대학의 양자물리학자 봄(David Bohm)은 우주는 홀로그램과 같은 것이라고 말했다.

"겉으로 우주는 고체인 것처럼 보이지만, 근원적으로는 환영(phantom), 즉 거대하고 기발하게 정교한 홀로그램이다."

두뇌는 만물을 단단한 고체라고 생각한다. 하지만 두뇌의 생각이 없다면 우주만물은 텅 빈 공空일 뿐이다. 우주가 이렇게 텅 비어 있으니 내가 시야를 넓히는 대로 '빛으로 된 나'인 셀프2도 거침없이 퍼져나갈 수 있는 것이다. 그러면서 지능, 지혜, 창의력, 건강, 운, 초능력 등 나의 모든 것도 끝없이 흘러나온다.

시야를 넓히면 '현실은 동영상'임을 알게 된다

"과장님, 어서 와보세요! 고객님이 많이 화나셨어요. 점장님 무조건 나오래요."

유선미 씨는 대형마트의 서비스 담당 관리자였다. 임신 중이었지만 현장으로 달려갔다. 한 중년 남성이 울그락불그락한 얼굴로 그녀를 노려보았다. 그녀는 사과부터 했다.

"고객님, 너무 죄송합니다. 직원이 실수했습니다. 저희가 선물이 들어오는 대로 댁으로 보내드리면 어떨까요?"

고객은 그녀의 배와 얼굴을 보더니 대뜸 소리 질렀다.

"어디서 재수 없게 여자가 나와서 그래! 야, 너 말고 더 높은 사람 나오라고 해."

어처구니없는 일이었다. 하지만 그녀는 꾹 참고 고객을 상담실로 데리고 들어갔다. 그 순간 고객이 자신이 들고 있던 비닐봉지 속의 과자며 물건들을 그녀에게 사정없이 집어던지기 시작했다. 과자가 뱃속의 아기에게 맞았다는 생각이 들자 그녀도 흥분했다.

"고객님! 지금 임신부인 저를 폭행하시는 건가요? 지금 행동에 책임지실 수 있어요? CCTV가 녹화되고 있습니다. 알아서 행동하세요!"

그 말에 고객은 더 이상 물건을 던지진 않았다. 하지만 대신 입에 담을 수 없는 욕설을 쏟아냈다.

"야, 이 XX년아, 그러니까 내가 여자는 재수 없으니까 남자 데리고 오라고 했잖아. 너 같은 년 말고 남자 데리고 오라고!"

때마침 상급자가 도착했다. 그는 사정을 듣더니 고객이 원하는 제품을 공짜로 주었다. 고객은 신이 나서 마트를 떠났다. 상급자의 말이 그녀를 더욱 아프게 했다.

"유 과장, 서비스 업무를 몇 년이나 했는데 아직도 그렇게 서툴러? 다음엔 이런 일 없도록 조심해."

그녀는 너무나 분하고 억울했다. 고민 끝에 사직서를 내고 말았다.

남이 내게 화를 퍼부을 땐 즉각 '상대가 나를 부당하게 공격하고 있어'라는 생각에 반사적으로 생존본능이 발동한다. 내가 생존하려면 반드시 이겨야 한다. 그래서 내 안에서도 격한 감정이 솟아오른다. 서로 격한 감정에 휘말려 든다. 그런데 만일 내가 똑같은 상황을 컴퓨터나 휴대폰 동영상으로 본다면 어떨까? 격한 감정은 금방 가라앉는다. 왜냐하면 시간상으로나 공간상으로 그 상황과 거리가 생기기 때문이다. 그렇다면 만일 내가 '모든 현실은 동영상'이라는 사실을 정말로 이해하게 된다면? 그럼 나는 현실에서 일어나는 아무리 끔찍한 상황이라도 거리를 두고 바라볼 수 있게 된다. 현실은 정말 동영상일까?

'친구 얼굴'을 생각해보라. 그 순간 뭐가 떠오르는가? 친구의 얼굴이 상으로 떠오른다. 그렇다면 이번엔 '친구와 재밌게 얘기하는 모습들'을 연속적으로 생각해보라. 재밌게 얘기하는 모습들이 연속적인 상으로 떠오른다. 즉, 생각이 연속적으로 꼬리를 물면 상도 연속적으로 꼬리를 문다. 그래서 동영상이 된다. 사람은 하루 24시간 내내 끊임없이 생각한다. 그러다 보니 생각이 만들어내는 상도 끊임없이 이어져 마치 상들이 생생히 움직이는 것처럼 인식된다. 이는 영화의 원리와 똑같다.

영화관에 가면 무대 위에 커다란 스크린이 있다. 스크린은 그냥 텅 빈 하얀 벽이다. 거기를 향해 영사기는 1초에 모두 24장의 사진을 비춘다. 사진 한 장만 비추고 있으면 스크린에도 정지된 그림만 보인다. 하지만 24장의 사진을 고속으로 돌리면 스크린의 사진들이 마치 살아서 움직이는 것처럼 보인다. 일종의 착시현상이다. 두어 시간에 걸쳐 이런 식으로 필름을 계속 돌리는 것이 영화이다. 사진을 연속으로 돌리는 것뿐인데도 우리는 그게 마치 현실인 양 울고 웃는다.

현실도 그와 똑같다. 두뇌 속에 생각이 끊임없이 입력되면 두뇌는 상들이 계속 움직인다고 착각한다. 따라서 생각이 사라지면 상도 사라진다. 생각과 생각이 꼬리를 물고 이어지면 시간도 생겨난다. 생각과 생각 사이의 거리와 순서가 생기기 때문이다. 지나간 생각은 과거로 인식되고, 앞으로 일어날 생각은 미래로 인식된다.

지나간 장면들을 되돌아보면 인생은 상의 연속이라는 걸 실감할 수 있다. 예를 들어보자. 내가 고향을 떠올릴 때 지금도 가장 먼저 떠오르는 장면은 어릴 때 할머니와 밭에서 김을 매던 일이다. 한창 뛰어놀 나이에 뙤약볕 아래서 한 이랑 한 이랑 김을 매는 게 고역이기도 했지만, 돌이켜보니 값진 배움의 기회이기도 했다. 아무리 힘들던 일도 해가 뉘엿뉘엿 기울 땐 마무리되었다. 할머니와 나는 우리가 말끔히 김을 맨 넓은 밭을 둘러보며 뿌듯해했다. 하지만 지금 그 모든 정겨운 장면들은 동영상으로만 존재한다. 실제로는 존재하지 않는다.

지나간 모든 일들이 그렇다. 동영상일 뿐이다. 바로 한 시간 전의 일들은 어떤가? 역시 동영상이다. 지금 내가 하고 있는 일도, 지금 살아 움직이는 내 몸도 한 시간 후에는 동영상으로만 존재한다. 단 1초만 지나도 지금 장면들이 모두 동영상으로 기억된다. 그렇다면 지금 이 순간의 나는 동영상이 아닐까? 시간상으로는 동영상임을 전혀 알아차릴 수 없다. 왜냐하면 바로 지금 이 순간 실시간으로 내 몸이 움직이고 있기 때문이다. 그렇다면 공간상으로는 어떤가? 공간상으로도 알아차리기 힘들다. 왜냐하면 '나'가 바로 내 몸 속에 들어가 있기 때문이다. 그렇다면 방법이 없을까? '나'는 몸속에 갇힌 존재가 아니다. 시간상으로 10년 후, 20년 후의 시점에서 지금 상황을 되돌아보라.

"10년 후 나는 지금 상황을 어떤 눈으로 되돌아볼까?"

혹은 공간상으로 1,000미터 상공에서 지금의 상황을 내려다보라.

"1,000미터 상공에선 지금의 상황이 어떻게 보일까?"

이렇게 시간상으로, 혹은 공간상으로 거리를 두면 현실세계가 동영상임을 알아차리게 된다.

현실세계는 고통의 바다이다. 나 스스로 시공간상으로 시야를 좁혀 '나'를 육신의 공간 속에 가둬놓기 때문이다.

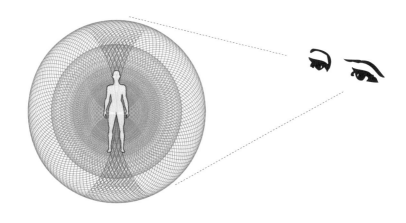

육신의 공간은 감정과 생각의 공간에 둘러싸여 있다.
따라서 이 공간들 밖으로 멀리 벗어나 바라보면
내 육신의 움직임이 동영상임을 알 수 있다.

내가 시야를 좁히면 '나'는 육신의 공간에 갇힌다. 육신의 공간은 감정과 생각의 공간에 둘러싸여 있다. 자연히 나는 감정과 생각의 지배를 받는다. 하지만 내가 시야를 멀찌감치 넓히면 '나'는 육신의 공간은 물론, 감정과 생각의 공간에서도 벗어난다. 그래서 모든 상황을 동영상처럼 몇 발짝 밖에서 객관적으로 바라보게 된다. 상대가 아무리 거친 말을 퍼붓더라도 그건 동영상에서 나오는 소리일 뿐이다. 지금 상황이 아무리 끔찍하더라도 그 역시 스쳐가는 동영상일 뿐이다.

하나의 동영상이 끝나면 또 다른 동영상이 나온다. 동영상이 나올 때마다 그 속에 뛰어들어 일희일비하면 인생이 고달파진다. 거꾸로 시간상으로, 혹은 공간상으로 몇 걸음 떨어져 시야를 넓혀 바라보면 '동영상은 동영상일 뿐'이라는 사실을 알아차리게 된다. 동영상을 바라보는 '나'는 누구인가? 텅 빈 공간이다. 텅 빈 공간은 설사 동영상이 완전히 끝나더라도 존재한다. 텅 빈 공간은 영원히 사라질 수 없는 존재이기 때문이다.

시야를 넓히면 모든 시끄러움이 공간 속으로 사라진다

'휴~! 대체 언제 끝나려는 거지?'

몇 년 전 세미나 참석차 미얀마에 출장 갔을 때의 일이다. 일정 중 우리 일행이 미얀마 국영방송국을 방문하는 행사가 있었다. 행사 뒤 미얀마 측이 우리를 민속음악 공연장으로 안내했다. 처음엔 흥미롭게 구경했다. 하지만 무더운 날씨에 실내에 앉아 있자니 점점 지루해지기 시작했다. 더구나 요란한 악기 소리 때문인지 얼굴에 화기도 올랐다.

"살짝 나가면 안 되겠죠?"

옆자리에 앉아 있던 교수가 귓속말로 속삭였다.

"그러면 분위기가 어색해질걸요."

나 역시 행사가 어서 끝났으면 하는 생각이 간절했다. 그 생각을 꾹꾹 짓눌러놓은 채 한 시간쯤 지나자 이마에선 비지땀이 흘러내렸다. 그렇다고 벌떡 일어설 수는 없는 노릇이었다. 잠시 후 문득 이런 생각이 들었다.

'아하, 나 스스로 괴로워하고 있었구나!'

내가 견디기 힘들어했던 건 시끄러운 소리에 초점을 맞춰놓고 그 소리와 맞서 싸웠기 때문이다. 소리가 싫어지자 싫다는 생각을 마음속에 꾹꾹 짓눌러놓았다. 그러다 보니 짓눌린 생각은 탈출구가 없었다. 그래서 더욱 발악을 해댔다. 그럼 나는 더욱 짓눌렀다. 자연히 나는 점점 더 힘들 수밖에.

'시끄러움은 내가 선택한 것이었구나!'

시끄러운 소리에 초점을 맞추지 않고 시야를 넓혀 텅 빈 공간의 고요에 귀를 기울여보았다. 그러자 마법 같은 일이 일어났다.

'아, 이렇게 조용한걸!'

정말 신기한 일이었다. 시끄러운 소리에 초점을 맞추고 있으면 시끄러운 소리가 점점 커졌다. 거꾸로 텅 빈 공간의 고요에 초점을 맞추자 고요함이 점점 깊어졌다. 세상일이 다 그렇다. 바깥세상의 시끄러운 소리에 초점을 맞춰놓고 그 소리와 맞서 싸우면 내 마음은 시끄러운 소리와의 싸움터가 된다. 반면, 텅 빈 공간의 고요에 초점을 맞춰놓고 귀를 기울이면 내 마음은 고요한 안식처가 된다.

나는 점심식사 후 거의 매일 산책을 즐긴다. 여름철 일정 기간엔 가로수나 공원의 나무에서 울어대는 매미 소리가 태산이 떠나갈 듯 요란하다. 그럴 때도 나는 매미 소리와 맞서 싸우지 않는다. 대신 매미 소리가 태어난 텅 빈 공간의 고요에 귀를 기울인다. 그러면 고요가 점점 깊어진다. 직장에서도 그렇다. 직장 상사의 잔소리가 견디기 힘든 건 나스스로 시야를 좁혀 그 잔소리에 초점을 맞추기 때문이다. 시야를 넓혀 무한한 공간의 고요에 귀를 기울이면 잔소리는 공간 속으로 사라진다. 소리 자체는 시끄럽지 않다. 공기의 진동일 뿐이다. 두뇌의 생각이 공기의 진동을 시끄러운 것으로 해석하여 증폭시키는 것일 뿐이다. 시야를 넓히면 모든 시끄러움이 텅 빈 공간 속으로 사라진다.

2 왜 텅 빈 공간에서
끝없는 요술이 쏟아져나올까?

텅 빈 공간은 요술 빛 알갱이들로 가득하다

'어? 저 투명한 빛은 뭐지?'

어느 날 창밖을 내다보며 왓칭을 하는데 뜻밖의 일이 일어났다. 하늘의 색깔이 변하기 시작하더니 투명한 연보라색 빛의 물결이 퍼져 나오기 시작하는 것 아닌가! 그 물결은 점점 퍼져나갔다. 그러더니 하늘이 온통 투명한 빛의 물결로 넘실댔다. 너무나 황홀한 장면이었다.

'혹시 유리창 때문에 일어나는 착시현상 같은 건 아닐까?'

이튿날은 일부러 시야가 확 트인 한 높은 상가 건물 베란다에 올라가서 왓칭을 해보았다. 역시 투명한 빛의 물결이 무한한 하늘 끝까지 흘러넘쳤다. 하늘 한가운데선 거대한 빛이 마치 샘물처럼 솟아나왔다. 한번은 직원들이 점심을 먹으러 나간 사이 혼자 남아 창밖을 내다보며 왓칭을 했다. 투명한 빛이 마치 안개처럼 자욱하게 하늘은 물론 내 주변을 둘러쌌다. 그리고 나서 2시 라디오뉴스 진행 준비를 하려고 컴퓨터 앞에 앉았다.

"어? 아무 글자도 안 보이네?"

186

뉴스 시간은 코앞으로 다가왔는데 눈이 안 보이다니! 한 시간 가까이 빛만 바라봤던 탓이었다. 다행히 10여 분간 창밖의 푸른 나무들을 바라보며 적응시키자 육안이 되살아났다. 그 이후부터는 너무 밝은 날엔 일부러 하늘 아래 부분을 쳐다보며 왓칭을 한다.

때로는 수십~수백 킬로미터 멀리 떨어져 있는 구름이 엄청나게 확대된 투명한 3D의 모습으로 바로 눈앞에 와 있다. 때로는 블랙홀이나 웜홀 같은 것이 바로 눈앞에 보이기도 한다. 살아서 움직이는 모습으로 말이다. 책이나 컴퓨터 화면을 볼 때 갑자기 투명한 빛이 깔리기도 한다. 산책하다 보면 건물이나 나무, 산 주위로 희고 투명한 빛이 선명하게 보인다. 사람들의 머리 주위를 둘러싼 후광이 보이기도 한다. 눈을 감으면 너무나도 투명한 파란색이나 보라색 하늘이 펼쳐지기도 한다. 나만 겪는 현상일까? 나는 몇 년 전까지만 하더라도 그런 현상과는 전혀 무관한 사람이었다. 오히려 누가 내게 그런 말을 하면 즉각 허무맹랑한 미신쯤으로 일축했을 것이다. 그런 내가 왜 돌연 빛을 보게 됐을까? 이유는 너무나도 간단하다. 육안은 사물에 초점을 맞춰 바라본다. 그래서 시야가 좁고 짧다. 그럼 만일 내가 시야를 크게 넓혀 바라보면 어떻게 될까? 예컨대 눈앞에 펼쳐진 500미터 전방 1,000미터 폭의 넓은 공간 전체를 한꺼번에 바라본다면? 육안은 그렇게 바라보지 못한다. 그래서 자연히 육안 대신 마음의 눈으로 바라보게 된다. 육안은 사물에 초점을 맞춰 바라보지만, 마음의 눈은 공간 전체를 바라본다. 마음의 눈이 뭔지, 마음의 눈은 어떻게 뜰 수 있는지는 마지막 장 〈시야를 무한히 넓히려면?〉에 자세히 소개돼 있다.

시야를 완전히 넓혀 텅 빈 공간과 하나가 되면 코가 얼얼해지거나 눈 주변, 이마 등 얼굴이 꿈틀거리는 걸 느끼기도 한다. 가슴이 쿵쿵 뛰기도 한다. 내 몸을 움직이는 건 두뇌가 아니라 텅 빈 공간이라는 걸 알 수 있다. 텅 빈 공간은 만질 수도 있다. 양 손바닥을 벌려 서로 가까이 했다 멀리했다 해보라. 손바닥 사이의 공간이 살아 있다는 걸 느낄 수 있다. 밀면 밀리고 끌어당기면 끌려온다. 컬럼비아대의 물리학자 그린 (Brian Greene)은 "공간은 구부릴 수도, 비틀 수도, 물결칠 수도 있는 것" 이라고 했다.

몇 달 전 이모가 간암 말기 판정을 받아 수술한 뒤 재발해서 재수술을 받은 적이 있다. 암이 전신에 퍼져 위독하다기에 찾아가서 손바닥으로 몸 주위의 공간을 쓸어주었다. 10분쯤 지났을까? 이모는 트림을 하기 시작했다. 꽉 막혔던 배도 뚫리는 것 같다고 했다. 이틀 후 다시 한 번 찾아가 손바닥으로 쓸어주었다. 사흘 후 이모는 편안한 마음으로 퇴원했다.

텅 빈 공간과 하나가 되면 완벽한 고요함이 찾아온다. 아무것도 존재하지 않는다. 오로지 빛의 물결이 흐르는 것처럼 가뿐하고 섬세한 음악 같은 소리만 감지될 뿐이다. 텅 빈 공간은 지혜로 가득하다. 뭔가 풀리지 않는 문제가 있을 때 왓칭을 하고 나면 갑자기 답이 떠오른다. 텅 빈 공간은 사랑으로 가득하다. 세파에 절은 내 몸과 마음을 치유해주고 위로해준다.

텅 빈 우주가 빛으로 가득하듯, 내 안에도 빛으로 가득한 영체가 들어 있다. 영체는 빛 덩어리이기 때문에 내가 마음을 열면 열수록 무한히 퍼져나간다. 그러면서 무한한 공간과 하나가 된다. 원래의 고향으로 돌아가는 것이다. 영체는 무한한 빛의 세계에 살던 영혼이다. 모든 것을 보고, 모든 것을 알고, 모든 것을 할 수 있다. 하지만 영혼이 지구에 내려오면 육신 속에 갇힌다. 왜 육신 속에 갇혀 있을까? 분명한 목적이 있다. 지구에서 온갖 경험을 겪으면서 성장해가기 위해서다.

"지구에 잠시 내려가 경험을 쌓아야 할 텐데 어쩐다? 두뇌도 없고, 입도 없고, 눈도 없으니."

그래서 영혼은 두뇌, 귀, 눈, 입, 코 등 육신을 사용하여 물질차원의 현실을 경험한다. 육신이 경험하는 것이 아니라 영혼이 육신을 빌려 경험하는 것이다. 책 앞부분 〈내 안의 '보이지 않는 나'는 누구인가?〉에서 우리가 어떤 행동을 선택하기 10초 전에 두뇌에 이미 신호가 들어온다는 것을 보여주는 실험들을 자세히 소개한 바 있다. 영혼이 두뇌를 이끄는 것이다.

영혼은 늘 사랑과 평화가 흐르는 영원한 빛의 고향으로 돌아가고 싶어한다. 휴가철마다 사람들이 넓은 바다나 들판으로, 그리고 먼 곳으로 여행을 떠나는 건 왜일까? 돈을 벌어 큰 집으로 이사를 가고 싶어하는 건 왜인가? 남의 강요를 벗어나고 싶어하는 건 왜일까? 영혼은 빛의 세계에서 누리던 무한한 자유로움과 끝없는 공간을 그리워하는 것이다.

'개체 나' vs. '전체 나'

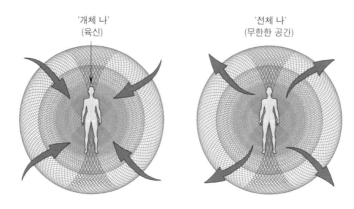

'개체 나'
(육신)

'전체 나'
(무한한 공간)

내가 시야를 좁히면 '개체 나'로 작아지고, 시야를 무한히 넓히면 '전체 나'로 커진다.

　육신 속의 나는 '개체 나'이다. 무한한 빛의 공간은 '전체 나'이다. '개체 나'가 점점 커지면 '전체 나'가 된다. 거꾸로 '전체 나'가 점점 작아지면 '개체 나'가 된다. 그래서 '전체 나'와 '개체 나'는 하나이다. '개체 나'가 시야를 넓히면 '전체 나'가 되고, '전체 나'가 시야를 좁히면 '개체 나'가 된다. 그렇다면 '개체 나'가 소멸될 땐? '전체 나'로 완전히 돌아간다. 사람들은 '전체 나'를 신이라 부르기도 한다. '개체 나'와 신은 별개의 존재일까? 아니다. 신과 나는 하나이다. 신을 나와는 별개의 존재로 분리시키면 신의 무한한 마음과 하나가 될 수 없다. 그래서 성경도 "내가 말하기를 너희는 신들이며, 다 지존자의 아들들이다"(I said, 'you are gods', You are all sons of the Most High)라고 했다. '전체 나'인 텅 빈 공간에 흐르는 무한한 마음이 무수한 '개체 나'들을 움직인다. 그래서 아인슈타인도 "빛으로 가득한 텅 빈 공간이 물질을 관장하는 유일한 기

190

데이비드 봄

"크게 보면 우주는 하나의 마음이다."

구(sole governing agency of matter)이다"라고 했다. 모든 것이 무한한 하나의 마음속에 있다.

런던 대학의 물리학자 봄(David Bohm) 박사도 "크게 보면 우주는 하나의 마음이다"라고 했다. 인간은 무한한 마음이 쪼개진 조각들이다. 프린스턴 대학의 물리학자 휠러(John Wheeler) 박사도 "우리는 자기 자신을 바라보는 우주의 작은 마음조각들이다"라고 했다. 이 무수한 마음조각들은 각기 육신의 옷을 걸친 채 지구에 내려와 나름대로의 인생경험을 한다. 그러다가 품고 있던 모든 어두운 생각을 놓아주면 다시 원래의 무한한 마음으로 되돌아간다. 하나가 곧 전체이고, 전체가 곧 하나이다. 그러고 보면 모든 사람이 곧 나이다. 각자의 마음조각들이 모여 무한한 하나의 마음을 이루기 때문이다. 작은 마음조각이 시야를 넓히면 '전체 나'가 되고, 무한한 마음이 시야를 좁히면 '개체 나'가 된다.

인생을 살아가는 두 가지 큰 흐름이 있다. 하나는 '개체 나'로서 살아가는 것이다. '나의 모든 것은 내 육신 속에 들어 있다'고 생각한다. '육신이 곧 나'이다. 나의 크기는 고정돼 있다. 모든 걸 개체의 좁고 짧은 시각으로 보기 때문에 전체를 보지 못한다. 이리 부딪히고 저리 부딪힌다. 숱한 시행착오를 겪는다. 나만의 시각으로 보기 때문에 '인생은 불공평하고 정의롭지 못한 것'으로 느낀다. 그러다 보니 남이 두렵고 피해의식에 사로잡힌다. 영국 UCL대가 공무원 6,000여 명을 대상으로 조사해보니 '인생은 불공평하다'고 생각하는 사람들은 다른 사람들보다 심장마비 등 심장질환에 걸릴 위험성이 55퍼센트나 더 높았다.

다른 큰 흐름은 시야를 무한히 넓혀 '전체 나'로서 살아가는 것이다. '전체 나'의 눈으로 보면 모든 사람과 모든 것이 내 마음의 공간 속에 들어온다. 그래서 모든 걸 받아들일 수 있다. 또, 전체를 다 보기 때문에 무한한 지혜가 흘러나온다. 모든 것이 내 의도대로 물결처럼 흘러간다.

한 《왓칭》독자는 이런 글을 보내왔다.

"내 안에 나를 늘 따뜻한 사랑으로 감싸주고 이끌어주는 전지전능한 존재가 있다는 사실을 깨닫고 나니 늘 든든합니다. 두려울 것도 없고, 못할 것도 없다는 믿음이 생겨요."

신, 하느님, 하나님, 참나, 불성, 원래의 나, 진정한 나, 무한한 나, 우주… 종교마다 사람마다 표현은 다르다. 하지만 진실은 하나다. 내가 시야를 좁히면 나는 '개체 나'의 한계에 갇힌다. 거꾸로 시야를 넓히면 '전체 나'로 무한해진다. 그러면서 끝없는 마법이 쏟아져 나온다. 텅 빈 공간은 마법의 빛 알갱이들로 가득하기 때문이다. 이 놀라운 마법은 지난 수천 년간 '신비주의'라는 겹겹의 베일에 가려져 있었다. 하지만 최

첨단 과학인 양자물리학은 마침내 이 베일을 몇 겹씩 벗겨내고 있다. 베일이 벗겨진 마법의 얼굴을 들여다보자. 빛 알갱이들은 대체 어떤 방법으로 텅 빈 공간이 마치 물질로 가득한 세계인 양 기막힌 요술을 연출해내는 것일까?

빛 알갱이들은 두 개의 몸을 갖고 있다

© bioenergy fields laboratory

앞에서 본 사진을 다시 보자. 엄마는 평소 단단한 물질로 된 몸이다('육신의 나' 셀프1). 하지만 아이에게 깊은 사랑을 느끼는 순간 마음이 활짝 열리면서 육안으로는 보이지 않는 빛이 퍼져나간다('빛으로 된 나' 셀프2). 이처럼 사람은 두 개의 몸을 갖고 있다. 단단한 물질이면서 동시에 퍼져나가는 빛의 물결이다.

나 자신도 그렇다. 초점을 맞춰 일을 하거나 운동을 하는 등 평상시에 나는 물질로 된 몸이다(셀프1). 하지만 초점을 풀고 시야를 넓혀 왓칭을 할 땐 무한히 퍼져나가는 빛의 물결이다(셀프2). 그래서 세상이 온통 빛으로 보인다. 왜 이런 현상이 나타날까?

사람도 다른 만물처럼 빛 알갱이(미립자)들의 덩어리이다. 사람을 쪼개고 쪼개서 더 이상 쪼갤 수 없을 때까지 쪼개면 빛 알갱이가 나온다. 따라서 빛 알갱이들의 정체를 알게 되면 사람이 왜 두 개의 몸을 갖고 있는지 알게 된다. 전작 《왓칭-신이 부리는 요술》에서 소개한 양자물리학의 '이중슬릿 실험'(double-slit experiment)을 잠시 되돌아보자. 빛 알갱이들이 야구공만 하게 커졌다고 상상하며 슬릿을 통해 하나씩 발사해보자.

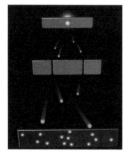

왼쪽: 누군가가 바라보면 알갱이들이 두 슬릿을 각각 직선으로 하나씩 통과해 벽면에 알갱이 자국을 남긴다 → 셀프1의 속성
오른쪽: 아무도 바라보지 않으면 알갱이가 물결처럼 두 슬릿을 동시에 통과해 벽면에 물결 자국을 남긴다 → 셀프2의 속성

누군가가 바라볼 땐 빛 알갱이가 단단한 알갱이 자국을 남긴다. 즉, 고체 알갱이로 돌변한다. 사람으로 치면 '육신의 나' 셀프1이다. 하지만 아무도 바라보지 않을 땐? 사방으로 퍼져나가는 빛의 물결 자국만 남는다. 사람으로 치면 '빛으로 된 나', 셀프2의 자국이다.

"왜 내가 바라볼 때만 고체 알갱이로 깜짝 변신하는 거지?"

"왜 내가 바라보지 않을 땐 빛의 물결로 퍼져버리는 거지?"

정말 귀신이 곡할 노릇이다. 왜 누군가가 바라볼 땐 고체 알갱이라는 눈앞의 현실로 나타나고, 아무도 바라보지 않을 땐 눈에 안 보이는 빛의 물결로 텅 비어버리는 것일까? 대체 왜 이런 요술이 일어날까? 아인슈타인 이후 최고의 천재과학자로 꼽히는 노벨물리학상 수상자 파인만은 "이중슬릿 실험을 완전히 이해하면 양자역학 전체를 이해하는 것"이라고까지 했다. 고체 알갱이를 바라볼 때 내 마음속에서 어떤 변화가 일어났는가?

"맞아! 난 '저건 고체 알갱이야'라고 생각하고 있었어."

그렇다. 빛 알갱이는 내 마음속의 생각을 읽는 것이다! 내가 고체 알갱이를 바라볼 땐 시야를 좁혀 '저건 고체 알갱이야'라는 생각을 품게 된다. 그 생각을 읽고 빛 알갱이가 고체로 돌변하는 것이다. 거꾸로 내가 고체 알갱이를 바라보지 않을 땐 '저건 고체 알갱이야'라는 생각을 품지 않게 된다. 생각이 텅 비어버리니 빛 알갱이도 텅 빈 물결로 그냥 퍼져 있게 된다. 간단한 이치다. 빛 알갱이는 원래 텅 빈 공간에 빛의 물결로 퍼져 있다. 그것이 원래 모습이다. 그러다가 누군가가 생각을 품고 바라보는 순간 그 생각대로 고체로 깜짝 변신하는 것이다.

〈빛 알갱이의 깜짝 변신〉
* 아무도 바라보지 않는다(생각을 품지 않는다) → 물결로 퍼져 있다.
* 누군가가 바라본다(생각을 품는다) → 고체로 깜짝 변신한다.

옥스퍼드대의 물리학자 도이치(David Deutsch) 교수는 이렇게 설명한다.

"우주만물을 구성하는 미립자는 여러 곳에 동시에 존재한다. 무한한 가능성으로 우주 전체에 퍼져 있다가 내가 초점을 맞춰 바라보는 순간 현실로 모습을 드러낸다. 만물은 죄다 미립자로 만들어져 있으므로 이런 원리는 모든 크기의 만물에 적용된다."

이처럼 빛 알갱이들은 내가 어떤 생각을 품고 바라보는 순간, 그 생각을 거울처럼 고스란히 눈앞의 물질(환영)로 바꿔준다. 이것이 양자물리학의 '관찰자 효과'(observer effect)'이다.

'나'도 빛 알갱이처럼 두 개의 몸을 갖고 있다

'나'도 빛 알갱이들의 덩어리다. 그래서 빛 알갱이처럼 '물질'과 '빛의 물결'이라는 두 개의 몸을 갖고 있다. '나'는 원래 빛의 물결처럼 무한하고 영원한 존재다. 하지만 늘 생각을 품고 살기 때문에 육신만이 나의 전부인 양 착각할 뿐이다. 태어나는 순간부터 나는 무의식적으로 '이건 내 몸뚱이야'라는 생각을 품고 살고 있지 않은가? 그래서 '내 몸뚱이'라는 물질이 내 눈앞에 늘 나타나는 것이다. 그렇다고 '빛의 물결'이라는 또 다른 나의 속성이 사라지는 건 아니다. 내가 시야를 넓혀 생각을 벗어나기만 하면 언제든 '빛으로 된 나' 셀프2가 빛의 물결로 퍼져나간다. 실제로 누구나 깊은 명상에 잠기는 순간 생각을 완전히 벗어나 자신의 몸뚱이도 잊게 된다. 그러면서 자신이 빛의 물결처럼 퍼져나가는 걸 보게 된다.

앞의 사진을 다시 보라. 엄마의 몸에서 왜 빛이 퍼져나갈까? 그건 아이에 대한 깊은 사랑을 느끼는 순간 생각이 완전히 사라지기 때문이다. 생각을 품고 있을 때 '나'는 시야가 좁아져 물질인 셀프1이 된다. 반면 생각을 놓아줄수록 점점 퍼져나가는 빛의 물결 셀프2로 변신한다. 생각을 완전히 놓아주면 '나'는 무한한 공간에 완전히 퍼진 '전체 나'로 존재한다. 그렇다면 내 육신이 죽을 땐 어떻게 될까? 그때도 나는 생각을 전혀 못하게 된다. 자연히 나는 빛의 물결로 완전히 퍼져나가 무한한 빛의 공간에서 영생하게 된다. 원래의 무한한 모습으로 돌아가는 것이다.

　누구나 이 양면성을 갖고 있다. '육신의 나' 셀프1은 곧 '개체 나'이기도 하다. 다만, 편의상 셀프1은 빛으로 점점 퍼져나가는 셀프2와 대조적인 개념으로, '개체 나'는 무한한 공간 전체에 완전히 퍼져 있는 '전체 나'와 대조적인 개념으로 사용됐을 뿐이다.

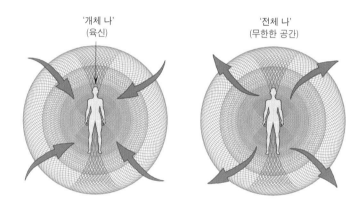

'개체 나'
(육신)

'전체 나'
(무한한 공간)

왼쪽: '나'가 시야를 좁혀 생각의 공간에 갇히면 '개체 나'로 물질화 된다.
오른쪽: '나'가 시야를 넓혀 생각의 공간을 벗어나면 '전체 나'로 퍼져나간다.

　'나'가 생각을 품는 순간 왜 세상은 개체화된 무수한 물질로 쪼개질까? 내가 정원에 나가서 꽃을 바라본다고 가정해보자. 내가 꽃이라는 물질을 볼 수 있는 이유는? 내가 '저건 꽃이야'라는 생각을 품고 시야를 좁혀 바라보기 때문이다. 그런데 내가 꽃을 바라보는 순간 꽃만 보일까? 아니다. 꽃을 바라보는 나도 보인다. 바라보이는 것이 있으면 바라보는 것, 즉 꽃을 바라보는 내 몸도 함께 보이는 것이다. 즉, 내가 꽃을 물질로 바라보는 바로 그 순간 내 몸도 동시에 물질로 깜짝 등장한다.

〈빛 알갱이들의 깜짝 요술〉

★ '나'가 꽃을 바라본다('저건 꽃이야'라는 생각을 품는다). → 꽃이 깜짝 등장한다. → 꽃을 바라보는 내 몸도 깜짝 등장한다.

이해를 돕기 위해 꽃과 입장을 바꿔보자. 내가 '저건 꽃이야'라는 생각을 품고 꽃을 바라보듯, 꽃도 '저건 사람이야'라는 생각을 품고 나를 바라본다. 그럼 꽃 앞에 내 몸이 물질로 나타난다. 동시에 꽃은 자신도 물질로 바라보게 된다. 꽃과 내가 동시에 물질로 개체화되는 과정이다. 그런데 꽃을 바라보는 것은 나뿐일까? 지나가는 다른 사람들도 꽃을 볼 수 있다. 게다가 나무도, 건물도, 자동차도, 지구도, 태양도, 별들도 꽃을 바라볼 수 있다. 꽃도 주변의 것들을 바라본다. 서로가 바라보는 것이면서 동시에 바라보이는 것이다. 너도나도 각기 생각을 품고 바라본다. 빛 알갱이들은 이 모든 생각들을 개체화된 물질로 깜짝 변신시켜준다.

이처럼 내가 시야를 좁혀 어떤 생각을 품는 순간 나는 일시에 생각이 만들어내는 개체화된 환영의 세계에 빠지게 된다. 너도나도 동시에 감쪽같이 빠져든다. 환영을 현실로 착각한다. 그래서 그 속에서 생존을 위해 서로 밀고 밀리며 아우성친다. 그렇다면 이 환영의 세계에서 벗어나려면? 시야를 넓히면 된다. 시야를 넓힐수록 생각에서 벗어나게 되고, 생각이 만들어내는 환영에서도 벗어나게 된다.

환영의 세계는 물론 빛 알갱이들이 생각을 물질로 감쪽같이 깜짝 변신시키기 때문에 일어나는 착각의 세계이다. 빛 알갱이들은 이런 깜짝 요술을 부리는 데 필요한 모든 지능과 정보, 에너지를 다 갖고 있다. 무엇으로든 변할 수 있는 모든 가능성을 갖고 있다. 그래서 독일의 노벨 물리학상 수상자 하이젠베르크는 이들을 "무한한 가능성의 알갱이들"이라고 불렀다. 빛 알갱이들의 이런 전지전능한 모습은 바로 나의 원래 모습이기도 하다. 왜냐하면 '빛으로 된 나' 셀프2도 똑같은 전지전능한 빛 알갱이들로 만들어져 있기 때문이다. 그래서 내가 시야를 넓히기만 하면 무한한 빛으로 퍼져나가면서 온갖 요술이 쏟아져 나오는 것이다.

3 전지전능한 빛 알갱이를 보면 나를 알 수 있다

위기가 닥치면 폭발적인 힘을 발휘한다

한 중년남성이 아내와 함께 차를 몰고 자신의 가게에 가는 중이었다. 그러다 앞에 가던 차가 자전거를 탄 10대 소년을 들이받는 장면을 목격하고는 급브레이크를 밟았다. 소년은 차 앞부분에 깔려 신음하고 있었다. 그는 얼른 달려가 차를 들어올리기 시작했다. 소년은 극심한 고통의 신음을 토해내고 있었다.

"아저씨, 조금만 더 높이요! 조금만 더 높이요!"

소년은 몸을 움직이지 못했다. 중년남성은 차를 20센티미터 이상 번쩍 들어올렸고, 그 사이 소년을 친 운전자가 달려나와 소년을 끌어냈다. 소년을 병원으로 옮긴 뒤에야 그는 비로소 자신이 어떤 기적을 일으켰는지 깨달았다.

"사고 현장을 보는 순간 떠오르는 생각은 하나였어요. 그 소년이 제 아들이라면 어떻게 하겠는가 하는 거였죠."

사고를 조사한 경찰 당국도 고개를 갸웃했다.

"어찌된 건지 통 모르겠네요. 차체 앞부분을 땅에서 완전히 들어올

200

리다니. 사람 몸에서 어떻게 그런 힘이 나올까요?"

중년남성의 이름은 톰 보일. 2006년 여름, 미국 애리조나 주에서 일어났던 일이다.

이런 일은 뜻밖에도 빈번하게 일어난다. 2005년 여름 영국 서덜랜드에서 친구와 함께 차를 몰고 캠핑 여행을 떠나던 23세의 카일라 스미스가 도로 옆 나무를 들이받으면서 차가 뒤집혔다. 그 사고로 스미스는 등뼈 두 마디가 부러지고 머리가 찢어졌다. 하지만 친구의 다리 하나가 차창 밖으로 튀어나가 차에 깔린 걸 보고는 사력을 다해 운전석에서 기어나왔다. 그러고는 차를 번쩍 들어올렸다.

"다른 생각할 겨를이 없었어요. 무조건 차를 들어올리지 않으면 친구의 다리는 못 쓰게 되니까요. 그래서 제 팔을 운전석 창문으로 넣어 차 지붕을 밀어올렸죠."

BBC 등 영국 언론들은 신장 165센티미터의 가냘픈 그녀가 몸무게의 20배가 넣는 무게를 들어 올렸다고 보도했다. 그녀 자신은 당시 차의 무게를 생각조차 하지 못했다고 말했다

나는 고정된 존재처럼 보인다. 고정된 몸을 갖고 있고, 힘의 크기도 일정한 한계가 있는 것처럼 보인다. 하지만 위기에 직면해 나의 존재와 나의 생각을 완전히 잊는 순간 상상을 초월하는 힘이 솟구쳐 나온다. 사람만 그런 게 아니다. 오하이오대 연구팀에 따르면, 개미는 몸무게의 최고 5천 배까지 들어올린다고 한다(개미는 '내가 과연 이걸 들어올릴 수 있을까?', '못 들어올리면 어떡하지?' 등의 생각을 하지 못한다). 개미든 사람이든, 만물은 모두가 빛 알갱이들이 뭉쳐서 만들어진 것들이기 때문이다. 평

소엔 고정된 형태의 단단한 물질 덩어리이다. 그러다가 생각이 사라지는 순간 빛의 물결로 퍼져나가면서 어마어마한 힘을 발휘한다. 그 힘의 한계는 어디까지일까? 과학이 그 힘을 측정할 수 있을까?

측정 불가능한 무한함을 갖고 있다

이해를 돕기 위해 이번엔 빛 알갱이를 어마어마하게 확대해 당구공만 하게 커졌다고 상상해보자.

실험자가 빛 알갱이를 가둬놓고 힘을 측정하려 들면 빛 알갱이는 갑자기 상상을 초월하는 힘으로 퍼져나간다. ⓒ History Channel, the Universe Series ─ Microscopic Universe

만일 과학자가 '이건 고체야' 하는 생각으로 빛 알갱이를 상자에 놓아두면? 빛 알갱이는 고체처럼 가만히 앉아 있다. 그런데 만일 그가 알갱이를 옴짝달싹 못하게 한 뒤 '이 알갱이의 힘을 측정해볼까?' 하고 생각한다면?

"그래? 네가 감히 내 힘을 측정해본다고? 좋아. 한 번 보여주지!"

빛 알갱이는 갑자기 상상을 초월하는 힘으로 상자를 부숴버리고 물결처럼 퍼져나간다! 이처럼 빛 알갱이는 늘 양면성을 갖고 있다. 평소에는 눈에 안 보이는 물결로 퍼져 있다가 과학자가 '고체'라고 생각하며 바라보는 순간 고체로 깜짝 변신해 자신의 위치를 드러낸다. 하지만 과학자가 자신의 힘을 측정하려는 생각을 품는 순간 즉각 그 생각을 읽고 엄청난 힘을 발휘하며 물결로 돌변한다. 힘을 보여주기 위해서는 고체가 아닌 물결로 변신해야 하기 때문이다.

따라서 빛 알갱이의 위치와 힘을 동시에 측정하는 건 불가능하다. 위치를 확인하려 들면 물결의 힘을 측정할 수 없다. 거꾸로 물결의 힘을 측정하려 들면 고체의 위치를 확인할 수 없다. 빛 알갱이를 고체로 보면서 동시에 물결로 볼 수는 없는 것이다. 따라서 인간이 빛 알갱이의 정확한 정체를 알아내는 건 불가능하다. 이것이 양자물리학의 '불확정성의 원리'(uncertainty principle)이다.

텅 빈 공간은 이처럼 측정 불가능한 무한한 힘을 가진 빛 알갱이들로 가득하다. 내가 시야를 넓히면 넓힐수록, 공간을 넓히면 넓힐수록, '빛으로 된 나' 셀프2가 점점 퍼져나가면서 무한한 힘이 쏟아져 나오는 게 당연하다. 이번엔 다른 방법을 써보자.

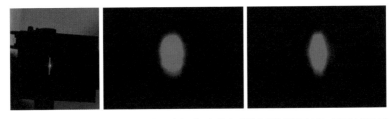

빛 알갱이들이 통과하는 세로로 된 구멍을 점점 가늘게 좁혀 가면(맨 왼쪽) 벽면에 남는 자국도 점점 가늘어진다(중간 → 오른쪽). ⓒ mit.edu

맨 왼쪽의 작은 슬릿slit(가늘고 긴 구멍)을 통해 빛 알갱이들을 발사해 보자. 알기 쉽게 설명하기 위해 MIT 물리학자 르윈(Walter Lewin)은 레이저 광선을 사용한다. 슬릿을 통과한 레이저 광선의 빛 알갱이들은 벽면에 가운데 사진처럼 슬릿 모양의 타원형 자국을 남긴다. 당연한 일이다. 그럼 슬릿의 폭을 점점 더 가늘게 좁히면? 자연히 벽면에 생기는 빛 알갱이들의 자국 모양도 맨 오른쪽처럼 점점 더 좁아진다.

여기까지는 당연한 일이다. 그러다가 마침내 슬릿의 폭을 더 이상 좁힐 수 없을 때까지 좁혀나가면? 돌연 기절초풍할 일이 벌어진다.

"어? 빛이 더 이상 좁아지는 게 아니라 갑자기 확 넓어지네!"

과학자들은 처음엔 자신의 눈을 의심했다. 하지만 눈을 비비고 다시 해봐도 마찬가지였다. 점점 가늘어지던 빛은 스스로 더 이상 가늘어질 수 없는 상황에 이르면 아래 사진처럼 돌연 폭발적인 힘으로 옆으로 퍼져나가는 것이다.

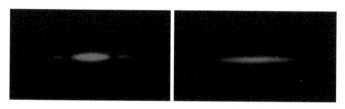

세로로 된 구멍을 아주 미세한 수준까지 가늘게 좁혀나가면 어느 순간부터 빛은 돌연 폭발적인 힘으로 세로가 아닌 가로로 퍼져나간다. ⓒ mit.edu

"대체 왜 이런 현상이 일어나는 거지?"

논리적으로는 도저히 이해할 수 없는 일이다. 하지만 빛 알갱이들이 사람의 속마음을 훤히 꿰뚫어본다는 사실을 상기해보라. 과학자들이

슬릿의 폭을 자꾸자꾸 좁혀가는 속셈을 빛 알갱이들이 모를까?

'흠, 이 친구가 또 감히 내 힘을 측정하려 드네? 좋아. 그렇다면 내 힘을 보여주지!'

빛 알갱이들은 돌연 도저히 측정 불가능한 무한한 힘을 발산하며 퍼져나간다. 텅 빈 공간, 즉 내 마음은 이처럼 무한한 힘을 가진 빛 알갱이들로 가득하다. 따라서 내가 공간의 크기를 넓히면 넓힐수록 더 많은 힘이 쏟아져 나올 수밖에 없다. 그런데 여기서 만일 슬릿을 완전히 좁혀버리면 어떻게 될까? 혹은 빛 알갱이들을 장벽으로 완전히 막아버린다면? 빛 알갱이들은 그냥 주저앉을까?

어떤 장벽도 넘어선다

"시아버님 식사 차려드리느라 온종일 몸이 묶여 있어요."

시아버지는 위 절제 수술을 받아서 식사를 하루 여섯 차례로 나눠서 먹어야 한다.

"시어머님은 밖에도 안 나가시고 쉴 틈 없이 잔소리를 하셔요."

잠시도 마음 놓을 겨를이 없다. 그렇다면 남편은 어떨까?

"남편은 완벽주의자예요. 조금이라도 실수를 하면 아이들 앞에서 가차 없이 지적해요."

무슨 삶이 이렇단 말인가? 시아버지 식사를 차리느라 밖에 나갈 틈도 없다. 시어머니의 잔소리는 그칠 날이 없다. 남편은 사소한 일도 그냥 넘어가는 법이 없다. 두 어린 아들은 어른들을 본받아 덩달아 엄마를 무시한다. 온종일 죽도록 일하는데 알아주는 사람은 아무도 없다. 그렇다면 이 주부는 자신을 어떻게 볼까?

"저는 아무런 존재감이 없어요. 가족들한테 무시당하기만 하고 쉴 틈 없이 밥만 차려주는 하녀 같아요."

이 주부는 극심한 무기력감으로 틈만 나면 환자처럼 침대에 드러눕는다. 작은 몸뚱이 하나로 그 많은 식구들의 끊임없는 요구를 다 들어주며 살아갈 엄두가 나지 않는다. 실제로 극심한 우울증에 걸렸다. 어느 땐 손가락 하나 까딱할 기운도 없다. 이제는 하루하루를 넘기기도 정말 어렵다. 도무지 솟아날 구멍이 보이지 않는다. 그녀의 작은 몸뚱이는 완전히 장벽에 갇혀 있다. 하지만 작은 몸뚱이가 정말 그녀의 모든 것일까?

만일 그녀가 시야를 넓혀 1,000미터, 10,000미터 상공에서 내려다보면 어떨까? 만일 30년, 40년 후의 시점에서 되돌아보면 어떨까? '나'의 공간이 어마어마하게 커진다. 거꾸로 가족들은 너무나 작아 보인다. 이렇게 상상할 수도 있다.

— 하루 여섯 차례 밥을 차려줘야 하는 시아버지는 생후 6개월 된 남자아기다.

— 쉴 틈 없이 잔소리하는 시어머니는 끊임없이 칭얼대는 쌍둥이 여자아기다.

— 완벽주의자 남편은 이제 겨우 아장아장 걷기 시작하는 두 살배기 남자아이다.

206

– 어른들 흉내 내는 두 아들은 두 마리의 수컷강아지이다.

내가 시야를 좁혀 나를 몸속에 갇힌 존재로 보면 나는 가족들의 필요에 따라 이리저리 끌려다니는 작은 약자가 된다. 그래서 점점 힘이 빠진다. 힘만 빠지는 게 아니다. 가족들이 내 마음대로 움직이지도 않는다. 내 마음의 공간 밖에 있기 때문이다.

거꾸로 내가 시야를 넓혀 마음의 공간을 백 배, 천 배, 만 배로 확장시킨다면? 가족들은 어마어마하게 확장된 내 마음의 공간 속에 떠 있는 티끌들이다. 이렇게 시야를 넓히는 것 자체만으로도 나는 실제로 힘이 솟는다. 게다가 가족들도 점점 내 마음이 의도하는 대로 움직이기 시작한다. 내 마음의 공간이 커지는 만큼 '나'가 커지기 때문이다. 이처럼 내가 시야를 좁히면 나는 '육신의 나' 셀프1로 작아진다. 거꾸로 시야를 넓히면 '빛으로 된 나' 셀프2가 나타난다. '나'도 빛 알갱이들처럼 두 개의 몸을 갖고 있는 것이다.

알렉산더 솔제니친은 자신의 저서에서 시베리아 강제노동수용소의 내막을 생생하게 폭로하고 있다. 그는 동료 수감자가 매일 아침 감방 바닥에 세계지도를 그리는 걸 목격했다.

"뭐하는 거요?"

"이 지도를 보며 상상하는 거죠. 오늘은 프랑스 파리를 떠나는 날입니다. 어제 파리를 실컷 걸어다니며 구경했으니 오늘부터 스페인 국경지대까지 걸어갈 계획이에요. 피곤하긴 하지만 유럽 구경이 참 재밌네요."

그 수감자는 상상 속에서 매일 몇 킬로미터씩 걸었다. 감옥에 갇혀 있는 몇 년 동안 유럽과 아시아를 거쳐 미국까지 여행했다. 그의 얼굴은 마치 진짜 관광객이나 되는 것처럼 늘 생기에 넘쳤다. 스피어라는 이름의 건축가는 스판다우 감옥에서 지내는 동안 베를린에서 예루살렘까지 걸었다. 길을 따라가면서 생생한 장면들을 꾸며냈다. 그렇게 해서 그는 몇 개월간의 감금생활을 무사히 버텨낼 수 있었다. 솔제니친 자신은 수감생활을 어떻게 견뎌냈을까?

"교도관들이 윽박지르며 온갖 욕설을 쏟아낼 때도 내 머리엔 시와 이미지가 물밀듯 흐르고 있었습니다. 그때마다 난 자유롭고 행복했지요. 어떤 죄수들은 철조망을 뚫고 탈출하려 했지만, 내겐 어떤 철조망도 없었거든요."

그는 수용소에서 겪었던 10년간의 경험을 마음속에 차곡차곡 저장해두었다. 그리고 나중에 이 기억을 바탕으로《수용소의 군도》를 써서 노벨문학상을 받았다.

'육신의 나' 셀프1은 감옥에 갇히면 옴짝달싹 못한다. 물질이기 때문에 물질적 한계를 벗어나지 못한다. 하지만 '빛으로 된 나' 셀프2는 비물질이기 때문에 물질적 한계가 없다. 내가 시야를 넓히는 대로 얼마든지 퍼져나간다. 이번에는 셀프2를 이루는 빛 알갱이들을 아주 단단한 콘크리트 벽으로 막아보자.

야구공을 콘크리트벽을 향해 던지면 튀어나온다. 그럼 빛 알갱이를 벽에 발사하면 어떨까? 처음엔 튀어나온다. 하지만 잠시 후 벽 반대편

208

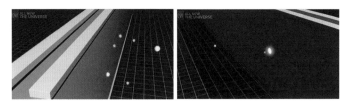

빛 알갱이들을 벽면을 향해 발사한다(왼쪽) → 빛 알갱이들이 실험자의 생각을 읽고 벽을 꿰뚫고 반대 면에 홀연히 나타난다(오른쪽) ⓒ History Channel, the Universe Series - Microscopic Universe

에 홀연히 나타나는 알갱이들이 생긴다. 어찌 된 일일까?

"알갱이가 어떻게 벽을 꿰뚫고 반대편에 나타났지? 귀신이 곡할 일이네?"

웬일일까? 빛 알갱이는 실험자의 생각을 읽는다. 알갱이를 계속 발사하는 건 '알갱이가 벽을 꿰뚫고 지나갈 수 있을까?' 하는 생각 때문이다. 그 생각을 읽고 알갱이는 벽을 꿰뚫고 반대편에 모습을 드러내는 것이다! 이처럼 빛 알갱이는 어떤 장벽이 가로막고 있어도 아무 상관없이 생각하는 곳에 나타난다. 마치 터널을 통과하듯 말이다. 이것이 이른바 '양자 터널'(quantum tunneling) 효과이다.

이 세상 그 누구도 빛 알갱이들의 무한한 속성을 물리적으로 가둬놓거나 막아버리는 건 불가능하다. 빛 알갱이는 어떤 물리적 장벽도 통과할 수 있는 비물질적 존재이기 때문이다. 설사 내가 아무리 절망적인 물질적 한계상황에 부닥치더라도 시야만 넓히면 '빛으로 된 나' 셀프2로 깜짝 변신하여 어떤 장벽도 꿰뚫고 지나간다.

거리에 구애받지 않는다

위의 두 사람은 일란성 쌍둥이이다. 생후 4주 때 각기 다른 가정에 입양됐다. 그러다가 39년 만에 난생처음으로 만났다. 그런데 놀랍게도 '짐Jim'이라는 똑같은 이름을 갖고 있었다. 키도 180센티미터로 똑같았고, 체중도 90킬로그램으로 똑같았다. 미네소타대 연구진이 조사해보니 더욱 놀라운 사실들이 드러났다.

— 둘 다 어릴 때 '토이Toy'라는 이름의 애완견을 갖고 있었다.
— 둘 다 처음엔 '린다'라는 이름의 여성과 결혼했다가 헤어지고 '베티'라는 이름의 여성과 재혼했다.
— 둘 다 아들의 이름을 '제임스 앨런'이라 지었다.
— 둘 다 엷은 파란색 '쉐보레' 차를 갖고 있었다.
— 둘 다 똑같은 상표의 담배를 피우고 똑같은 상표의 맥주를 마셨다.
— 둘 다 소방관과 보안관으로 일한 적이 있었다.
— 둘 다 손톱을 깨무는 습관과 편두통이 있었다.

서로 멀리 떨어진 곳에서 살아왔고 39년간 단 한 번도 만난 적 없는 두 사람이 어떻게 이처럼 판박이 같은 삶을 살아왔을까? 제퍼슨 의대의 버렌트(Thomas Behrendt) 박사팀은 일란성 쌍둥이들을 각기 짝으로부터 멀리 떨어지게 해놓고 한쪽 쌍둥이에게 눈을 감도록 해보았다. 그의 뇌파가 즉각 알파파로 변했다. 그렇다면 그와 짝이 되는 다른 쪽 쌍둥이의 뇌파는 어땠을까?

"어? 쌍둥이 형제의 뇌파도 동시에 알파파로 바뀌네?"

쌍둥이 형제가 서로 멀리 떨어져 있는데도 뇌파가 서로 하나처럼 보조를 맞춰 움직이는 것이었다! 이런 현상은 왜 일어날까? 사람도 빛 알갱이들의 덩어리이다. 빛 알갱이들은 서로 연결돼 있다. 특히 한 번 깊은 인연을 맺은 빛 알갱이들은 아무리 거리가 멀리 떨어져 있어도 서로 하나처럼 보조를 맞춰 행동한다.

서로 마음을 열고 받아들인 사람끼리는 거리에 상관없이 늘 연결돼 있다. 이게 무슨 말인가? 내가 얼마나 마음을 여느냐에 따라 내 마음은 무한한 곳까지 미친다는 말이다. 다시 말해 무한한 공간이 원래의 '나'이기 때문에 시야를 넓히면 넓히는 대로 '나'는 거침없이 퍼져나간다는 뜻이다. 동시에 거리는 실제로는 존재하지 않는, 생각이 만들어낸 허상이라는 말이기도 하다.

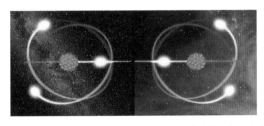

한 번 깊은 인연을 맺은 빛 알갱이들은 아무리 멀리 떨어져 있어도 서로 보조를 맞춰 행동한다. ⓒ History Channel, the Universe Series — Microscopic Universe

양자물리학자들은 무한히 많은 평행우주엔 무한히 많은 지구들이 있고, 무한히 많은 '나'들이 있다고 말한다. 이 지구에 사는 '나'가 어떤 하나의 생각을 선택할 때마다 각기 다른 생각들을 선택하는 다른 지구들의 '다른 나'들이 무수히 생긴다는 것이다. 외모도 서로 조금씩 달라진다. 하지만 위에 소개된 쌍둥이 형제처럼 늘 서로 보조를 맞춰 행동한다. 서로 상상을 초월하는 먼 거리에 떨어져 있어도 말이다. 공간에 가득한 빛 알갱이들은 이처럼 거리를 초월해 요술을 부린다. '나'의 공간을 넓히면 넓힐수록 그만큼 더 많은 요술이 끝도 없이 쏟아져 나오는 게 당연하다.

과거도 바꿀 수 있다

2000년 이스라엘의 의사 라이보비치(Leonard Leibovici)는 한 병원의 패혈증 환자 3,393명을 무작위로 두 그룹으로 나눴다. 그런 다음 사람들로 하여금 한 그룹을 위해서만 원격으로 기도를 하도록 했다. 다른 그룹은 기도를 받지 않았다. 예상대로 기도를 받은 그룹은 열이 빨리 떨어졌고, 입원기간도 짧았다. 기도의 효과가 분명하게 드러났다. 그런데 환자 수를 다시 보라. 의아하지 않은가?

"한 병원에 웬 패혈증 환자가 3,393명이나 되지?"

이유가 있었다. 사람들이 기도해준 환자들은 2000년에 감염된 환자들이 아니었다. 기도하는 사람들이 까맣게 몰랐던 사실이 있었다. 그들이 기도해준 환자들은 훨씬 전인 1990년부터 4년간 입원했던 환자들이었다!

"뭐라고? 10년 전에 입원 중인 환자들을 위한 기도였다고?"

그렇다. 1990~1994년 사이 입원했던 환자들을 위해 6~10년이 지난 2000년에 기도한 것이었다.

"2000년에 기도한 효과가 1990년 초에 나타났다고?"

어안이 벙벙할 것이다. 하지만 사실은 분명하다. 1990년대 초 환자들의 기록을 조사해보니 기도를 받은 환자들이 하나같이 열도 떨어졌고, 입원기간도 짧았다. 이런 일이 어떻게 일어날 수 있을까? 그렇다면 이미 며칠 전에 시험을 친 아이를 위해 오늘 기도해도 시험결과가 달라진다는 말 아닌가? 사람이 어떻게 이런 능력을 발휘할 수 있단 말인가? 사람을 이루는 빛 알갱이들에게는 과연 이런 속성이 있을까?

빛 알갱이는 실험자의 생각을 미리 읽고, 과거의 행동도 바꾼다.
ⓒ History Channel, the Universe Series - Microscopic Universe

자동발사기가 빛 알갱이들을 발사한다. 누군가가 바라보지 않으면 알갱이들은 두 개의 슬릿을 빛의 물결로 통과한다. 그리고 벽면에 물결 자국을 남긴다. 앞의 실험과 똑같다. 그런데 만일 슬릿을 통과한 직후, 하지만 벽면에 도착하기 직전, 누군가가 불시에 바라보면 어떻게 될까? 물결로 퍼져나가던 알갱이들은 바라보는 순간 고체 알갱이로 돌변한다.

그런데 여기서 불가사의한 일이 일어난다. 이미 물결 모습으로 두 개의 슬릿을 통과한 알갱이들이 마치 처음 발사 순간부터 고체 알갱이였던 것처럼 행동하는 것이다! 즉, 어느 한쪽 슬릿만 선택해 통과한 것처럼 벽면 한쪽에만 고체 알갱이 자국을 남겨놓는다. 캘리포니아대의 물리학자 커트너(Fred Kuttner)는 혀를 내두른다.

"혼비백산할 일이죠. 이미 물결 형태로 두 개의 슬릿을 동시에 통과한 알갱이들이 시간을 거슬러 올라가 어느 한쪽 슬릿만 통과한 것처럼 행동하다니. 원래부터 고체였던 것처럼 행세하는 거죠. 알갱이들이 실험자의 마음속 생각을 미리 읽고 행동한다고 볼 수밖에 없어요."

빛 알갱이들이 누군가가 나중에 불시에 쳐다보려는 생각을 미리 읽고 한쪽 슬릿을 선택해냈다는 얘기다! 다시 말해 과거까지 바꿔버리는 것이다. 2000년에 기도한 효과가 1990년에 나타나는 것도 그래서 가능한 일이다. 빛 알갱이들은 이처럼 시간을 초월해 현실을 맘대로 바꿔놓을 수 있는 불가사의한 능력을 갖고 있다. 그렇다면 만일 내가 과거에 큰 죄를 지었다면? 지금 진심으로 뉘우치면 죄가 완전히 사라질까? 당연한 일이다. 단, 조건이 있다. 아무런 주저함이나 의심도 끼어 있지 않은 '진심'이어야 한다는 것이다. '진심'일 때만 텅 빈 공간과 접속되기 때문이다. 텅 빈 공간은 이처럼 시간과 거리를 초월해 요술을 부리는 빛 알갱이들로 가득하다. 자연히 내가 시야를 넓히면 넓힐수록 '나'의 공간이 넓어져 그만큼 더 많은 요술이 쏟아져 나올 수밖에 없다.

4 '셀프1'이 닫히면 ^{'육신의 나'}
'셀프2'가 퍼져나간다 ^{'빛으로 된 나'}

육신의 장애는 영적 도약을 위한 것이다

"으앙!"

분만실에서 우렁찬 아기 울음소리가 들렸다. 복도에서 서성거리던 아빠의 얼굴도 활짝 밝아졌다. 잠시 후 문이 열리더니 간호사가 나왔다.

"우리 아기는요?"

간호사가 방으로 들어오라는 신호를 했다. 웬일인지 의사의 얼굴이 딱딱하게 굳어져 있었다.

"아기에게 무슨 일 있나요?"

간호사가 아기를 휘감은 하얀 천을 한 겹씩 벗기기 시작했다. 순간 아빠의 얼굴도 하얗게 질려버렸다.

"왜 오른팔이 없는 거죠?"

의사가 참담한 표정으로 대답했다.

"오른팔만 없는 게 아닙니다. 양팔도 없고 양다리도 없습니다."

간호사가 하얀 천을 다 벗겨내자 아기의 전신이 드러났다.

"아니, 이럴 수가!"

도저히 믿기지 않는 장면이었다. 아빠는 비틀비틀 화장실에 걸어가 뱃속에 들어 있는 모든 걸 토해내고 말았다. 산모는 더 큰 충격을 받았다. 아기를 처음 보는 순간 악 소리를 내며 정신을 잃었다. 잠시 후 산모는 간신히 깨어나 모기만 한 소리로 첫마디를 뱉어냈다.

"아기를 데리고 나가주세요."

엄마는 넉 달이 지나서야 겨우 아기를 제대로 안을 수 있었다. 양팔도 양다리도 없어 부모마저 눈뜨고는 차마 바라볼 수 없는 아기. 몸통에 붙어 있는 것이라곤 왼쪽 엉덩이 끝에 달랑 붙어 있는 닭발 같은 작은 발이 전부인 아기. 그나마 닭발 같은 발가락마저 두 개뿐인 아기. 사람들은 험난한 세상에서 그 아기가 살아가는 것은 도저히 불가능하다고 말했다. 실제로 아기가 자라 학교에 들어가자마자 아이들의 놀림과 따돌림의 대상이 되었다.

"외계인이다!"

"발가락으로 밥 먹는 더러운 놈!"

어느 날 학교에서 돌아온 그는 엉엉 울면서 엄마에게 말했다.

"엄마, 난 정말 학교 다니기 싫어! 죽고 싶어!"

절망감은 끈덕지게 달라붙었다. 열 살 되던 해, 그는 화장실 욕조에 15센티미터 깊이의 물을 받아놓고 뒤뚱거리며 기어들어갔다. 스스로 목숨을 끊을 작정이었다.

"물에 얼굴을 파묻고 있으려니 이제 죽는구나 하는 생각이 떠올랐어요. 그러면서 제 장례식이 스쳐갔죠. 엄마 아빠가 슬퍼하는 모습이 너무나 생생하게 떠올랐습니다."

어린 나이에도 그는 부모에게 평생 죄책감을 안겨줄 일이 걱정되었다. 그래서 다시 고개를 돌려 다행히 목숨을 건졌다.

절망의 깊은 수렁에 빠져 있던 아이가 지금은 놀랍게도 세계에서 가장 유명한 동기부여 강사가 되었다. 전 세계 수천만 명이 그의 말을 듣고 절망의 늪에서 벗어나 희망의 빛을 찾는다. 몸통밖에 없는 몸으로 수영도 하고 서핑도 하고 골프도 친다. 아름다운 여성을 만나 두 아들을 가진 32세의 가장도 되었다. 한국에도 소개된 오스트레일리아의 부이치치(Nick Vujicic)의 이야기다.

아들과 함께. 손발이 없지만 이 세상 누구보다 행복하다.
ⓒ facebook.com/NickVujicic

정말 경이롭지 않은가? 사람들은 그가 태어났을 때 '생존 자체가 불가능한 장애아'라는 낙인을 찍었다. 정상적인 인생을 살리라곤 상상조차 못했다. 잘해야 많은 사람의 도움으로 겨우 목숨이나 부지할 거라고 생각했다. 하지만 그는 지금 멀쩡한 팔다리를 가진 사람들보다 훨씬 앞서 나아가 전혀 다른 차원의 인생을 살고 있다. 도움을 받는 게 아니라 거꾸로 도움을 베풀고 있다. 대체 어찌 된 일일까?

어느 날 그는 학교에서 심한 놀림을 받고 돌아와 벽에 걸린 큰 거울을 바라보며 생각했다.

'나는 왜 이런 모습으로 태어났을까?'

가만히 생각해보니 자신은 불가능의 상징이었다.

"글씨는 어떻게 써요?"

"밥은 어떻게 먹죠?"

"이는 어떻게 닦아요?"

"넘어지면 혼자서 일어날 수 있나요?"

사람들이 그를 볼 때마다 묻는 말들이었다. 답은 바로 그것이었다. 그가 그런 몸으로 태어난 것은 사람들에게 희망과 용기를 주라는 신의 선물이었다. 그는 강연할 때마다 이렇게 말한다.

"팔다리가 없는 제가 넘어지면 어떻게 될까요? 팔다리가 없으니 발 버둥치기만 하고 혼자서는 도저히 일어서지 못할 거라고 생각하시죠? 아무 희망도 없다고 생각하시죠? 제가 벌떡 일어서는 건 정말 불가능할까요?"

그는 갑자기 앞으로 고꾸라진다. 청중들은 숨을 죽인다. 그는 이마를 바닥에 대고 목과 허리의 반동을 이용해 일어서려고 한다. 하지만 실패다. 다시 시도하지만 역시 실패다. 허우적거리기만 하고 도저히 일어서지 못할 것 같다. 돌연 그는 엎어진 자세로 고개를 들고 말한다.

"여러분은 100번 시도해서 100번 실패하면 그냥 포기하나요? 100번 넘어진다고 해서 그게 끝인가요? 저는 수천 번, 수만 번 이렇게 넘어졌습니다. 그럴 때마다 다시 한 번, 또다시 한 번 시도했어요. 그러다 마침내 벌떡 일어서는 방법을 깨우쳤답니다. 자, 보세요!"

그는 책과 전화기에 이마를 대고 아까처럼 목과 허리를 곧추세우더니 벌떡 일어섰다.

　물질인 '육신의 나' 셀프1은 겉모습만 본다. 그래서 사람들은 그를 불가능의 상징으로 생각했다. 육신만 보았기 때문이다. 하지만 육신만이 그의 유일한 신체인가? 육신이 꼼짝 못하면 마음도 꼼짝 못할까?

　육신의 장애보다 큰 장애는 마음의 장애다. 손발로 할 수 없는 것보다 닫힌 마음이 할 수 없는 게 훨씬 더 많다. 마음만 열면 백 배 천 배 끝도 없이 커지는 '빛으로 된 나' 셀프2가 나타난다. 완전한 깨달음의 경지에 이르렀던 UCLA의 헌트(Valerie Hunt) 박사는 "극심한 장애나 가난은 신체적 장벽보다 더 넘어서기 힘든 영적 장벽을 넘어서기 위한 도구이다"라고 말했다. 영적으로 도약하지 않고는 그 장벽을 넘어설 수 없기 때문이다. 만일 부이치치에게 팔다리가 있었다면? 그는 과연 마음을 넓히고 넓혀 자신이 무한한 영적 존재임을 깨달을 수 있었을까? 지금처럼 기적적인 삶을 살고 있을까?

벗어나지 못할 시련은 설계되지 않는다

　"악!"

　공중에서 고난도 회전 연습을 하다가 턱이 마룻바닥에 꽂히듯 떨어졌다. 일어서려고 버둥거렸지만 움직일 수 있는 건 눈밖에 없었다. 척추 신경조직이 끊어진 것이었다. 그의 나이는 겨우 18세. 여덟 살 때 부모님을 따라 미국으로 건너갔다. 모국에 대한 그리움을 달래기 위해 열한 살 때 기계체조를 배웠다. 배우기 무섭게 놀라운 기량을 발휘했다.

짧은 기간에 유력한 금메달 후보자로 떠올랐다. 그러던 중 사고를 당한 것이었다. 그는 병원에서 9개월간 굳어진 손가락을 구부리는 훈련만 받았다. 재활훈련보다 더 힘든 건 인생의 꿈이 사라졌다는 것이었다.

"왜 나한테 이런 일이 일어나는 거지?"

아무리 생각해봐도 의문에 대한 답은 나타나지 않았다. 그러던 중 한 선교사로부터 '모든 사람은 분명한 삶의 목적과 계획을 갖고 태어난 다'는 말을 들었다. 그리고 '모든 시련은 삶의 목적과 계획에 눈뜨게 하기 위한 것'이란 설명도 들었다.

"그렇다면 어떤 시련도 내가 감당할 수 있도록 계획됐겠구나!"

그는 의사가 되어 자신과 같은 처지에 있는 사람들을 돕고 싶었다.

"맞아! 지금 이 시련은 내가 의사가 돼 남들을 도와주라는 메시지야."

부모님은 그런 몸으로 어떻게 의사가 되겠느냐며 말렸다. 하지만 삶의 목적에 눈 뜬 그에게는 아무 말도 들리지 않았다. 마침내 그는 다트머스 의대를 수석으로 졸업했다. 그리고 하버드 의대의 인턴과정도 역시 수석으로 마쳤다. 인턴 생활 중 자신의 손발 역할을 하던 어머니마저 중풍으로 왼쪽이 마비됐다. 그래도 그는 자신과 어머니의 휠체어 두 개를 끌고 다니면서 공부를 계속했다.

그의 손은 마치 곰발바닥처럼 두껍고 단단하다. 휠체어를 끌고 다니느라 굳은살이 박였기 때문이다. 존스홉킨스대 병원 재활의학과 수석 전문의 이승복 박사. 미국에 두 명밖에 없는 하반신 마비 장애인 의사이기도 하다. 그의 성공비결은? '모든 시련은 내가 감당할 수 있는 만큼 계획돼 있다'는 사실을 믿었기 때문이다.

시련은 정말 영적 성장을 위한 것일까? 한 심리학자가 심리적 장애물을 만들어 대학생들에게 던져주었다.

"까다로운 단어 철자 맞추기 문제들입니다. 열심히 풀어보세요."

학생들은 두 그룹으로 나뉘어 문제들을 풀었다. 한 그룹은 평상시처럼 조용한 분위기에서 문제를 풀었다. 하지만 다른 그룹은 문제를 풀면서 엉뚱한 사람이 지껄여대는 시끄러운 목소리를 계속 들어야 했다. 말하자면 문제를 풀면서 심한 장애물에 부닥친 것이다. 시험이 끝나자 심리학자가 말했다.

"여러분, 수고했어요. 이제 상상력 시험을 치를 차례예요."

어떤 학생들의 상상력 시험 성적이 더 높았을까? 문제를 풀 때 소음에 노출됐던 학생들의 성적이 월등히 더 높았다.

이번에는 심리학자가 컴퓨터 미로 찾기 게임을 시켜보았다. 그리고는 학생들이 미로를 찾을 때 곳곳에서 장애물에 부딪히게 했다. 그런 다음 앞서와 마찬가지로 모든 학생에게 창의력 시험을 치게 했다. 결과는 마찬가지였다. 장애물을 만난 학생들의 창의력 성적이 무려 40퍼센트나 더 높았다. 암스테르담 대학의 심리학자 마각(Janina Marguc)의 실험이다. 다른 심리학자들도 비슷한 실험을 해봤지만 늘 일관된 결과가 나왔다. 왜? 장애물을 뛰어넘기 위해서는 시야를 넓혀야 하기 때문이다.

때로는 인생이 장애물로 가득한 미로처럼 이어질 수도 있다. 그럴 때 육안으로만 바라보면 아무 출구도 보이지 않는다. 물질인 육안은 시야가 짧다. 반면, 마음의 눈은 물리적 한계를 초월해 모든 걸 다 본다. 시야가 무한하다. 위에서도 보고, 아래에서도 보고, 멀리서도 보고, 모든 방향, 모든 시점에서 다 본다. 정말 출구가 안 보일까? 만일 출구가 없다면 그건 설계가 잘못된 미로이다. 인생의 모든 시련도 마찬가지다. 벗어나지 못할 시련은 존재하지 않는다. 왜냐하면 내 영혼이 영적 성장을 위해 스스로 설계해놓은 시련이기 때문이다. 시야를 넓혀 바라보면 인생의 가장 귀중한 기회가 최악의 시련을 가장해서 나를 찾아왔음을 깨닫게 된다.

'빛으로 된 나'는 음식을 안 먹어도 살 수 있을까?

ⓒ dailymail.co.uk

이 남자는 지난 14년간 아무것도 먹지 않고 살아왔다. 그런데도 누구보다도 건강하다. 테니스와 조깅을 즐기고 사람들 만나기도 좋아한다. 그가 음식을 입에 댄 건 지난 2001년 새해 전야에 감자 샐러드와 케이크 한쪽을 먹은 게 전부였다. 그 뒤로는 하루에 커피 넉 잔, 과일 주스 두 잔만 마신다. 이따금 아내와 외식할 때는 포도주를 한 잔씩 마시기도 한다.

"저는 빛을 먹고 살아요. 우주 에너지나 정기, 기라고도 할 수 있죠."

그는 괴짜일까? 아니다. 아주 정상적이고도 똑똑한 사람이다. 베르너(Michael Werner) 씨는 독일 북부 태생으로 세 아이의 아빠이자 화학박사, 교수이며 스위스 연구소 고위간부이기도 하다. 《빛으로 사는 삶》(Life

From Light)이라는 책도 썼다.

"저는 아주 정상적인 사람이에요. 다만 좀 색다른 능력을 갖고 있을 뿐이죠."

그 색다른 능력도 우연히 시작됐다. 어느 날 부인의 여자친구가 방문했는데 그녀는 밥을 먹지 않는 사람이었던 것이다. 그걸 보고 그도 호기심이 발동했다.

"나도 밥을 먹지 않고 살 수 있을까?"

그는 3주간의 계획을 세워 시험해보았다. 첫 일주일간은 아무것도 먹거나 마시지 않았다. 8일째엔 물을 탄 과일주스만 약간 마셨다. 3주째가 되면서부터는 농축된 과일주스만 마셨다.

"모든 의사들이 불가능한 일이라고 말하죠. 하지만 가능하다고 믿으면 가능해져요."

3주째 마지막 날엔 몸이 완전히 적응됐다.

"배고픔에 초점을 맞추지 않고 몸의 반응만 주시하면 배고픔을 못 느껴요. 몸에 귀를 기울이면 굶고 있다는 생각이 안 들죠."

3주가 지나자 몸무게가 13킬로그램이나 줄었다. 얼굴도 전보다 말라보였다. 하지만 키 180센티미터에 체중 80킬로그램이라면 마른 편도 아니다. 더구나 과거와는 비교조차 안 될 정도로 건강해졌다.

"지금 훨씬 활력이 넘쳐요. 지구력도 강해졌고, 피로회복 속도도 빠르고요. 아픈 적도 없어요. 집중력과 기억력도 훨씬 좋아졌죠. 전엔 여덟 시간 이상 잠을 자야 했는데, 지금은 다섯 시간만 자도 충분해요."

성적인 에너지는 문제없을까?

"시각이든 촉각이든 모든 감각이 완전히 되살아났어요. 젊은 시절보다 훨씬 더 정력이 넘쳐요."

일종의 거식증은 아닐까?

"천만에요. 거식증 환자는 자신의 몸과 음식을 싫어하잖아요. 저는 몸을 사랑하고 존중해줘요. 또, 음식을 먹지는 않지만 음식도 내 몸처럼 사랑하죠. 음식과 가까이 있는 걸 좋아하고 냄새도 맡아보곤 하죠. 음식을 먹던 시절보다 음식을 더 즐기는걸요. 이따금씩 식욕을 느끼면 포도 한두 알 정도를 먹기는 하지만, 먹어도 그만, 안 먹어도 그만이에요."

그는 모든 가능성을 열어놓는다. 몸에도 지능이 있다는 걸 알고 있다. 그래서 몸에 귀를 기울이고 존중해준다. 몸은 존중해주는 만큼 스스로 살아난다. '먹지 않으면 배고프다'는 두뇌의 생각만 끼어들지 않으면 몸은 스스로 돌아간다.

"과학자들이 10일간씩 두 차례에 걸쳐 저에 대한 실험을 하면서 혈압, 소변, 심장박동수 등을 검사해봤어요. 제가 어떻게 음식을 안 먹고 살아갈 수 있는지는 저 자신도 아직 완전히 몰라요. 단지 음식도 마음의 문제라는 것만 알고 있죠."

영국의 헬스 트레이너인 선파이어(Jericho Sunfire) 씨는 15년간에 걸쳐 서서히 음식을 끊었다. 음식을 끊은 이후 단 한 번도 아파본 적이 없다. 힘이 준 것도 아니다. 마음은 명징해졌고 매사에 긍정적이다. 걷거나 뛸 때 날개처럼 가볍다. 독일의 가톨릭 수녀인 테레제 노이만(Therese Neumann)도 지난 1923년부터 모든 음식을 일절 끊었다. 미사 때에만 과자 하나 정도만 입에 댔을 뿐이었다. 그렇게 아무것도 먹거나 마시지 않으면서 35년을 더 살았다. 음식을 먹지 않는데도 어떻게 음식을 먹은 것처럼 몸이 돌아갈까?

현재 음식을 먹지 않고 사는 사람은 전 세계적으로 5,000명 정도 있는 것으로 추산된다. 이들 가운데 일부는 허위로 판명되기도 했다. 그러나 극히 일부가 허위라고 해서 전체를 허위라고 할 수 있을까? 우리 동네에 거짓말한 몇 사람이 있다고 해서 우리 동네 사람 전체가 거짓말쟁이라 말할 수 있을까? 음식을 안 먹고 사는 사람들이 존재한다는 건 엄연한 사실이다. 이런 불가사의한 현상은 왜 일어나는 걸까? 물질인 육신은 물질로 된 음식을 먹어야 한다. 그렇지 않으면 죽는다. 하지만 '나'는 육신뿐인가? '빛으로 된 나' 셀프2는 물질이 아닌 빛으로 된 존재이다. 그렇다면 나는 빛만으로도 살 수 있단 말인가?

시야를 넓힐수록 물질적 환영에서 점점 벗어나게 된다

책 앞부분에서 언급했던 것을 다시 보자.

- 무한한 빛의 공간은 영혼의 공간을 품고 있다.
- 영혼의 공간은 생각의 공간을 품고 있다.
- 생각의 공간은 감정의 공간을 품고 있다.
- 감정의 공간은 육신의 공간을 품고 있다.

이렇게 여러 겹의 공간이 생기는 이유는? 각 공간마다 주파수가 다

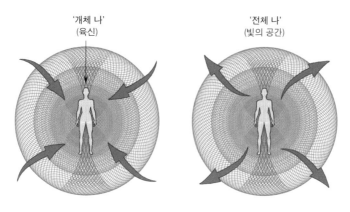

'개체 나'
(육신)

'전체 나'
(빛의 공간)

시야를 좁힐수록 물질(육신)과 가까워지고, 시야를 넓힐수록 빛의 공간과 가까워진다.

르기 때문이다. 물질인 육신의 공간에 가까이 갈수록 물질화된다. 그래서 내가 시야를 좁혀 육신의 공간에 갇혀 있으면 물질 주파수와 맞는 느리고 무거운 생각을 끌어들인다. 자연히 물질에 끌리게 된다. 거꾸로 내가 시야를 넓혀 육신의 공간에서 멀어질수록 물질 주파수에서 벗어나 비물질인 빛의 공간과 가까워진다. 자연히 물질에도 끌리지 않게 된다. 즉, 시야를 좁히느냐, 넓히느냐에 따라 물질에 끌리기도 하고 멀어지기도 하는 것이다. 정말 그런지 살펴보자.

한 심리학자가 A방 사람들에게 말했다.
"다음 주에 캠핑을 간다고 가정해보세요."
B방 사람들에게는 달리 말했다.
"내년에 캠핑을 간다고 가정해보세요."
그런 다음 두 방 사람들 모두에게 이런 간단한 문제를 내주었다.
"캠핑을 갈 때 필요한 물건들은 뭐가 있을까요? 생각나는 대로 모두 열거해보세요."

어떤 말을 들었느냐에 따라 놀라운 차이가 났다.

― A방 사람들: "다음 주에 캠핑을 간다고 가정해보세요."→ 캠핑 물건 50가지를 생각해냈다.
― B방 사람들: "내년에 캠핑을 간다고 가정해보세요."→ 캠핑 물건 20가지를 생각해냈다.

"다음 주에 캠핑을 간다"고 가정하면 시간적 시야가 짧아진다. 자연히 물질적 생각이 잘 떠오른다. 반면, "내년에 캠핑을 간다"고 가정하면 시야가 길어진다. 자연히 물질적 생각과 멀어진다. 일상에서도 그렇다. 당신이 내년 여름에 유럽 여행을 간다고 상상해보자.

"얼마나 재미있을까? 파리도 가고 런던도 가고…"

이렇게 멀리 보면 시야가 길어져 물질과 멀어진다. 마음이 가벼워지고 즐겁다.

이번엔 시간을 끌어당겨 바로 다음 주에 유럽 여행을 간다고 상상해보자.

"무슨 옷을 입고 가야 하지? 돈을 얼마나 갖고 가야 하나? 길을 잃으면 어떡하지?"

시야가 짧아지니 물질에 끌리게 된다. 물질적 걱정도 많이 생긴다.

워싱턴대의 마케팅학과 굿맨(Joseph Goodman) 교수는 사람들에게 이렇게 상상해보라고 말했다.

"여러분이 휴가를 가는 시기를 선택할 수 있습니다. 이달 중에 갈 수도 있고, 내년 말에 갈 수도 있어요."

그가 다시 말했다.

"여러분이 여행사에 전화를 해서 물어봅니다. 그랬더니 여행사 직원이 그러네요. 여섯 가지 옵션이 있는 휴가상품이 있고, 열여덟 가지 옵션이 있는 휴가상품도 있다고요."

사람들은 무조건 옵션이 많은 휴가상품을 선호했을까?

1. 이달 중 휴가 간다고 상상할 때 → 77퍼센트가 열여덟 가지 옵션 휴가상품 선호

2. 내년 말에 휴가 간다고 상상할 때 → 57퍼센트가 여섯 가지 옵션 휴가상품 선호

이처럼 시간적 시야가 짧아지면 물건에 대한 생각이 많아진다. 반면 시야가 길어지면 물욕에서 벗어난다.

공간적 시야를 넓혀도 똑같은 효과가 나타난다. 당신이 휴가를 간다고 상상해보자. 두 가지 방법으로 상상할 수 있다.

1. 집에서 2킬로미터쯤 떨어진 가까운 곳으로 간다고 상상한다.

2. 3,000킬로미터쯤 떨어진 먼 외국으로 간다고 상상한다.

그런데 휴가를 상상하던 중 당신은 갑자기 아이스크림이 먹고 싶다.

아이스크림 가게엔 두 가지가 있다.

1. 열여덟 가지 아이스크림을 파는 가게가 있다.
2. 여섯 가지 아이스크림을 파는 가게가 있다.

당신은 어떤 가게로 아이스크림을 사러 가게 될까?

1. 2킬로미터쯤 떨어진 가까운 곳으로 휴가 간다고 상상할 때 → 85 퍼센트가 열여덟 가지 아이스크림을 파는 가게를 선호.
2. 3,000킬로미터쯤 떨어진 먼 곳으로 휴가 간다고 상상할 때 → 70 퍼센트가 여섯 가지 아이스크림을 파는 가게를 선호

2킬로미터쯤 떨어진 가까운 곳으로 휴가 간다고 상상할 땐 시야가 좁아진다. 자연히 물질적 욕심이 커진다. 반면 3,000킬로미터쯤 떨어진 먼 곳으로 휴가 간다고 상상할 땐 시야가 넓어진다. 자연히 물질적 욕심도 줄어든다.

성적인 욕망은 어떨까? 암스테르담 대학의 포스터(Jens Forster) 교수는 사람들을 두 그룹으로 나눠 이렇게 말해보았다.

— A그룹: "사랑하는 사람과 낭만적으로 오래 걷는 장면을 상상해보세요."
— B그룹: "사랑하지는 않지만 매력적인 사람과 섹스하는 장면을 상

상해보세요."

결과는 어땠을까?

— A그룹: 창의성 시험에서 앞섰다. 전체적인 그림을 보는 능력이 커졌다.
— B그룹: 분석력 시험에서 앞섰다. 즉흥적 분석력이 높아졌다.

연인과 오래 걷는다면 길고 지속적이고 전체적인 이미지가 떠오른다. 시야가 넓어져 더 많은 창의성이 흘러나온다. 반면 즉흥적, 육체적 만족만 상상하면 시야가 짧아진다. 현실세계의 욕망이 커진다.

그렇다면 음식을 안 먹고도 생존할 수 있는 이유는?
내가 시야를 좁혀 물질인 육신의 공간에 갇혀 있으면 자연히 물질 주파수와 맞는 물질로 된 음식을 먹어야 한다. 물질인 두뇌는 '난 음식을 안 먹으면 죽어'라는 물질적 생각을 품고 있기 때문이다. 그럼 내 몸도 그 생각대로 돌아간다. 나는 '육신의 나' 셀프1으로 살아가는 것이다.
그런데 만일 내가 시야를 무한히 넓혀 빛의 공간에 머문다면 어떨까? 그렇다. '난 음식을 안 먹으면 죽어'라는 물질적 생각을 벗어나게 된다. 그럼 내 몸도 그 생각대로 돌아간다. 나는 '빛으로 된 나' 셀프2로 살아가는 것이다. 내 몸도, 음식도 사실은 생각이 만들어낸 환영이다.

"음식이 환영이라? 그럼 가짜 음식을 먹으면 어떨까?"

미국 소크생물학연구소의 에번스(Ronald Evans) 박사는 상상의 음식을 만들어 생쥐에게 5주간 먹여보았다. 아무 약 성분도 안 들어간 알약 형태의 가짜 음식이었다. 놀랍게도 실제로 충분한 양의 음식을 먹은 것처럼 몸이 반응했다!

"상상의 음식을 먹어도 몸에서 실제 음식을 먹을 때와 똑같은 신호가 나와요. 담즙산을 분비시키고 지방도 태우도록 유도하죠."

사람이 음식을 먹으면 몸은 이미 저장돼 있던 지방을 태워버린다. 새로 먹은 음식을 지방으로 쌓아놓기 위해서다. 그런데 놀랍게도 가짜 음식을 먹어도 똑같이 지방이 감소했다. 혈당과 콜레스테롤 수치도 떨어졌다. 어찌 된 일인가? 에반스 박사 자신도 놀라워했다.

"이 원리를 이용하면 머지않아 부작용 없는 비만 치료제도 만들 수 있을 겁니다."

기존 비만치료제는 혈액을 통해 온몸으로 퍼져 간이나 신장 등에서 부작용을 일으킬 수 있다. 하지만 상상의 음식 펙사라민은 아무 영양분도 없다. 그래서 혈액에 스며들지 않는다. 자연히 부작용도 없다. 달리말하면 '난 음식을 충분히 먹었다'라는 상상만으로도 실제로 충분한 음식을 먹은 것처럼 몸이 지방을 태운다는 얘기다.

"술담배 없이 잠을 못 잔 지 5년도 넘어요. 하루 평균 소주 두 병은 마시고요. 담배도 두 갑은 피웁니다. 끊고 싶어도 끊을 수가 없어요."

나를 찾아온 한 40대 중반 남자의 하소연이었다. 그는 평생 부지런히 자영업을 해왔는데도 술담배 때문에 가족들에게 완전히 폐인 취급을 당하고 있었다.

나는 그에게 술담배를 끊을 생각은 전혀 하지 말라고 했다. 대신 상상 속에서 술담배를 맘껏 마시고 피워보라고 조언했다.

"술도 온종일 실컷 마셔보세요. 마시고 싶은 생각이 안 들어도 계속 마셔보세요. 담배도 마찬가집니다. 온종일 가슴이 터지도록 피워보세요."

그는 내가 주문한 대로 상상 속에서 수시로 술을 마셨다. 술잔은 어떻게 생겼는지, 술잔이 피부에 닿는 감촉은 어떤지, 술잔은 얼마나 무거운지, 술맛은 어떤지, 색깔과 냄새는 어떤지, 입술과 입안에 닿는 감촉은 어떤지 등을 아주 생생하게 느껴보았다. 담배를 피울 때도 마찬가지였다. 담뱃갑의 감촉과 담배를 꺼낼 때의 느낌, 깊숙이 한 모금 빨아당겨 내뿜는 순간 몸에서는 어떤 반응이 나타나는지, 그리고 기분은 어떻게 달라지는지, 최대한 생생히 맛보았다. 그렇게 상상하고 나면 술담배를 하고 싶은 생각이 싹 사라졌다. 한 달 정도 그렇게 했다.

"한 달 정도 했더니 술담배에 물려버리기 시작했어요. 석 달 했더니 욕구가 완전히 사라졌고요. 이제는 술을 봐도 마시고 싶은 생각은 전혀 안 들어요. 오히려 내가 저걸 왜 마시려 들었지 하는 생각이 들죠. 담배도 그렇고요. 참 신기한 일이네요."

술 담배에 중독되는 것은 내 안에 '난 부족해'라고 느끼는 생각이 깊이 깔려 있기 때문이다. 즉, 사랑(빛)의 결핍이다. 따라서 술담배가 물리도록 실컷 대주면? 상상 속에서 맘껏 마시고 피우기 때문에 죄책감 없이 만족감을 느낄 수 있다. 자연히 '난 부족해'라는 생각이 사라진다. 생각이 사라지니 생각이 일으킨 중독현상도 사라진다.

무한한 빛의 세계가 영원한 '진실'이다

영적 체험을 한 뒤 놀라운 치유 능력이 생겼다. 어머니도 그를 출산할 때 임사체험을 했다.
© thereconnection.com

펄(Eric Pearl) 박사는 원래 LA에서 잘 나가는 물리치료 전문의였다. 그런데 어느 날 영적 경험을 한 뒤 신체적 기형이나 난치병, 불치병을 치유하는 놀라운 능력이 생겼다. 그는 그 능력이 어머니의 임사체험에서 비롯된 것으로 믿는다.

그의 어머니는 병원에서 산고를 겪다가 한순간 죽음에 빠졌다. 몸을 떠난 영혼은 빛의 세계에 들어섰다. 지구에서 알고 지냈던 친구들과 사랑했던 가족, 그리고 여러 생을 거치면서 만난 영혼들이 그를 반갑게 맞았다. 길 맨 끝에는 가장 영롱하게 빛나는 큰 빛이 있었다. 너무나 눈이 부셔 처음엔 눈을 돌렸다. 하지만 그 빛은 순수한 사랑이었다. 모든 것의 근원이었다. 모든 걸 알고, 모든 걸 받아들이는 무한한 마음이었다.

'드디어 고향에 돌아왔구나!'

그녀는 빛과 말이 아닌 마음으로 대화했다. 천국에서는 말이 필요 없었다. 아니, 입과 귀가 없으니 말할 수도 없었다. 말을 안 해도 그냥 알 수 있었다. 빛 앞에서 그녀가 지구에서 경험한 모든 일들이 그림으로 아름답게 펼쳐졌다. 그녀가 말하고 행동했던 모든 것들이 낱낱이. 빛이 그녀를 심판하는 건 아니었다. 빛과 그녀는 분리된 존재가 아니었다. 모든 건 사랑이었다. 그녀 자신이 지구에서 남들과 주고받았던 크고 작은 상처들을 들여다보며 스스로 깨우침을 얻는 자리였다.

'그래. 나도 지구에서 참 아름다운 인생을 살다 왔지.'

잠시 후 그녀는 자신이 다시 지구로 되돌아가야 한다는 걸 알았다. 하지만 돌아가기 싫었다. 아무런 고통도, 두려움도, 갈등도, 짐도 없이 오로지 사랑과 평화만 흐르는 황홀한 곳에서 영원히 살고 싶었다. 지구에 있을 땐 죽음을 그토록 두려워했건만 일단 천국에 들어서니 지구에 다시 내려가는 게 두려웠다. 갑자기 그녀는 자신이 빛으로부터 멀어져 가는 걸 느꼈다. 사랑하는 영혼들을 다시 떠나야 하다니. 그녀는 깊은 슬픔과 아쉬움을 느꼈다. 하지만 곧 깨달았다.

'맞아. 지구에 내려가서 내가 낳은 아기를 키워야지.'

지구에 내려오니 분만실에 누워 있는 자신의 몸과 의사들이 보였다. 한 의사가 외쳤다.

"어, 산모가 살아났어!"

지구에 내려올 때 대부분의 기억이 지워진다. 하지만 그녀는 빛으로부터 확실한 메시지를 얻고 왔다. 우리가 지구에 내려온 분명한 목적이 있다는 것이다. 바로 영적 성장이다. 영혼마다 각기 영적 단계가 다르다. 그래서 성숙한 영혼이 있는가 하면 미숙한 영혼도 있다. 성숙한 영혼이 완전히 성장하면 영원히 천국에 머문다. 하지만 성장하지 못한 영혼은 지구에 내려가 마음속에 깔려 있는 모든 어두운 생각과 감정들을 텅 비워야 한다. 어둠이 걷히면 수정처럼 맑고 순수해진다. 이렇게 무한히 밝아져야 비로소 무한한 마음과 하나가 된다.

육신이 나의 전부라고 믿으면 시야가 지극히 짧아진다. 육신은 100년쯤 살다 사라지는 허상이기 때문이다. 시야가 짧으면 '나'도 작아진다. 잠재력을 제대로 꽃 피우지 못한 채 눈을 감을 수밖에 없다. 반면,

'빛으로 된 나'는 시간적으로나 공간적으로 무한하다. 이 사실을 받아들이면 육안이 보지 못하는 것도 볼 수 있다는 가능성을 열어놓게 된다. 시야가 무한해진다. 무한한 잠재력이 흘러나온다. 과학적 천재성을 맘껏 발휘하고 눈을 감았던 아인슈타인은 이런 말을 했다.

"양자 물리학에서는 빛으로 가득한 공간과 물질, 이 두 가지가 함께 설 수 없다. 빛으로 가득한 공간이 유일한 현실이다(The field is the only reality)."

그는 그의 시야의 크기대로 인생을 살다 갔다.

4

텅 빈 공간이 부리는 요술

1 텅 빈 공간에서
모든 것이 흘러나온다

내 몸을 돌아가게 하는 것은 정말 나일까?

중앙일보에 실린 황병만 씨의 기사, 몸은 텅 비어 있지만 누구보다 건강하다. ⓒ 중앙일보

황병만 씨는 속이 텅 빈 사람이다. 위, 직장, 비장, 부신은 완전히 들어내고, 소장, 대장, 췌장, 십이지장은 절반을 잘라냈다. 여덟 개 장기가 완전히 잘려나가거나 절반이 잘려나간 것이다. 쉽게 말해 소화기관이 없는 셈이다. 그는 28년 전 엄청난 통증으로 병원에 실려갔다.

"직장암 말기네요."

의사들은 직장을 몽땅 들어냈다. 하지만 사업가였던 그는 수술 후 몸이 회복되자 다시 과음을 했고, 잠도 하루 서너 시간밖에 자지 않았다. 10년 전 다시 병원에 실려갔다.

"위암이 장기 전체에 퍼졌네요. 생존 가능성은 1퍼센트입니다."

열두 시간에 걸친 대수술이 끝났다. 의사들은 그가 생존하리라고 기대하지 않았다. 장기란 장기는 거의 모두 들어냈기 때문이다. 그런데도 그는 어떻게 생존할 수 있었을까? 그가 입원해 있을 때, 고등학교 3학년인 딸이 매일 밤 울먹이며 병실에 전화를 걸어왔다.

"아빠, 죽으면 안 돼. 꼭 살아야 해."

그는 딸의 목소리를 들으며 꼭 살아야겠다고 결심했다.

"생존율 1퍼센트? 그 1퍼센트에 들어가면 나는 생존하는 거구나!"

1퍼센트라는 수치는 결코 작은 수치가 아니다.

"100명 가운데 한 명이 살 수 있다? 그럼 1,000명 가운데 열 명이 살 수 있네? 10,000명 가운데선 백 명이 살 수 있고?"

사망에 초점을 맞춰놓고 있으면 사망 가능성이 점점 커진다. 거꾸로 생존에 초점을 맞춰놓고 있으면 생존 가능성이 점점 커진다. 비슷한 생각은 비슷한 생각을 끌어들이기 때문이다. 그는 소화기관이 없다. 그렇다고 소화시킬 방법이 아예 없을까? 그는 천천히 씹어서 입안에서 소화시킨다.

그는 아침에 깨어나면 즉각 일어서지 못한다. 부신이 없어서 몸의 중심을 잡지 못하기 때문이다. 그렇다고 일어설 방법이 아예 없을까? 그는 10분간 서서히 중심을 잡은 뒤, 조금씩 몸을 가동시킨다. 세 시간 정도 가동시키면 정상적으로 몸을 움직일 수 있게 된다. 그는 처음엔 몇 발짝밖에 걷지 못했다. 뛴다는 건 엄두도 내지 못했다. 그렇다고 뛸 수 있는 방법이 아예 없을까? 그는 아주 조금씩 운동량을 늘리기 시작했다. 운동량이 늘면서 뛸 수 있게 됐다. 뛰는 시간을 조금씩 늘리면서 마라톤을 시작했다. 지금은 1년에 10킬로미터 마라톤 7~8회쯤은 거뜬하다. 그가 살고 싶어하는 이유는?

"저는 아내와 딸을 사랑하기 때문에 반드시 살아야 합니다. 여행도 가고요. 아직 단 한 번도 아내와 여행을 하거나 놀러 간 적도 없었거든요."

생존 목적이 뚜렷하면 생존하게 된다. 수술 이후의 삶은 덤으로 사는 것이라 생각하기 때문에 어떤 것에도 집착하지 않는다.

"화는 어차피 사라질 거잖아요? 그걸 왜 품고 있습니까?"

장기가 내 몸을 돌아가게 하는 것이라면? 장기가 사라지면 몸도 돌아가지 않아야 한다. 하지만 사실은 어떤가? 장기가 텅 빈 공간이 돼버렸는데도 여전히 몸이 돌아간다. 내 몸을 돌아가게 하는 건 내 장기가 아닌 텅 빈 공간일까?

텅 빈 공간이 내 몸을 돌아가게 한다

"아, 목말라. 물 한 잔 마셔야지."

나는 팔을 뻗어 컵에 물을 따라 마신다. 내 팔을 움직이는 건 누구인가?

"누군 누구야? 내가 내 생각대로 움직이는 거지."

정말 그럴까? 나는 내 자유의지, 즉 내 생각대로 팔을 뻗는 걸까?

몸의 움직임과 생각 간의 관계를 좀더 명확히 살펴보기 위해 당신이 활을 쏜다고 가정해보자. 활을 쏘기 위해서는 팔을 뒤로 힘껏 당겨야 한다. 그러다가 화살을 놓아주면 과녁으로 날아간다. 이것이 활을 쏘는 과정이다. 그런데 의문이 생긴다.

"화살이 날아가 과녁에 꽂히게끔 하는 건 누구인가?"

화살을 뒤로 힘껏 당겼다가 놓아주기 직전 어떤 순간이 있는가? 그렇다. 아주 짧은 멈춤의 순간이 있다. 생각도 멈추고 행동도 멈춘다. 생각이 멈추지 않으면 계속 당기게 된다. 멈춤의 순간이 있어야 화살을 당기는 행동이 멈추고 화살을 놓아주는 행동이 일어난다. 이처럼 생각이 완전히 멈추는 텅 빈 공간이 내 팔을 움직인다.

다른 행동은 어떤가? 당신이 걷고자 할 땐 한 발을 멈춰야 다른 발이 앞으로 나아간다. 망치로 못을 박고자 할 땐 어떤가? 먼저 망치 든 팔을 뒤로 젖혀야 한다. 그리고 멈춰야 한다. 생각이 멈춰야 팔을 앞으로 내리칠 수 있다. 팔을 뻗어 컵에 물을 따라 마시는 것도 그렇다. 팔을 뻗기 직전 짧은 멈춤의 순간이 있다.

"그렇다면 생각의 역할은 뭐지?"

생각은 현실을 창조하는 명령어이다. 예컨대 내 두뇌에 '물 한 잔 마셔야지' 하는 생각이 입력되면 텅 빈 공간이 그 생각대로 내 몸이 움직이게 해준다. 생각 자체가 내 몸을 움직이게 해주는 건 아니다. 생각은 현실이라는 환영을 만들어내는 도구일 뿐이다. 설사 생각이 없어도 만물은 스스로 돌아간다. 잠시 마음속을 들여다보자. 어떤 생각이 떠다니는가? '난 지금 어떤 생각을 하고 있는 거지?' '왜 마음속을 들여다보라는 거지?' 여러 가지 생각이 드나드는 걸 관찰할 수 있을 것이다. 그 생각을 관찰하고 있는 건 누구인가? 바로 텅 빈 공간이다. 이처럼 생각이 '나'가 아니라 생각을 관찰할 수 있는 텅 빈 공간이 바로 '나'이다. 텅 빈 공간이 내 몸도 돌아가게 한다.

내 심장은 하루 십만 번씩 뛴다. 내가 잠든 사이에도 뛴다. 뛰지 않으면 나는 죽는다. 내 몸속 혈관의 총 길이는 무려 십만 킬로미터. 지구를 두 바퀴나 돌 수 있는 길이다. 심장이 뿜어내는 피가 몸을 한 바퀴 돌아 다시 심장으로 되돌아가는 데 걸리는 시간은 약 25초. 만일 심장에 흘러들어가는 혈관이 막히면 심장근육이 손상되기 시작한다. 이것이 심근경색이다. 이 상태가 심해지면 심장마비가 온다. 심장은 내 생각에 의해 돌아가는 걸까? 내가 '심장아, 멈춰라' 하고 생각하면 과연 심장이 멈출까?

내 몸속에서는 매초 천만 개의 세포가 죽고, 천만 개의 세포가 새로 태어난다. 특히 췌장 세포는 하루 만에 거의 모두 새로 만들어진다. 위벽 세포들은 나흘마다 완전히 바뀐다. 피부는 한 달마다, 뼈는 석 달마다 완전히 새로 탈바꿈한다. 뇌세포를 포함한 내 몸 전체는 적어도 2년마다 완전히 새로운 세포로 물갈이한다.

나는 내 의지로 이 모든 일을 처리할까? 아니다. 나는 한 번도 그런 일에 신경써본 적이 없다. 그렇게 복잡한 일에 신경쓰려 했다간 삽시간에 머리가 쪼개지고 말 것이다. 내 몸은 단 두 개의 세포로부터 비롯됐다. 난자와 정자, 이 두 개의 세포가 결합해서 100조 개나 되는 세포를 만들어냈다. 세포 하나하나가 각기 고유의 기능을 맡아 정교하게 돌아간다. 만일 어떤 세포가 임무를 망각하고 제 기능을 수행하지 않으면 암세포가 된다. 100조 개의 세포들이 이토록 정교하게 제각기 발을 맞춰 굴러가도록 하는 것은 누구인가? 내 두뇌가 의지로 할 수 있는 일인가?

DNA 이중나선 구조를 발견해 노벨생리의학상을 수상한 크릭(Francis

Crick)은 '자유의지는 착각'이라고 말했다.

"나, 나의 기쁨과 슬픔, 나의 기억과 야망, 나의 개체적 정체, 자유의지라는 것도 알고 보면 사실은 엄청난 양의 신경세포와 관련 분자들이 뭉쳐진 덩어리의 행동일 뿐이다. 쉽게 말해 나는 신경세포 덩어리에 불과하다. 우리는 자유의지를 가진 것처럼 보인다. 하지만 사실은 누군가가 우리를 위해 우리의 선택을 이미 결정해놓았고, 우리가 이를 바꿀 수는 없다."

몸을 돌아가게 하는 건 텅 빈 공간이다. 그래서 텅 빈 공간에 모든 걸 맡기면 몸은 스스로 알아서 돌아간다. 그래도 미심쩍은가? 그렇다면 책 앞부분에서 언급한 그림을 다시 보자.

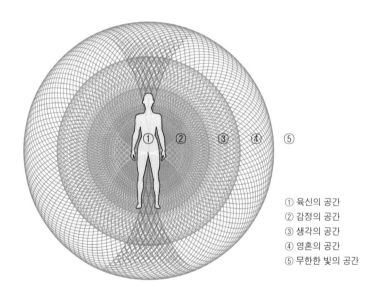

① 육신의 공간
② 감정의 공간
③ 생각의 공간
④ 영혼의 공간
⑤ 무한한 빛의 공간

- 육신의 공간을 감정과 생각의 공간이 움직인다.
- 감정과 생각의 공간을 영혼의 공간이 움직인다.
- 영혼의 공간을 무한한 빛의 공간이 움직인다.

내 육신은 감정과 생각의 공간에 갇혀 있다. 감정과 생각이 내 육신을 움직인다. 하지만 이게 진실일까? 시야를 좀더 넓혀보면 영혼이 감정과 생각, 육신을 움직인다. 시야를 완전히 넓혀보면 텅 빈 공간이 감정과 생각, 육신, 영혼을 움직인다. 내가 생각의 공간에 갇혀 있으면 생각이 육신을 움직인다고 착각하게 된다. 하지만 시야를 완전히 넓혀 전체를 보면 텅 빈 공간이 그 공간 속의 모든 현상을 움직인다는 사실을 깨닫게 된다. '생각이 내 몸을 돌아가게 한다'고 믿으면 나는 생각과 한 덩어리가 된다. 생각의 노예가 된다. 생각의 한계를 벗어나지 못하게 된다. 반면, 무한한 텅 빈 공간이 내 몸을 돌아가게 한다는 사실을 이해하게 되면? 나는 무한한 공간과 하나가 된다. 자연히 내 몸은 무한한 공간 속에 잠시 떠 있는 환영일 뿐이라는 사실을 깨닫게 된다. 내 몸속에서 일어나는 온갖 소용돌이도 잠시 스쳐가는 현상임을 알아차리게 된다.

지능은 정말 두뇌에서 흘러나오는 것일까?

다음 페이지 왼쪽 사진엔 두뇌가 텅 비어 있다. 오른쪽 사진은 정상적인 두뇌 사진이다. 이처럼 텅 빈 두뇌로 살 수 있을까? 프랑스의 한 40대 중반 남자는 텅 빈 두뇌로 평생 공무원으로 일하며 정상적으로

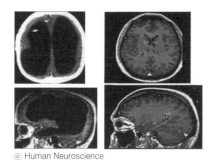
© Human Neuroscience

살아왔다. 두 아이의 가장이기도 하다. 영국의 세계적인 의학 전문지 〈랜싯Lancet〉에 따르면, 그는 아기였을 때 뇌수종에 걸려 의사들이 두개골에 작은 관을 넣어 물을 빼냈다. 그 관은 열네 살 때 제거했다. 그런데 40여 년이 흐른 뒤 두뇌를 촬영해보니 두뇌가 텅 비어 있었던 것이다.

"저렇게 텅 빈 두뇌로는 도저히 정상적인 생활이 불가능한데, 어떻게 살아왔지?"

놀라운 사실이 드러났다. 그동안 의사들은 물론 그 자신도 그의 두뇌가 텅 비어 있다는 사실을 모른 채 살아왔던 것이다! 영국 셰필드대 로버(John Lorber) 교수는 이런 사례들이 뜻밖에도 많다는 사실을 발견했다. 정상적인 뇌세포의 불과 5퍼센트만 갖고 살아가는 뇌수종 환자 아홉 명을 조사해보니 네 명은 IQ가 일반인 평균을 약간 웃도는 100이었다. 두 명은 126을 넘었다. 이 가운데 한 명은 수학에서 최고상을 받은 수재였다.

2013 평창 동계 스페셜올림픽에서 2관왕을 차지한 이지혜 선수도 뇌의 크기가 보통 사람의 1/3에 불과하다. 그는 초등학교 2학년 때 뇌수막염으로 뇌의 3분의 2를 잘라냈다. 초등학교 6학년까지는 어머니가 업어줘야 간신히 움직였다. 그러다가 중학교 2학년 때 스케이트에 취미를 붙였다. 몹시 약해진 무릎과 아킬레스건을 재활하기 위해서였다. 부모님의 헌신적인 뒷바라지와 꾸준한 재활 노력 덕분에 지금은 일상

생활에 전혀 아무런 지장이 없다.

미국 인간게놈연구소의 뮌케(Max Muenke) 박사는 "수십 년의 세월이 흐르면서 아주 작은 두뇌로도 큰 두뇌의 기능을 할 수 있게 되는 거 같다"고 말한다. 왜 이런 일이 일어날까?

사람들은 마음이 두뇌에 들어 있다고 믿는다. 자연히 지능도 역시 두뇌에 들어 있다고 믿는다. 정말 그런가? 만일 지능이 두뇌에서 나온다면 두뇌의 어느 부분에서 나올까? 앞부분일까, 뒷부분일까? 그 부분을 떼어내면 지능은 안 나오는 걸까? 만일 지능이 두뇌 전체에서 골고루 나온다면? 두뇌의 절반을 떼어내면 지능도 절반으로 줄어들까?

1920년대, 심리학자 래쉴리(Karl Lashley)는 쥐의 기억이 뇌의 어느 부위에 저장돼 있는지 알아낼 수 있으리라고 생각했다. 그래서 쥐로 하여금 미로를 찾아가도록 훈련시켰다. 훈련이 끝난 뒤 생각했다.

"이 부분을 잘라내면 기억을 못하겠지?"

하지만 웬걸? 쥐들은 미로를 찾아갔다. 그는 뇌를 더 잘라냈다.

"어? 그래도 미로를 찾아가네?"

그는 뇌를 더 잘라냈다. 아주 작은 부분만 남겨놓고. 그제야 쥐들은 미로를 찾아가지 못했다. 쥐들은 뇌의 좌반구든 우반구든 어느 한쪽을 제거해도 전에 배운 걸 그대로 기억하는 경우가 많았다. 지능이 두뇌에서 나오는 것이라면? 두뇌가 텅 비면 지능도 텅 비어버려야 한다. 하지만 두뇌가 텅 빈 공간이 돼버렸는데도 지능은 여전히 흘러나온다. 지능은 두뇌가 아닌 텅 빈 공간에서 흘러나오는 걸까?

ⓒ stephensiltshire.co.uk

런던 한복판 그림이다. 사진을 보고 그린 게 아니다. 딱 한 번 헬기를 타고 상공에서 둘러본 뒤 기억으로만 그린 것이다. 수천 개에 달하는 크고 작은 건물의 모양과 창문의 숫자, 기둥, 골목길까지 빠짐없이 사실과 일치한다.

이 그림을 그린 영국의 월트셔(Stephen Wiltshire)는 아무리 복잡한 도시라도 단 한 번만 둘러보면 족하다. 골목길 많기로 소문난 도쿄 도심도 역시 헬기를 타고 한 번 쓱 내려다보고는 10미터 길이의 캔버스에 정확히 그려냈다. 로마, 뉴욕, 로스앤젤레스, 홍콩 등 다른 대도시도 마찬가지로 기억해냈다. 그 모든 과정을 영국 국영방송 BBC가 방영해 세계적인 화제가 됐다. 믿기지 않는 기억력이다. 그래서 그는 인간 카메라(human camera)라고 불린다.

"저는 카메라처럼 그냥 보는 대로 기억이 돼요."

그는 이렇게 무한한 기억력을 갖고 있으면서도 동시에 바보이기도 하다. 두뇌의 IQ는 겨우 65에 불과한 '저능아'이다. 뇌과학자들이 그의

248

두뇌를 촬영해보니 언어를 관장하는 좌뇌 기능이 마비돼 있었다. 그래서 그는 아홉 살까지 제대로 말을 하지도 못했다. 지금도 모든 대화는 그림을 통해서 한다. 두뇌의 지능은 '저능아'인 그가 어떻게 무한한 기억력을 갖고 있을까? 분명한 건 그 무한한 기억력이 두뇌에서 나오는 게 아니라는 사실이다.

ⓒ Tom Whipple

다니엘 타멧(왼쪽 사진)은 원주율(파이) 외우기 세계기록을 세운 사람이다.

"3.1415926535897932384626433832795028841971693993751058209749445923078164062862089986280348253421170679…"

파이는 원의 지름 대 원주의 비율로 소수점 아래 숫자가 무한하게 꼬리를 문다. 한번은 그 무한대의 숫자 중 22,514개를 차례로 무려 다섯 시간 9분 동안 단 한 번의 실수도 없이 속사포처럼 외워댄 적이 있다. 시간만 허용된다면 끝도 없이 외울 수 있다.

"제겐 숫자들이 고유의 색깔을 가진 형체들로 보여요. 서로 곱해지거나 합쳐지면 아름다운 풍경을 만들어내지요."

수만 개의 숫자를 암기하거나 계산하는 데는 별다른 노력이 필요 없다. 저절로 되는 일이다. 하지만 그는 왼쪽과 오른쪽을 분간하지 못한다. 신발 끈을 매지도, 양치질을 하지도 못한다. 혼자서는 동네 수퍼마켓도 찾아가지 못한다. 낯선 사람을 보더라도 얼굴을 기억하지 못해 늘 옷이나 넥타이 등으로 기억해야 한다. 낯익은 사람이라도 옷차림이 바꾸면 엉뚱한 사람으로 오인한다.

 몇 년 전 사망한 미국의 피크(Kim Peek)는 한 번 읽어본 책은 모조리 기억해냈다. 그는 평생 12,000여 권의 책을 읽었는데 빠짐없이 기억했다. 북미의 모든 고속도로망과 전화번호부도 깡그리 암기했다. 독서 속도는 경이적이었다. 왼쪽 눈은 왼쪽 페이지를, 오른 눈은 오른쪽 페이지를 동시에 읽었다. 하루 저녁에도 보통 7~8권의 책을 읽었다.

 하지만 그는 환갑이 다 된 나이에도 셔츠의 단추도 빼지 못했다. 평생 타고 다닌 마을버스도 혼자서는 타지 못했다. 전등도 스스로 끄지 못하고 서랍도 열지 못했다.

 부드로(Ellen Boudreaux)라는 여성은 시각장애를 가진 자폐성 천재이다. 시계를 본 적도 없다. 누가 시간이나 시계에 대해 설명을 해준 적도 없다. 그런데 늘 시간을 정확하게 안다. 시계도 안 보고, 시계 소리도 듣지 않고 어떻게 시간을 정확히 알 수 있을까?

 자폐성 천재(savant)들은 대부분 언어를 관장하는 좌뇌에 이상이 있다. 그래서 언어로 생각하거나 말하는 능력이 크게 뒤떨어진다. 대신 우주와 통하는 우뇌는 활짝 열려 있다. 우뇌만 열리면 누구나 그런 능력을 갖게 된다는 사실을 말해준다. 실제로 세럴(Orlando Serrell)이라는 남성은 10세 때 머리 왼쪽을 야구공으로 강하게 얻어맞았다. 공을 맞고 땅바닥에 풀썩 쓰러졌지만 곧장 일어서서 야구를 계속했다. 하지만 그 이후 돌연 믿기지 않는 능력이 생겼다. 그때부터 지금까지 수십 년간의 날씨를 단 하루도 빠짐없이 낱낱이 기억한다는 것이다. 또, 매일 자신이 뭘 했는지도 정확히 기억해낸다. 물론 사고를 당하기 전까진 이런 경이적인 기억력이 전혀 없었다. 좌뇌를 다치면서 우뇌의 기능이 급작스럽게 활짝 열려 모든 것을 마치 카메라로 촬영해놓은 것처럼 기억해내는 것이다.

"이런 불가사의한 기억력을 누구나 가질 수 있을까?"

호주의 과학자들은 보통사람들의 좌뇌에 15분간 자기 진동(magnetic pulse)을 가해보았다. 일시적으로 두뇌의 생각이 끼어들지 못하도록 좌뇌기능을 마비시켜본 것이다. 그러고는 컴퓨터 화면에 무려 150개에 달하는 작은 타원형 물체들이 한꺼번에 어지러이 떠다니게 했다.

"작은 물체들이 많이 떠돌아다니죠? 1.5초의 시간을 줄 테니 몇 개인지 세어보세요."

뭐? 1.5초 만에? 그 짧은 순간에 어떻게 깨알 같은 물체들을 일일이 셀 수 있단 말인가? 하지만 놀랍게도 열두 명 가운데 열 명이 정확하게 1.5초 만에 150개를 세어 냈다. 좌뇌는 한눈에 전체를 보지 못한다. 그래서 시간을 갖고 생각하면서 150개를 하나씩 일일이 세어봐야 안다. 하지만 우뇌는 아무 생각 없이 한눈에 전체 개수를 그냥 알 수 있다. 일본 최초로 장기 7관왕에 올랐던 명인 하부 요시하루가 장기 대국을 할 때 뇌파를 측정해봤더니 좌뇌는 멈추고 우뇌의 활동만 왕성했다. 그는 "한 수 한 수를 이론에 맞춰 생각하지 않고, 각 장면 전체를 그림으로 보았다"고 했다. 생각이 멈추면 전체가 보인다.

하버드대의 아마빌레(Teresa Amabile) 교수는 미술가와 조각가들에게 말했다.

"보수를 받지 않고 그냥 순수한 즐거움으로 만들어낸 작품들 갖고 계시죠? 그리고 돈을 받고 만들어낸 작품들도 있고요. 두 가지를 함께 보여주세요."

그런 다음 예술분야 권위자들에게 즐거움으로 만들어낸 작품과 보수를 받고 만들어낸 작품의 창의성을 각각 평가해달라고 부탁했다. 물론 이들에게 어느 작품이 단순한 즐거움으로 창작된 것인지는 밝히지 않았다. 놀라운 결과가 나왔다. 순수한 즐거움으로 만들어낸 작품들이 한결같이 높은 평가를 받았기 때문이다.

교수는 이번에는 어린이와 어른들에게 창작품을 만들어보라고 해보았다.

"이야기도 좋고, 디자인도 좋고, 그림도 좋습니다. 창의력을 발휘해서 뭐든 만들어보세요."

사람들의 절반한테는 이렇게 말했다.

"여러분의 작품은 평가를 받게 됩니다. 평가가 좋으면 상도 받을 겁니다."

나머지 절반에게는 평가받을 거란 말을 하지 않았다. 어느 작품의 창의성이 높았을까? 그렇다. 평가받을 것으로 생각하지 않은 사람들의 작품이 월등하게 높은 창의성을 보였다. 이런 실험은 여러 차례 실시됐지만 어김없이 같은 결과가 나왔다. 누군가로부터 평가를 받거나 보수를 받는다고 생각하면 마음속으로 '평가를 잘 받으려면 잘 만들어야지', 혹은 '돈을 받고 하는 건데 잘 해야지' 하는 등의 생각이 끼어들기 마련이다. 생각이 완전히 사라질 때 무한한 지능이 흘러나온다.

© thereconnection.com

기적의 치유사인 펄(Eric Pearl) 박사가 손바닥으로 공간을 움직여 환자를 치유하는 장면이다. 손바닥으로 환자의 손바닥이나 몸을 밀면 밀리고, 누르면 눌리고, 끌어당기면 끌려온다. 그는 이런 방법으로 전 세계의 많은 불치병이나 난치병 환자들을 치유하고 있다. 양손바닥을 서로 마주한 뒤, 천천히 서로 간의 거리를 좁히거나 넓혀보라. 손바닥이 간질간질해진다. 공간이 살아 있음을 느낄 수 있다.

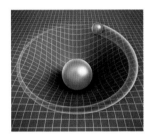

커다란 고무 보자기가 있다고 가정해보자. 한가운데에 무거운 큰 구슬을 놓아두면? 보자기 가운데가 휘어서 움푹하게 들어간다. 그런 다음 움푹 들어간 주변의 한 지점에서 작은 구슬을 옆으로 굴리면? 작은 구슬은 빙빙 돌면서 점점 큰 구슬 쪽으로 내려가게 된다. 이 움직임을 위에서 내려다보면 마치 큰 구슬이 작은 구슬을 끌어당기는 것처럼 보인다.

뉴턴은 사과가 지구로 떨어지는 이유가 중력 때문이라고 했다. 지구가 사과를 끌어당긴다는 것이다. 하지만 중력이 왜 생기는지는 설명하지 못했다. 무려 250년쯤이나 지나서야 아인슈타인이 처음으로 그 문제에 의문을 품었다.

"중력이라? 중력의 정체가 뭐지?"

어느 날 그는 스위스 특허국 사무실 창밖을 내다보다가 문득 이런 생각이 들었다.

'저 건물 지붕에서 어떤 사람이 떨어진다면? 중력 때문일까?'

그는 중력을 설명할 아무런 과학적 근거가 없다는 놀라운 사실을 발견했다. 그러자 생각이 꼬리를 물었다.

'만일 저 건물 엘리베이터에 어떤 사람이 타고 있다면? 그런데 갑자기 엘리베이터 케이블선이 끊어진다면?'

'엘리베이터가 추락하는 속도와 그 사람이 추락하는 속도가 똑같다면? 그 사람도 중력을 느낄까?'

엘리베이터 안에 갇혀 있는 사람은 아무런 중력을 느끼지 못할 것이다. 무중력 상태가 된다. 만물이 항상 중력을 받는 건 아니다. 그는 무릎을 탁 쳤다.

"알았다! 저 사람은 중력 때문에 떨어지는 건 아니야! 중력이 없어도 떨어져. 공간이 그를 누르기 때문에 떨어지는 거야."

그는 공간도 살아 있다는 사실을 깨달았다. 무거운 게 누르면 공간도 휜다. 내가 의자에 엉덩이를 붙이고 앉아 있는 것도 공간이 나를 누르고 있기 때문이다. 지구가 태양을 도는 이유도 태양이 지구를 끌어당기기 때문이 아니다. 무거운 태양이 공간을 휘어놓기 때문에 지구는 그 휜 공간을 돌고 있는 것이다.

뉴욕대의 물리학자 카쿠(Michio Kaku) 교수도 "공간이 태양을 향해 지구를 밀기 때문에 지구가 태양을 돈다"고 설명한다. 캘리포니아 공대의 천문학자 엘리스(Richard Ellis) 교수도 "공간도 무거운 걸 올려놓으면 눌린다"라고 말한다. 공간이 내 몸을 돌아가게 한다면 공간이 다른 만물도 돌아가게 하는 게 당연하다.

아마 당신은 공간이 어떻게 태양이나 지구 등 큰 덩어리들을 돌아가게 하느냐고 의아해할지 모른다. 하지만 시야를 넓혀 우주 전체를 보면 사정이 완전히 달라진다. 태양의 크기를 농구공만 하게 가정해보자. 그럼 지구는 얼마만 한 크기일까? 교과서에 나와 있는 지구의 크기는 무지무지하게 과장된 것이다. 태양이 농구공만 한 크기라면 지구는 거기서 무려 28미터쯤 떨어진 비비탄총의 총알만 한 크기에 불과하다. 팥알보다 작은 것이다.

"28미터 떨어진 팥알이라? 그럼 눈에 보이지도 안겠네?"

그렇다. 지구는 교과서에 아예 표시조차 할 수 없을 만큼 작은 존재다. 그렇다면 우리가 사는 태양계에서 가장 멀리 떨어진 왜소행성 명왕성은 어떨까? 농구공만 한 태양에서 명왕성은 자그마치 1킬로미터나 떨어진 모래알만 한 크기이다.

우리는 눈에 보이는 물질에만 초점을 맞추기 때문에 물질을 크게 과장해서 본다. 우주 전체를 보면 99.9999퍼센트 이상이 텅 빈 공간이다. 태양이나 지구는 흔적조차 찾기 어렵다. 태양이나 지구는 어디서 태어났는가? 텅 빈 공간에서 태어났다. 어디로 사라질까? 역시 텅 빈 공간으로 사라질 것이다. 우주에 존재하는 모든 물질은 일정기간 존재하는 환영이다. 그 모든 환영을 품고 있는 것은 누구인가? 텅 빈 공간이다.

텅 빈 공간에 흐르는 무한한 마음이 이 환영들로 하여금 완벽한 연기를 펼치게 한다. 내가 시야를 무한히 넓히면 나는 이 무한한 마음과 하나가 된다. 우주만물이 내 마음속에 들어온다. 이처럼 우주만물이 내 마음속의 환영이라는 사실을 진심으로 이해할 때 나는 비로소 우주만물을 움직이는 진정한 창조자가 된다.

"과학을 진지하게 추구하는 사람이라면 누구나 우주의 법칙 속에 마음(spirit)이 살아 있다는 사실을 확신하게 된다. 이 마음은 사람의 마음보다 어마어마하게 월등하다." – 아인슈타인

"우리는 이 놀라운 힘의 이면에 의식적이고 지능적인 존재가 있음을 가정하지 않을 수 없다. 마음이 모든 물질의 모태(matrix)이다."
– 막스 플랑크

2 공간의 크기가
   현실 창조력의 크기이다

별에게 소원을 빌면 정말 이뤄질까?

저는 어렸을 때부터 부모님의 심한 학대 속에서 자랐습니다. 여자인 저를 발가벗겨 한겨울 문밖에 세워두고 문을 열어주지 않았습니다. 어머니는 피가 줄줄 흐르도록 숟가락으로 제 머리를 때렸고, 제가 손으로 머리를 막고 있으면 욕을 퍼부었습니다. 말을 듣지 않는다고 다리미로 제 팔을 지져 한참 동안 붕대로 감고 있기도 했습니다. 더 심한 이야기는 하지 않을게요.

그 후유증으로 저는 늘 자신감이 없고 기가 죽어 있었습니다. 남의 눈치만 보기 일쑤였고요. 사춘기 땐 알코올 중독에 빠져서 온갖 나쁜 짓을 서슴지 않았죠. 물건도 훔치고, 남들을 괴롭히고 때리고… 남자를 만나도 정말 못된 놈들만 만나 돈도 뜯기고 맞기도 했습니다. 마침내 끝없는 자살시도.

창문엔 항상 암막커튼을 쳐놓아 낮에도 깜깜했습니다. 방 안엔 온갖 쓰레기와 술병들이 나뒹굴고요. 퇴근하면 곧바로 귀가해서 술을 마셨습니다. 취하지 않고는 도저히 잠을 잘 수 없었으니까요. 더 이상 추락할 곳이 없었습니다.

그래도 제 맘속 깊은 곳엔 희미하게나마 살고 싶은 마음이 있었나 봅니다. 가끔씩 밤하늘을 올려다보며 멍한 눈으로 되뇌곤 했습니다.

'언젠간 좋은 사람이 나타날 거야. 언젠가는 날 구해줄 바른 사람이 나타날 거야. 그 사람으로 인해 난 변해갈 거야.'

터무니없는 혼잣말이었죠.

몇 개월 뒤 친척 언니가 갑작스럽게 한 남자를 소개해주었습니다. 저와는 비교할 수 없을 정도로 멋진 남자였습니다. 좋은 대학을 나와 좋은 직장에서 잘 나가는 남자였죠. 처음부터 너무 차이가 났기에 저는 그냥 그 자리에서 일어섰습니다. 사실 흥미도 없었고요. 하지만 그는 그렇지 않은지 저에게 적극적으로 다가왔습니다. 지금도 저는 그가 왜 저를 좋아했는지 도무지 이해할 수 없습니다. 나중에 물어봤을 때 제게 우울함도 있고 뭔가 이상해 보이긴 했지만 신기하게도 제게 자꾸 끌렸다고 합니다.

그는 마치 잃어버렸던 엄마나 아빠와 같은 모습을 띠기도 했고, 자상한 남편의 모습을 보이기도 했습니다, 제 아픈 과거에 놀라지도 않았고, 조용히 귀 기울여 듣고 뒤에서 쓰다듬어주었습니다. 그의 눈을 보았을 때 침묵의 의미를 알 수 있었습니다. 그의 눈은 어린아이처럼 순수했고, 사랑으로 가득했습니다. 그는 저를 병원에 데려가 알코올 중독을 치료해주었고, 쉬는 날마다 책을 읽게 해주었습니다. 자신이 읽은 영적인 책들을 저에게 권해주었지요.

저는 처음엔 내키지 않았지만 점차 미친 듯이 빠져들었습니다. 그때부터 제 인생은 조금씩 달라지기 시작했습니다. 아침에 일어나면 그토록 대하기 힘들었던 햇볕이 이젠 따스하고 아름답게 다가왔습니다. 그동안 한 번도 제대로 쳐다보지 않았던 버스정류장도, 제멋대로 나뒹구는 도로가의 나뭇잎도 그처럼 아름다울 수 있다는 것을 처음으로 깨달았습니다. 퇴근길에 창밖으로 펼쳐지는 저녁노을에도 감사해서 눈물이 줄줄 쏟아졌습니다. 지금까지 살면서 가장 많이 울었던 것 같습니다. 내 삶이 기구해서가 아니라 너무도 가치 있고 감사해서였습니다.

3년 동안 사귀면서 제가 입버릇처럼 되뇌던 말이 있었습니다.

"우리 제주도에서 살면 어떨까? 방 두 개에 운동할 수 있는 창고가 있는 조용한 집에서. 넓은 잔디와 골든 리트리버를 키울 수 있는 마당과 텃밭이 있으면 더욱 좋고."

정말 구체적이지요. 현실성이 없었을 뿐이었죠. 하지만 1년이 지난 지금은 그 모든 게 현실이 됐습니다. 남편은 저를 위해 잘 나가던 사업을 접고 제주도행을 택했습니다. 절대 쉬운 결정이 아니라고 생각합니다. 돈도 넉넉하지 않았고, 아무 연고도 없는 객지에서 새 출발을 한다는 게요. 지금 저는 제주도에서 골든 리트리버와 잔디 마당이 있는 그림 같은 집에서 살고 있습니다. 사랑과 감사로 가득한 하루하루를 살고 있습니다.

한 여성이 〈왓칭을 공부하는 사람들〉이라는 카페에 올린 글이다. 그녀가 남편을 만난 건 우연이었을까? 아니면 밤하늘의 별들을 올려다보며 '언젠간 좋은 사람이 나타날 거야'라고 되뇌었던 말이 답을 얻은 것일까?

독일의 심리학자 베거(Ulrich Weger)와 호주의 심리학자 로우넨(Stephen Loughnan)은 이런 실험을 해보았다. 사람들을 두 그룹으로 나눠 컴퓨터로 일련의 문제들을 풀어보라고 했다. 문제들을 풀기 전에 컴퓨터 화면에 뭔가가 빠른 속도로 번쩍 스쳐가는 장면을 보여주었다. 두뇌는 인식하지 못하지만 무의식은 인식할 수 있을 정도의 빠른 속도였다. 실험자들은 A, B 두 그룹에게 각기 이렇게 말해주었다.

— A그룹에게 해준 말: "각 문제가 나오기 전에 컴퓨터 화면에 답이 번쩍 스쳐갈 겁니다."
— B그룹에게 해준 말: "컴퓨터 화면에 번쩍 스쳐가는 건 다음 문제가 이어진다는 단순한 신호니까 그렇게 알아두세요."

컴퓨터 화면에 번쩍 스쳐간 건 물론 실제로 답은 아니었다. 그냥 무작위로 글자들을 연달아 스쳐가도록 한 것뿐이었다. 하지만 A그룹은

'답이 나올 거야'라는 기대를 갖고 문제들을 풀어나갔다. 반면, B그룹은 아무런 기대도 갖지 않고 문제들을 풀었다. 어떤 그룹이 더 많은 정답을 알아맞혔을까? 놀랍게도 A그룹이 월등하게 많은 답을 알아맞혔다. 왜? B그룹처럼 아무런 기대로 갖지 않으면 마음의 공간을 닫게 된다. 즉, 두뇌의 좁은 공간 속에서만 답을 찾게 된다. 반면, A그룹처럼 답이 나올 거야'라는 기대를 갖게 되면? 마음의 공간을 활짝 열어놓은 채컴퓨터 화면을 들여다보게 된다. 화면에서 어느 순간 어떤 식으로 답이 튀어나올지 모르기 때문이다. 이렇게 마음의 공간을 열어놓는 만큼 실제로 답을 얻을 확률도 높아진다.

소아마비 백신을 개발한 소크(Jonas Salk) 박사는 "어떤 문제에 대한 답도 이미 존재한다. 답이 드러나도록 옳은 질문만 하면 된다"고 했다. 당연한 말이다. 어떤 답도 무한한 공간 밖에 존재할 수는 없기 때문이다. 그렇다면 질문에 대한 모든 답이 항상 현실로 나타난다는 얘긴가? 그렇지 않다. 만일 내가 주문하는 대로 모든 답이 척척 현실로 나타난다면 이 세상에 못 사는 사람은 아무도 없을 것이다. 그렇다면 진실은? 앞서 많은 실험사례를 통해 상세히 소개한대로다. 시야를 넓히면 넓힐수록, 마음의 공간이 커지면 커질수록 답을 얻을 확률도 높아진다.

그래서 《자기암시》의 저자인 프랑스의 정신과 의사 쿠에(Emile Coue)는 "두뇌의 생각이 멈출 때 자기암시를 하라"고 조언했다. 생각이 멈출 때 텅 빈 공간이 생기기 때문이다. 그렇다면 밤하늘의 별들을 올려다보며 소원을 빌면? 별들은 어마어마하게 먼 곳에 떠 있다. 그리고 무한한 공간에 떠 있다. 넓고 무한한 공간을 바라보니 마음의 공간이 활짝 열린다. 이렇게 내가 바라보는 공간이 커질수록 소원을 이루기도 쉬워진다.

"아빠, 어떡하지?"

"왜?"

중학교 중간고사 당일 아침. 아들 녀석의 얼굴이 하얗게 질렸다. 달달 외워야 할 사회과목 시험을 앞두고 깜빡 잠들어버린 것이다!

"그래도 최소한 한 번은 훑어봤지?"

"아니."

막막했다. 시험 잘 보기는 글렀다. 공부를 전혀 안 했는데 어떻게 시험을 잘 볼 수 있단 말인가?

'두뇌는 시험문제들의 답을 모른다. 하지만 그렇다고 방법이 없을까?'

두뇌와는 비교조차 안 될 만큼 더 똑똑한 존재가 있지 않은가?

"문제를 풀기 전에 매번 이렇게 생각해봐. '네 개의 답 가운데 맞는 답은 분명히 있다. 내가 맞는 답을 고른다면 그게 뭘까?' 이렇게."

"그런다고 공부도 안 했는데 답을 알게 되겠어?"

아들 녀석은 워낙 다급했던지 밥도 대충 먹고는 허둥지둥 뛰어나갔다. 나도 출근하기 위해 집을 나섰다. 점심때쯤 사무실로 전화가 걸려왔다.

"아빠, 나 시험 잘 봤어! 공부 안 한 거에 비하면 엄청 잘 봤어!"

공부도 안 하고 시험을 잘 본다는 건 억지다. 하지만 '답은 분명히 있다. 그게 뭘까?'라고 상상하는 순간 미지의 공간을 들여다보게 된다. 이렇게 마음의 공간을 열어놓는 것이 '난 답을 몰라' 하고 마음의 공간을 닫아버리는 것보다 답을 얻을 확률을 높아지게 한다. 발명가나 과학자, 창작자들은 새로운 아이디어가 떠오르기 직전에 대개 생각이 꽉 막히는 느낌이 든다고 말한다. 왜 그럴까? 문제를 풀기 위해 생각을 많이 하다 보니 머리가 꽉 막히는 것이다. 포화상태가 된 머리는 꽉 닫혀 있다. 당연히 머리가 지끈지끈 아프다. 이럴 땐 하던 일을 일단 멈추고 산책을 하는 게 좋다. 일을 멈추면 생각이 멈추고, 생각이 멈추면 마음의 공간이 열리게 된다. 생각을 품고 있을 필요가 없기 때문이다. 걷기 전에 슬쩍 주문을 걸어놓으면 어떨까?

'걷다 보면 답이 나오겠지.'

아무 생각 없이 걷다 보면 어느 순간 답이 떠오른다. 또는 설거지를 하거나 샤워를 할 때, 혹은 식사를 할 때 문득 떠오르기도 한다. 이처럼 마음의 공간이 커지면 커질수록 답이 잘 떠오른다.

다른 생각이 달라붙지 않아야 한다

랩퍼 도끼가 TV에 나와 자신의 사생활을 공개했다. 초호화 저택엔 백화점을 연상케 하는 옷, 금 장신구, 한 번도 신지 않은 고급 운동화들이 가득했다. 주차장에는 국내에 몇 대밖에 없는 초고가의 외제차들이 줄지어 세워져 있었다. 그뿐인가? 진열장엔 5만 원짜리 돈다발이 전시돼 있었다. 그는 매달 한 뭉치씩 어머니에게 준다고 했다. MC가 물었다.

"재산이 얼마나 되죠?"

"수십억쯤 돼요."

20대 중반에 수십억 재산? 게다가 그는 운까지 좋았다. 별생각 없이 서울시에서 주관한 전기자동차 활성화 이벤트에 응모했다가 당첨돼 전기자동차를 받게 된 것이다.

"그냥 심심해서 응모했는데 당첨됐어요. 나라에서 지원금을 대는 차죠."

많은 사람들은 그가 지나치게 자신의 부를 과시한다고 생각했다. 그리고 세상이 너무나 불공평하다고 여겼다. 죽어라 일하지만 입에 풀칠하기도 어려운 사람들이 수두룩하지 않은가? 그런데 그의 인생은 대체 무슨 이치로 그리도 술술 풀리는 걸까?

그가 어릴 때 부모는 부산에서 큰 레스토랑을 하다가 파산했다. 그래서 그는 열세 살 때 형과 함께 음악을 하기 위해 상경했다. 2년간 기획사 옥상의 컨테이너 박스에서 살았다. 이후 다른 가족들도 모두 서울에 올라와 청소부들이 쓰는 작은 방에서 함께 살았다.

"컨테이너 박스에 살 땐 단돈 500원도 없었어요. 주위 사람들은 랩으로 먹고 살 수 없다면서 다 저를 말렸죠."

그는 사람들의 말에 흔들리지 않았다. 대신 자신을 믿었다.

그는 술, 담배, 커피를 하지 않는다. 욕도 하지 않는다. 그의 음악엔 욕이 없다. 마음을 다스리는 법을 배워 화도 내지 않는다. 공연이 끝나도 뒤풀이를 하지 않고 곧바로 집으로 돌아간다. 그의 마음속이 들여다보인다. 남들이 던지는 혼탁한 말과 주파수가 맞는 혼탁한 생각이 들어 있지 않다. 술, 담배, 커피로 달래줘야 할 어지러운 생각도 들어 있지 않다. 욕을 하거나 화를 내야만 풀릴 어두운 감정도 들어 있지 않다. 마음속에 불필요한 생각이 들어 있지 않다. 그러다 보니 집어넣는 생각은 고스란히 현실로 나타난다.

　그는 좁은 공간에 살면서 늘 넓은 공간을 갈망했다. 그래서 넓은 공간이 내다보이는 넓은 집이 생겼다. 그는 돈이 없었기 때문에 돈을 갈망했다. 그래서 돈이 생겼다. 갈망과 욕심은 다르다. 갈망은 순수한 바람이지만, 욕심은 집착이다. 갈망하는 사람의 마음은 열려 있지만, 욕심을 품은 사람의 마음은 닫혀 있다. 그는 집에서 늘 돈을 센다. SNS에 돈과 시계를 찍어서 올리기도 한다. 과시욕일까? 아니면 어렵게 사는 아이들에게 "누구나 꿈을 이룰 수 있어"라고 희망을 심어주기 위한 꾸밈없는 바람일까? 순수한 바람이 아니라면 이처럼 아무 스스럼 없이 자신을 드러낼 수 있을까?

　"혹시 토란 있나요?"

　"잠깐 기다려보세요. 확인해볼게요."

　슈퍼마켓 계산원이 수화기를 내려놓고 진열대에 달려가 보았다. 딱 한 봉지 남아 있었다. 그걸 들고 오며 문득 '와, 토란국 해먹으면 얼마나 맛있을까!' 하는 생각이 떠올랐다. 그녀는 평소 토란국을 너무나 좋아했기 때문이다. 고객이 물었다.

　"그거 얼마죠?"

　"만 3천 원요."

　"좀 비싸긴 하네."

　고객이 다시 말했다.

　"그거 계산대 옆에 좀 놔두세요. 추석 차례용이니. 30분 내에 갈게요.”

하지만 그 고객은 30분이 지나도록 오지 않았다. 기다리던 계산원은 쉬기 위해 휴게실로 들어갔다. 한 시간쯤 지나 돌아왔지만 계산대 옆에 놓아둔 토란은 그대로 있었다. 맞은편 계산원에게 물어보니 바로 10분 전쯤 고객이 토란을 찾더란다.

“부탁해놓은 토란이 없다고 고객이 투덜거리며 돌아갔어요.”

훤히 보이는 계산대에 놓여 있는 토란 봉지를 못 보고 돌아가다니!

퇴근할 시간이 가까워졌다. 토란을 찾는 사람들도 없었다. 동료직원이 계산원에게 말했다.

“이 토란은 ○○씨가 가지고 가세요. 추석연휴라 슈퍼마켓도 며칠간 문을 닫아야 하니까요.”

토란 봉지를 들고 오는 그녀의 발길이 날개처럼 가벼웠다.

‘내가 토란국 좋아한다는 걸 어떻게 알았지?’

일상에서 일어나는 사소한 에피소드다. 하지만 여기에 꿈을 이루는 원리가 숨겨져 있다. 고객은 전화를 걸어 토란을 찾았다. 하지만 ‘토란을 사야지’ 하고 마음먹은 고객의 마음엔 ‘좀 비싸다’는 불만, ‘못 사면 안 돼’하는 불안, ‘맡아놨으니 좀 늦게 가도 되겠지’ 하는 자만 등 여러 생각들이 뒤섞여 있었다. 생각은 창조 명령어이다. 마음속에 토란과 관련된 온갖 생각들이 마구 뒤섞여 있다면? ‘토란을 사야지’ 하는 생각이 다른 생각들을 제치고 반드시 현실을 창조하리란 보장이 없다. 또한, 그 많은 생각을 품고 있으니 마음도 꽉 닫혀 있다.

하지만 계산원은 단지 ‘토란국을 해먹으면 얼마나 맛있을까!’ 하는

266

순수한 생각뿐이었다. 욕심이 아니었다. 토란은 어차피 고객이 가져갈 것으로 믿었기 때문에 욕심은 달라붙지 않았다. 토란과 관련된 유일한 생각은 순수한 바람이었다. 순수한 바람은 마음을 열어놓게 한다. 이렇게 마음을 열어놓고 있으니 토란을 받을 수밖에.

현대그룹의 창업자 고故 정주영 회장은《이 아침에도 설렘을 안고》라는 책에서 이렇게 말했다.

"나는 젊었을 적부터 새벽 일찍 일어났습니다. 왜 일찍 일어나느냐하면 그날 할 일이 즐거워서 기대와 흥분으로 마음이 설레기 때문입니다. 아침에 일어날 때의 기분은 소학교 때 소풍 가는 날 아침 가슴이 설레는 것과 꼭 같습니다. 또 밤에는 항상 숙면할 준비를 갖추고 잠자리에 듭니다. 날이 밝으면 일을 즐겁고 힘차게 해치워야겠다고 생각하는 것입니다. 내가 이렇게 행복감을 느끼면서 살 수 있는 것은 이 세상을 아름답고 밝게, 희망적으로, 긍정적으로 보기 때문에 가능한 것입니다."

설레는 마음은 '이럴까, 저럴까?', '될까, 말까?' 등과 같은 잡념을 품고 있지 않다. 오로지 문을 활짝 열어놓고 결실을 맞이하길 기다릴 뿐이다.

김지은 씨는 남북한의 한의사 자격증을 모두 가진 최초의 한의사이
자 잘 나가는 한의원 원장이다. 그녀는 어떻게 남한에 내려와서 새로운
현실을 창조했을까?

그녀가 보건복지부를 찾아갔을 때 담당공무원의 반응은 기계적이
었다.

"북한에 가서 대학졸업증명서를 가져오세요."

탈북자에게 북한에 다시 들어가라는 얘기였다.

'어쩔 수 없구나! 죽을 수밖에…'

유서를 써놓고 문을 닫아걸었다. 1분 후면 목숨이 끊어질 순간이었
다. 모든 생각이 사라지자 고요함이 밀려왔다. 시야가 무지무지 투명해
졌다. 그러면서 지나간 일들이 주마등처럼 스쳐갔다.

그녀는 북한에서 9년간 한의사로 일하면서 절망을 느꼈다.

"아이들이 영양실조로 죽어가고 있었죠. 하지만 전 의사로서 할 수
있는 게 아무것도 없었어요. 죽어가는 아이를 지켜보는 엄마와 함께 울
어주는 게 전부였어요."

맨손으로 얼음을 헤치며 두만강을 건넜다. 중국의 한 시골마을에 숨
어들었다. 중국 공안에 잡혔다. 마을사람들의 사정으로 가까스로 풀려
났다. 보다 안전한 북경으로 도망쳐 3년간 파출부와 도시락 판매원으
로 일했다. 거기서도 불안을 느껴 미얀마로 피신했지만 또 경찰에 잡
혔다. 그러다 구사일생으로 한국에 들어올 수 있었다. 처음에는 다단계

판매사원으로 일하다가 속아 정착금을 몽땅 잃어버렸다. 먹고 살 길이 막막했다.

'내가 가장 자신 있게 할 수 있는 게 뭐지?'

답은 한의사였다. 하지만 마지막 남은 그 꿈마저 무참히 무너지자 마침내 생을 포기하기로 결심했던 것이다.

갑자기 시야가 투명해지니 모든 게 한눈에 선명하게 보였다.

'지금보다 더 힘들 때는 없었던가?'

육체적으로 배가 고파 죽을 고비도 많이 넘겼다. 그런데 왜 세 끼 밥을 먹을 수 있는 지금 죽으려 드는 것인가? 그렇다. 욕심이 커졌기 때문이다.

'한의사가 되고 싶다는 욕심도 내려놓자.'

다시 회사생활을 시작했다. 한번은 사장이 그녀를 부르더니 서류를 얼굴에 뿌리며 소리를 질렀다.

'그래. 자존심도 내려놓자.'

그녀가 모든 생각을 텅 비우자 꼼짝도 않던 현실이 갑자기 움직이기 시작했다. 여기저기서 도움의 손길이 나타났다. 직장동료들은 한의대 진학을 도와주었다. 그녀는 국회청원을 내서 지방 한의대 편입학 자격을 얻었다. 그리고 몇 년 후 마침내 한의사 국가고시에 합격했다. 지금은 꿈에 그리던 한의원 원장이 됐다.

만일 그녀가 기대심, 자존심, 수치심 등 밀물처럼 밀려드는 낡은 생각들을 그대로 품고 있었다면? 현실은 꼼짝도 하지 않았을 것이다. 생각을 품은 마음은 닫혀 있기 때문이다. 인생의 큰 위기를 맞아 삶의 의지가 꺾인 채 죽음 직전까지 이르렀다가 기적적으로 일어서는 사람들이 있다. 나 자신도 기자생활을 하면서 그런 사례들을 많이 목격했다. 그들은 왜 갑자기 차원이 다른 삶을 살게 되는 것일까?

죽음 직전에 이르면 품고 있던 생각들을 몽땅 놓아주게 된다. 마음의 공간이 무한히 넓어져 자신이 무한한 영적 존재임을 깨닫게 되기 때문이다.

이런 일화가 있다. 한 고위관리가 가르침을 받기 위해 한 도인을 찾아갔다. 대화하던 중 차가 나왔다. 도인이 고위관리의 찻잔에 차를 따르기 시작했다. 찻잔이 넘치기 시작했다. 마침내 철철 흘러넘쳤다. 그런데도 도인은 계속 차를 따랐다. 참다못해 고위관리가 소리를 질렀다.

"도사님, 차가 흘러넘치지 않습니까?"

도인이 대답했다.

"이 찻잔처럼 당신의 마음도 너무 많은 아집으로 가득 차 있습니다. 아집을 비우지 않는데 어떻게 제가 당신에게 깨달음을 집어넣을 수 있겠습니까?"

새로운 생각을 깔려면 낡은 생각부터 놓아주어야 한다. 텅 비워야 한다. 이미 그림이 그려진 낡은 도화지에 새로운 그림을 그릴 수는 없는 노릇이다. 그래서 성경도 "새 술은 새 부대에 담아야 한다"고 말한다. 불가에서 말하는 '진공묘유眞空妙有'도 완전히 텅 빈 공空이 되지 않고는 오묘한 일이 일어날 수 없다고 가르친다. 생각만 완전히 텅 비우면 텅 빈 공간이 내 속마음을 읽고 알아서 이뤄준다.

'이미 풀렸다'고 상상하면 정말 이뤄질까?

"엄마, 오늘도 수학시험 망쳤어."

"왜? 문제가 어려웠니?"

"아니, 다 아는 문제였는데. 어떡하지?"

"그런데 왜 못 풀었어?"

"너무 떨려서 문제를 이해할 수 없었어."

아파트 단지 주변을 산책하다가 우연히 엿듣게 된 대화다. 참 딱해 보였다. 고등학교 다닐 때 전교 1등을 하던 아들이 서울에 있는 대학에 도 못 들어갔다고 낙담하는 부모의 말도 들었다. 평소 연습문제를 풀 땐 잘하다가 정작 시험지만 받아들면 머리가 하얘진다. 억울할 수밖에 없다.

시험불안증은 왜 생길까? '시험을 망치면 끝장이다'라고 생각하면 시험을 '위험'으로 인식하게 된다. 시험지는 '위험물'이다. 마음속엔 극 도로 불안한 생각만 가득해진다. 문제를 풀기 위한 생각들이 끼어들 공 간이 없다. 시야도 흐려진다. 뭐가 뭔지 제대로 보일 리 없다. 시험문제 만 그럴까? 인생의 더 큰 문제를 푸는 것도 그렇다.

펜실베이니아 대학의 외팅겐(Gabriele Oettingen) 교수는 대학생 136명 을 세 그룹으로 나눈 뒤 각기 다른 방법으로 문제를 풀게 해보았다.

1. 문제가 이미 풀렸다고 상상한다. 고민하던 문제가 풀려 기뻐하는 자신의 모습을 상상한다.

외팅겐 교수

"문제가 이미 풀린 미래의 시점에서
풀리기까지의 과정을 되돌아보라."

ⓒ social-neuroscience.org

2. 현실적으로 부정적인 면만 생각한다. 문제를 풀려고 할 때 마주칠
수 있는 걸림돌 등만 생각한다.

3. 문제가 이미 풀렸다고 상상한 뒤, 현실의 부정적인 면과 대조해본
다. 즉, 문제가 이미 풀린 미래의 시점에서 홀가분한 마음으로 현실의
걸림돌들을 생각해본다.

어떤 방법이 가장 효과적이었을까?

1. 문제가 이미 풀렸다고 상상한다 → 성공률이 가장 낮았다.

2. 현실의 부정적인 면만 생각한다 → 성공률이 두 번째로 낮았다.

3. 문제가 이미 풀렸다고 상상한 뒤, 현실의 부정적인 면과 대조해본
다. → 성공률이 단연 최고였다.

첫 번째 방법은 왜 성공률이 가장 낮았을까? 문제가 이미 풀렸다고
상상하면 일단 긴장이 풀린다. 마음의 공간도 열린다. 하지만 곧 의심
이 스며든다. 사실이 아닌 걸 사실이라고 상상하기 때문이다. 의심을

품기 때문에 다시 마음의 공간이 닫힌다. 그렇다면 세 번째 방법이 가장 효과적인 이유는? 문제가 이미 문제가 풀렸다고 상상하면 첫 번째 방법처럼 일단 마음의 공간이 열린다. 그런 다음 '근데 걸림돌이 있는데 어떻게 풀었지?' 하고 부정적인 면을 들여다보면? 문제를 풀기 위한 구체적인 방법을 찾아보게 된다. 구체적으로 바라보기 때문에 의심이 끼어들지도 않는다. 이처럼 마음의 공간이 열린 상태로 문제를 풀면 긴장 상태로 푸는 것보다 훨씬 더 쉽게 풀릴 수밖에 없다. 마음의 공간이 열려 있어야 문제를 푸는 데 필요한 더 많은 지혜와 지능을 받아들일 수 있기 때문이다.

　나는 이 책의 최종원고를 출판사에 넘겨주고 나서도 몇 차례에 걸쳐 원고 내용을 수정해달라고 출판사에 전화를 걸었다. 왜? 최종원고를 넘겨주고 나면 '이젠 완전히 손 털었다'는 생각이 들어 마음이 홀가분해진다. 마음의 공간이 넓어지는 것이다. 공간이 넓어지고 나면 전엔 안 보이던 것들이 갑자기 훤히 보이기 시작한다.

　"편집자님, 죄송한데요. 한 부분만 고쳐주세요."

　이렇게 고치고 나면 마음이 더 홀가분해진다. '이젠 정말 완전히 손 털었다'고 생각되기 때문이다. 그럼 마음의 공간이 더 넓어진다. 그럼 더 훤히 보인다.

　"아이고, 편집자님, 이번이 정말 마지막입니다. 하나만 더 고쳐주세요."

　이렇게 고치고 나면 끝일까? 아니다. 며칠 후 또 고쳐야 할 부분이 떠오른다. 그럼 또 전화를 건다. 왜 이런 현상이 일어날까? '이젠 완전히 손 털었다', '이젠 완전히 끝났다'라는 생각으로 일을 놓아버리면 마음의 공간이 넓어져 시야도 투명해진다. 전체가 보인다. 마찬가지 이치로 문제가 이미 완전히 풀린 미래의 시점에서 바라보면 전체가 훤히 보인다. 미래의 시점을 멀리 잡을수록 더 크고 투명한 눈으로 볼 수 있다. 예컨대 이런 식이다.

"10년 후 사람들은 이 문제를 어떻게 볼까?"

"내가 죽고 나서 100년 후의 사람들은 내가 쓴 책을 어떻게 평가할까?"

이렇게 시야를 넓히면 넓힐수록 마음의 공간이 넓어져 문제해결 능력이 커진다.

다이어트를 해본 적 있는가? 의지의 힘으로 다이어트를 해서 살을 빼면 다시는 살이 찌지 않을까? 2007년 UCLA 연구진이 실험을 해본 적 있다. 사람들은 놀라운 투지를 발휘해 체중을 5~10퍼센트나 줄이는 데 성공했다. 6개월 후에는 어떻게 됐을까? 살 뺀 사람들의 2/3가 다시 살이 쪘다. 생리학자인 키즈(Ancel Keyes)는 사람들에게 엄격한 다이어트 실험을 해보았다. 석 달 만에 모든 사람의 체중이 크게 줄었다. 그는 이렇게 말해보았다.

"이제 체중이 많이 줄었으니 마음껏 먹어보세요."

사람들은 다이어트 전보다 최고 여덟 배나 더 많이 먹었다! 다이어트는 영구적인 방법이 아니다. 세계에서 가장 권위 있는 다이어트 전문가로 꼽히는 맥키나(Paul McKenna) 박사는 이렇게 단언한다.

"거의 모든 문제의 뿌리는 무의식에 깔려 있는 부정적 프로그램이다. 그 프로그램을 바꾸지 않으면 영구적으로 바뀌지 않는다."

프로그램을 바꾸는 방법은? 의지로 무의식에 깔려 있는 부정적 생각을 바꿀 수 있는가? 무의식은 의지보다 백만 배나 더 강하다. 그 속에 가둬놓고 짓누른다고 부정적 생각이 사라질 리 만무하다. 그보다는 마음의 공간을 넓혀 부정적 생각이 스스로 자유를 찾아 떠나도록 도와주는 게 훨씬 더 현명한 일이다. 미래의 나는 살이 빠질 수도 있고, 안 빠질 수도 있다. 많이 빠질 수도 있고, 조금 빠질 수도 있다. 많은 가능성이 있다. 그 가운데 살이 많이 빠진 나를 선택한다. 그 미래의 시점에서 살이 많이 빠지기까지의 과정을 되돌아본다.

'살이 어떻게 많이 빠진 거지?'

살이 많이 빠지기까지는 여러 가지 걸림돌이 존재할 수 있다. 무엇보다도 먹고 싶은 걸 참아야 한다. 어떻게 참았을까? 음식보다 더 좋아하는 걸 찾아냈을까? 마음속의 '난 부족해'라는 생각을 털어냈을까? 운동이나 산책하는 습관을 갖게 됐을까? 이렇게 미래의 시점에서 바라보면 마음의 공간이 넓어진다. 시간적 거리가 생기기 때문이다. 마음의 공간이 커지면 부정적 생각들은 저절로 풀려나간다. 시야가 맑아진다. 동시에 공간이 커지는 만큼 공간에서 문제해결을 위한 더 많은 정보가 흘러나온다. 이렇게 마음의 공간을 넓히면 넓힐수록 꿈을 이루는 것도 쉬워진다.

진심으로 현실을 바꾸고자 한다면 근원적인 진실을 이해해야 한다. 내 몸을 포함한 우주만물은 죄다 생각이 만들어낸 허상이라는 사실이다(3부 2장에 소개한 '이중슬릿 실험'을 다시 보라). 하지만 우리 두뇌는 끊임없이 생각을 하기 때문에 자꾸만 허상에 속아 넘어간다. 그래서 아인슈타인도 "현실은 허상이다. 단지 대단히 끈덕진 허상일 뿐이다"라고 했다. 우주는 무수히 많은 생각들이 만들어낸 무수한 허상으로 가득하다. 무수한 평행우주, 무수한 지구, 무수한 나가 존재한다. 이론물리학자 카쿠(Michio Kaku) 교수의 말대로 "우리가 상상할 수 있는 모든 일이 다른 우주에 펼쳐진다."

하지만 우리는 하나의 우주 속, 티끌 만한 하나의 지구에서 고정된 생각, 고정된 시각으로 보기 때문에 고정된 현실을 살아간다. 우주는 무한한 가능성으로 가득하다. 시야를 넓히면 넓히는 만큼 새로운 현실이 펼쳐진다. 노벨물리학상 수상자 보어(Neils Bohr)는 이렇게 말했다.

"모든 것은 가능성으로 잠재해 있다가 관찰자가 바라보는 순간 현실로 나타난다."

우리가 꿈꾸는 모든 것이 무한한 공간 속에 실재로서 이미 존재한다. 단지 관찰자인 내가 시야를 넓혀 바라보지 못할 따름이다. 새로운 현실을 창조하고자 한다면 끊임없이 마음속을 들여다보라. 들여다보면 이미 깔려 있는 생각들이 사라진다. 그래야 마음의 공간이 열린다. 마음의 공간이 활짝 열려 있어야 새로운 현실창조에 필요한 지혜, 창의성, 지능 등 모든 정보를 받아들일 수 있지 않겠는가? 닫힌 마음은 아무것도 받아들이지 못한다. 받고자 하는 마음은 활짝 열려 있어야 한다.

3 텅 빈 공간(眞空)은
정말 모든 답을 알고 있을까?

왜 생각을 멈추면 답이 나올까?

아침 일찍 핸드폰이 울린다. 한 친구의 전화번호다. 몇 년 전 한 번 만
난 뒤 통화한 적도 없는 친구다.

'이른 아침에 웬일이지?'

왠지 받기가 싫다. 또 무슨 부탁이 있나? 직감을 따라 받지 않았다.
그래도 죄책감이 들어 오후에 무슨 일이 있었느냐고 문자를 넣어봤다.
회신이 왔다.

"응, 부탁할 일이 있었는데. 다행히 해결됐어."

그러고 보니 그 친구는 주로 부탁할 일이 있을 때만 전화를 걸어왔
다. 내가 직접 해결해줄 수 있는 부탁도 아니었다. 내가 남에게 청탁을
해야만 해결될 수 있는 부탁이었다. 전화를 받지 않고 일단 멈췄던 게
다행이다.

별거 중인 한 여성은 세금정산 때만 되면 연례행사처럼 남편의 전화
를 받곤 했다. 그는 몹시 위압적인 성격이었다. 그때만 되면 그녀는 전

화가 두려웠다. 그러던 중 마침내 전화벨이 울렸다.

"여보세요?"

그녀의 목소리가 벌써부터 떨리기 시작했다. 문득 일단 멈춰보자는 생각이 들었다.

"잠깐만. 몇 분 뒤 다시 전화할게."

그녀는 전화를 끊고 자신이 해야 할 말을 종이쪽지에 간략히 메모했다. 그리고 다시 전화를 걸었다. 남편은 그녀의 조리 있는 말과 차분한 말투에 적이 놀라는 눈치였다. 그녀는 안정된 목소리로 할 얘기를 다 했다. 자신이 대견스럽기도 했다. 그 이후로는 남편이 그녀를 함부로 대하지 못했다.

"두 아이가 같은 해, 같은 달, 같은 날 같은 부모에게서 태어났다. 하지만 쌍둥이는 아니다. 이런 일이 어떻게 가능할까?"

앞뒤가 안 맞는 말 같아 보인다. 그러니까 수수께끼다. 이 수수께끼를 쉽게 푸는 사람들이 있다.

"무슨 비결이 있는 거지?"

런던대의 심리학자 바타차리아(Joydeep Bhattacharya) 교수가 그들이 답을 얻을 때 두뇌에 어떤 변화가 일어나는지 뇌파측정기(EEG)로 살펴보았다. 그들의 뇌파에 공통점이 있었다. 답이 떠오르기 8초 전 이미 뇌파가 알파파로 바뀌는 것이었다. 쉽게 말해 답이 떠오르기 8초 전부터 이미 생각이 텅 비어버리기 시작했다는 얘기다.

"맙소사! 두뇌의 주인이 답을 채 알기도 전에 누군가가 두뇌 속에 답을 넣어주는 격이네!"

교수는 다른 사람들을 대상으로 또 실험해보았다. 결과는 역시 마찬가지였다. 답을 얻는 사람들은 한결같이 최고 8초 전부터 생각이 멈춰버렸다. 또, 생각이 멈춰버리면 반드시 답을 얻었다.

"두뇌의 주인 몰래 두뇌에 답을 넣어주는 게 대체 누구지?"

노스웨스턴대의 신경과학자 융-비만(Mark Jung-Beeman) 교수도 창의성 문제를 직감으로 푼 사람들의 뇌파를 촬영해봤다. 그 결과 직감이 떠오르기 0.3초 전에 이미 두뇌에 고주파인 감마파 활동이 돌연 왕성해진다는 사실을 발견했다. 즉, 생각이 텅 비어버렸다는 얘기다.

"영감을 얻으려면 생각부터 멈춰야 하는군."

드렉셀대의 심리학자 쿠니오스(John Kounios) 교수는 사람들에게 7분간 조용히 쉬도록 했다.

"편안한 마음으로 쉬세요. 아무 생각이나 해도 됩니다."

그러면서 그들의 뇌파를 뇌파측정기로 촬영해두었다. 휴식이 끝난 뒤 단어 짜맞추기 문제들을 풀어보도록 했다. 예컨대 "MPXAELE는 무슨 단어일까요?"와 같은 문제들이다(물론, 정답은 EXAMPLE이다). 어떤 사람들은 이런 문제를 글자 하나씩 꼼꼼하게 짜맞추어가며 분석적으로 풀어나간다. 하지만, 보자마자 직감적으로 "아하!" 하고 외치며 힘 안 들이고 알아맞히는 사람들도 있다. 이렇게 직감적으로 답을 알아맞히는 사람들의 두뇌는 어떻게 다를까?

교수는 문제를 풀기 전 휴식할 때 촬영한 뇌파 사진들을 살펴보았다.

쿠니오스 교수

"그림으로 생각하면 마음의 공간이 넓어져 문제가 쉽게 풀린다."

© drexel.edu

두 가지 특징이 나타났다. 첫째, 직감으로 문제를 푼 사람들은 휴식을 취할 때도 우뇌 활동이 더 활발했다. 우뇌는 우주와 통하는 곳이다. 그래서 두뇌 속에서 언어로 생각하는 게 아니라, 텅 빈 우주공간에서 그림으로 생각한다. 우뇌가 창의성이나 영감과 관련 있다는 사실을 뒷받침해준다. 둘째, 직감으로 문제를 푸는 사람들은 시각정보를 처리하는 두뇌 부위가 폭넓게 반응했다. 즉, 어느 한 가지에만 초점을 맞춰 보지 않고 전체 그림을 다 본다는 뜻이다. 전체를 다 보려면 생각을 멈춰야 한다. 그래야 시야가 투명해진다.

"어떤 문제를 영감으로 푸는 것과 분석적인 방법으로 푸는 것은 근본적으로 다르죠."

분석적으로 푸는 것은 시야를 좁혀 두뇌의 생각으로 푸는 것이다. 반면 영감은 시야를 넓혀 텅 빈 공간에서 얻는 것이다. 브리티시 컬럼비아대의 크리스토프(Kalina Christoff) 교수도 같은 말을 한다.

"텅 빈 마음은 사실은 비어 있는 게 아니다. 공간이 넓어진다는 뜻이다."

끝없는 아이디어로 애플을 키워냈던 스티브 잡스도 생전에 이런 말을 했다.

"창의적인 사람들에게 어떻게 아이디어를 얻었느냐고 물으면 좀 곤혹스러워한다. 왜냐하면 스스로 노력해서 얻은 게 아니라 갑자기 떨어진 아이디어를 주운 것일 뿐이기 때문이다."

아르키메데스는 목욕탕에서 쉬다가 부력의 원리를 발견했다. 뉴턴은 사과나무 아래에서 멍하니 앉아 있다가 만유인력의 영감을 얻었다. 텅 빈 공간에서 모든 답이 흘러나온다. 왜 그럴까?

모든 답은 텅 빈 공간에 저장된다

이 그림엔 사람들의 어떤 모습이 숨어 있다. 어떤 모습일까? 영국 국영 BBC-TV는 이 그림을 2백만 명의 시청자들에게 보여주고 어떤 모습인지 알아맞혀보라고 했다. 거의 알아맞히지 못했다. BBC-TV는 곧 답을 알려주었다. 답은 "춤추는 남녀"였다.

따라서 영국에서는 이제 2백만 명이 답을 알게 됐다. 이렇게 많은 사람들이 알게 된 답은 그들 각자의 두뇌에 저장됐을까, 아니면 텅 빈 공간에 저장됐을까? 실험이 끝난 뒤 독일에 건너가 독일 TV를 통해 독일의 시청자들에게 똑같은 문제를 내봤다. 결과는? 실제로 답을 아는 독

일 시청자들의 비율이 영국 시청
자들의 비율보다 껑충 높아졌다.

"거참 신기하네. 독일의 시청자
들에게는 답을 알려주지 않았는데.
어떻게 알았을까?"

그래서 이번엔 영국 시청자들에
게 답을 알려주지 않았던 문제를 내줘보았다. 그러자 독일 시청자들도
역시 답을 몰랐다. 답을 모르는 비율은 영국의 시청자들이나 독일의 시
청자들이나 비슷했다. 실험을 주도했던 케임브리지 대학의 셸드레이
크(Rupert Sheldrake) 교수는 이렇게 말했다.

"마음은 머릿속에 국한되어 있는 게 아니다. 텅 빈 공간이 마음이다.
그래서 영국의 시청자들에게 답을 알려주면 독일의 시청자들은 텅 빈
공간에서 저절로 답을 보게 된다."

내가 답을 알면 내 아이도 답을 빨리 알게 된다. 내가 가르쳐주지 않
아도 말이다. 심리학 실험으로도 입증되는 사실이다. 많은 사람이 답
을 알면 나도 더 빨리 답을 알게 된다. 누가 답을 가르쳐주지 않아도 말
이다.

'플린 효과'(Flynn effect)라는 게 있다. IQ 테스트가 시작된 지난 1930
년대 이후 지금까지 전 세계적으로 IQ 테스트 점수가 꾸준히 높아지고
있는 현상이다. 후세는 선조들보다 IQ가 높다. 후세의 후세는 더 높다.
왜 이런 일이 일어날까? 후세 아이들에게 누가 IQ 테스트 문제를 미리
알려주는 것도 아닌데 말이다. 미국, 일본, 독일, 영국, 프랑스 등 선진

국에서만 점수가 오르는 게 아니다. 아프리카 오지에서도 점수가 오른다. 미국의 경우 10년마다 평균 3점씩 상승하는 것으로 나타나고 있다. 과학자들도 고개를 갸우뚱한다.

"전 세계적으로 해가 갈수록 점수가 오르다니. 이상한걸?"

정말 이상하지 않은가? 왜 세대를 거듭할수록 아이들의 지능이 저절로 점점 더 높아지는 걸까? 누가 가르쳐주는 것도 아닌데 말이다.

아이들이 언어를 익히는 속도도 그렇다. 세월이 흐를수록 아이들이 언어를 배우는 속도가 점점 빨라지고 있다. 세계적인 언어학자인 MIT의 촘스키(Noam Chomsky) 교수마저 의아해하고 있다.

"언어처럼 복잡한 것들은 전혀 아무런 기초도 없이 배울 수 있는 게 아니다. 그런데 아이들의 언어습득 능력이 왜 점점 더 빨라지는 걸까?"

아이들이 대체 어떤 방법으로 언어를 습득하고 태어난단 말인가?

소나 양을 많이 키우는 미국이나 유럽, 호주엔 '캐틀 그리드cattle grid'라는 게 있다. 자동차는 지나가도 소나 양은 못 지나가게 도로에 구덩이를 파고 그 위에 쳐놓은 쇠막대기판을 말한다. 소들이 쇠막대기판을 밟으면 발이 쇠막대기판 사이로 빠져 고통을 겪는다. 첫 세대 소들은 쇠막대기판에 발을 디뎠다가 혼쭐이 난다. 몇 번 그러다가 '아, 여기는 밟으면 안 되겠구나!' 하고 깨닫는다. 다음에 태어나는 송아지들은 어떨까? 놀랍게도 쇠막대기판을 밟는 횟수가 크게 줄어든다. 어미 소가 가르쳐주는 것도 아닌데 말이다. 그럼 다음 세대 송아지들은 어떨까? 아예 밟지 않는다! 역시 어미 소가 가르쳐준 건 아니다. 스스로 알게 된 것이다.

셸드레이크 교수

"두뇌는 무한한 공간에 저장된 정보를
송수신하는 도구일 뿐이다."

ⓒ sheldrake.org

텍사스 A&M 대학의 프렌드(Ted Friend) 교수는 소 떼 수백 마리가 풀을 뜯는 인근 도로에 페인트로 가짜 쇠막대기판을 그려놓아 보았다. 소들이 그곳을 밟았을까?

"어? 소들이 하나같이 이곳을 피하네?"

소들은 페인트로 그려놓은 쇠막대기판을 밟지 않았다. 밟으면 위험하다는 정보를 대체 어떻게 알아냈을까?

"정보가 두뇌에 저장된다면 불가능한 일인데?"

만일 정보가 두뇌에 저장된다면 두뇌가 죽는 순간 정보도 사라져야 한다.

"두뇌가 아니라면 텅 빈 공간에?"

그렇다. 정보가 텅 빈 공간에 저장되기 때문에 선조들이 죽어도 텅 빈 공간에 저장된 정보가 후손들에게 대대로 전달되는 것이다.

대부분의 사람들은 정보는 두뇌 안의 어느 부분엔가 저장된다고 믿는다. 나도 그렇게 믿고 살아왔다. 뇌과학자들도 그렇게 생각해왔다. 하지만 두뇌의 어느 부분에 저장되는지 도무지 답을 알아내지 못했다.

셸드레이크 교수는 두뇌는 정보의 송수신 장치일 뿐이라고 말한다. 텅 빈 공간에 저장된 정보를 송수신한다는 것이다. 마치 TV처럼 말이다.

"TV에서 사람이 나온다고 TV 속에 사람이 들어 있나요? TV에서 소리가 들린다고 TV 속에 소리가 들어 있나요? TV 수상기는 공중에 떠 있는 그림과 소리 신호를 수신하는 기능만 하는 것이죠. 마찬가지로 사람의 두뇌도 텅 빈 공간에 저장된 정보를 송수신하는 기능만 합니다."

만일 TV의 소리를 듣는 장치가 고장 나면? 소리가 나오지 않는다. 그렇다고 해서 소리 듣는 장치에 소리가 저장돼 있다고 말할 수 있는가? 소리는 텅 빈 공간에 떠 있다. 단지 소리를 수신하는 장치가 고장 났을 뿐이다. 만일 어느 채널의 화면에 그림이 나오지 않는다면? 그림은 텅 빈 공중에 떠 있다. 단지 그림을 수신하는 채널이 고장 나 그림이 나오지 않을 뿐이다.

마찬가지 이치로 두뇌가 수신하는 모든 정보도 텅 빈 공간에 저장돼 있다. 그래서 두뇌의 절반을 잘라내도 반드시 지능도 절반으로 줄어들지는 않는 것이다. 뇌세포가 파괴돼 기억상실증에 걸린 사람도 기억을 회복하는 경우가 종종 있지 않은가? '내 두뇌는 절반 이상이 잘려나갔으니 내 지능은 떨어질 거야'라고 믿으면 당연히 지능이 떨어진다. 왜냐하면 지능의 공간을 두뇌로 국한시키기 때문이다. 반면, '지능은 텅 빈 공간에서 무한히 흘러나오는 것'이라는 사실을 깨달으면 아무 상관 없다. 오히려 지능이 더 높아질 수도 있다.

누차 얘기했듯이 두뇌도 전자현미경으로 자세히 들여다보면 텅 빈 공간이다. 단지 두뇌에 가득한 생각이 문제다. 생각을 품고 있으려면 마음을 닫고 있어야 한다. 마음을 닫고 있으면 마음의 공간이 작아진다. 거꾸로 생각을 비울수록 마음의 공간이 커진다. 그럴수록 기억력도 높아질까?

쥐들에게 꾸불꾸불한 미로에서 달리도록 해보았다. 쥐의 뇌세포들이 일정한 모양(pattern)을 띠며 전기신호를 발산했다.

"오라, 쥐들은 이런 식으로 새로 경험하는 걸 두뇌에 저장하는구나."

애리조나 대학의 유스턴(David Euston) 박사 연구진은 밤에 잠을 자는 동안엔 어떤지 살펴보았다.

"밤에도 똑같은 모양의 전기신호들이 발산되는걸?"

하지만 놀라운 차이가 발견됐다. 두뇌 속에서 전기신호 패턴이 움직이는 속도를 관찰해보니 쥐들이 낮에 미로에서 뛸 때는 A지점에서 B지점까지 가는데 1.5초 정도 걸렸다. 그런데 잠을 잘 땐 그보다 무려 일곱 배나 빨랐다.

"왜 그럴까? 낮에 정보가 저장되는 속도는 왜 느릴까? 잠을 잘 때 저장되는 속도는 왜 빠를까?"

눈을 뜨고 있을 땐 두뇌가 많은 생각들을 품고 있다. 그러다 보니 새로운 정보가 끼어드는 속도가 느릴 수밖에 없다. 반면, 두뇌가 잠들어 있을 땐 생각도 멈춘다. 마음이 텅 비어버리니 새로운 정보가 빠른 속도로 저장되는 것이다.

사람도 마찬가지다. 셰필드 대학 허버트(Jane Herbert) 박사팀은 생후 6~12개월 된 아기들에게 손으로 꼭두각시 인형을 놀리는 세 가지 방법을 알려주고 24시간 후 얼마나 잘 기억하고 있는지 살펴보았다. 결과는?

— 30분 이상 낮잠을 잔 아기들 → 평균 한 가지 반의 방법을 기억해 냈다.

— 낮잠을 안 잔 아기들 → 전혀 아무것도 기억해내지 못했다.

어른들은 안 그럴까? 독일 자르란트 대학 메클링거(Axel Mecklinger) 교수가 대학생들을 대상으로 기억력 시험을 치도록 해봤다. 그랬더니 45분~1시간 정도의 낮잠을 잘 경우 기억력 점수가 무려 다섯 배나 껑충 뛰었다. 새로운 걸 익힌 뒤 생각을 멈추면 잘 기억되고, 여전히 생각이 가득하면 기억해둘 공간이 생기지 않는다.

낮잠 대신 사이사이 휴식을 취하는 것도 효율적이다. 뉴욕대학 신경과학자 다바치(Lila Davach) 교수는 사람들에게 각기 몇 쌍의 그림들을 보여주었다.

"자, 그림 잘 보셨죠? 이제 8분 동안 눈을 뜬 채 자유롭게 쉬세요."

실험이 끝나고 나서 사람들이 본 그림들에 대한 기억력을 시험해보았다. 시험 결과 휴식을 잘 취한 사람일수록 점수가 높았다. 교수는 "배운 것을 기억하고자 할 때는 저장되는 시간이 필요하다. 새로운 학습에 이어 곧바로 또 다른 학습을 하기보다는 중간에 휴식을 취해야 학습효과가 극대화 된다"고 말했다. 텅 빈 무한한 공간이 나의 진정한 두뇌이다.

4 텅 빈 공간에서 답을 얻으려면?

문제를 풀다 가벼운 일을 하라

"이쑤시개를 이용해서 무엇을 할 수 있을까요?"
"옷걸이로 할 수 있는 것엔 뭐가 있을까요?"
"벽돌로 뭘 할 수 있는지 모두 적어보세요."

당신은 이런 문제에 대한 답을 몇 가지나 떠올릴 수 있는가?

금방 떠오르지 않는다. 이런 문제는 열심히 생각한다고 반드시 많은 답이 떠오르진 않는다. 하지만 분명히 많은 답이 있다는 사실만은 알고 있다. 그렇다면 이 답들은 어떻게 끄집어낼 수 있을까? 네덜란드 암스테르담대의 심리학자 다이크스테르허이스(AP Dijksterhuis) 교수는 사람들에게 위와 같은 창의성 문제들을 세 가지 방법으로 풀어보도록 했다.

─ A그룹: 즉각 대답하도록 했다.
─ B그룹: 3분간 열심히 풀어보도록 했다.
─ C그룹: 3분간 가벼운 일을 한 뒤 풀도록 했다.

3분이 지난 뒤 사람들의 대답들을 살펴보았다. 대답 개수엔 차이가 없었다. 하지만 대답 내용을 더 자세히 살펴보니 놀랍게도 C그룹의 대답이 단연 더 창의적이고 사고의 폭이 넓었다. 교수는 이번에는 대학생들에게 "참신한 파스타 이름을 생각해내보세요" 하고 문제를 내주었다. 결과는 역시 마찬가지. 계속 열심히 생각하는 것보다는 파스타와는 전혀 상관없는 가벼운 일을 하게 할 때 참신한 아이디어가 훨씬 더 많이 나왔다.

리터(Simone Ritter) 교수도 대학생들에게 비슷한 창의성 문제를 내주었다.

"가게에서 줄을 서서 순서를 기다릴 때 뭘 하는 게 좋을까요? 생각나는 걸 모두 말해보세요."

— A그룹: 문제를 즉각 풀도록 했다.
— B그룹: 2분간 가벼운 비디오 게임을 했다.

앞서 실험과 마찬가지로 2분간 가벼운 비디오 게임을 한 학생들이 두 배나 더 창의적인 답변을 했다. 바아렌(Rick Baaren) 교수도 학생들에게 "학생이 용돈을 벌 수 있는 방법엔 뭐가 있을까요?" 하는 창의성 문제를 내주었다. 그리고는 가벼운 컴퓨터 게임을 하게 했더니 계속 문제를 풀 때보다 기발한 아이디어가 두 배나 더 많이 나왔다. 현실창조는 아이디어의 산물이다. 새로운 상품, 발명품, 창작물, 신기술 등 성공의 이면엔 언제나 기발한 아이디어가 숨어 있다. 그런데 왜 기발한 아이디어들이 가벼운 일을 할 때 잘 떠오를까? 그 비밀은 뭘까?

"왜 이런 일관된 결과가 나오는 거지?"

캘리포니아대의 베어드(Benjamin Baird) 교수는 실험을 좀더 정교하게 짜보았다. 일단 학생들에게 창의성 문제들을 풀어보라고 했다. 시작한지 2분쯤 지났을 때 다시 이렇게 말했다.

"앞으로 12분간의 휴식시간을 드릴게요."

12분간의 휴식시간 중 학생들을 네 그룹으로 나누어 각기 다음과 같은 일을 하도록 했다.

— A그룹: 집중을 요하는 어려운 암기작업을 시켰다.

— B그룹: 컴퓨터 화면에 수시로 떠오르는 가벼운 질문에 가볍게 대답하도록 했다.

— C그룹: 조용한 방에서 그냥 쉬도록 했다.

— D그룹: 계속 문제를 풀도록 했다.

휴식시간 중 네 그룹은 이렇게 각기 다른 일을 했다. 그리고 휴식시간이 끝나자마자 일제히 처음에 풀던 창의성 문제들을 계속 풀었다. 답안지를 받아본 연구진은 눈이 휘둥그레졌다.

"어? 근데 유독 이 그룹만 왜 갑자기 두각을 나타내는 거지?"

다른 세 그룹은 휴식시간 전과 후가 차이가 없었다. 하지만 유독 B그룹만은 달랐다.

— B그룹의 창의적 답변은 무려 41퍼센트나 뛰어올랐다!

문제를 풀다가 가벼운 일을 하면 대체 왜 창의성이 뛰어오르는 걸까?

— A그룹처럼 집중을 요하는 일을 할 땐 그 일에 초점이 맞춰지면서 생각에 깊이 파묻히게 된다. 다른 일엔 신경을 끄기 위해 마음의 공간을 닫아버린다.
— D그룹처럼 계속 문제를 풀 때도 여전히 마음의 공간을 닫고 있어야 한다.
— C그룹처럼 그냥 쉴 경우 고민거리 등에 초점이 맞춰져 잡념이 피어오르기 쉽다.
— B그룹처럼 풀던 문제와 전혀 다른 일을 갑자기 하면 풀던 문제에 대한 깊은 생각이 끊어지면서 텅 빈 공간이 생긴다. 또, 가벼운 일을 하기 때문에 깊은 생각을 못하게 된다.

문제는 생각으로 푼다. 그래서 문제를 풀 땐 깊은 생각에 파묻혀버린다. 다른 생각이 끼어들지 않도록 마음의 공간도 닫아버린다. 그러다가 갑자기 가벼운 일을 하면 꼬리 물고 이어지던 생각이 끊어지면서 텅 빈 공간이 생긴다. 가벼운 일을 하는 동안에도 깊은 생각을 못하기 때문에 텅 빈 공간이 이어진다. 그럼 텅 빈 공간에서 답이 나온다.

메릴랜드대의 하아르만(Henk Haarmann) 교수도 문제를 푸는 사이사이 알파파가 나온 학생들의 정답률이 훨씬 더 높다는 사실을 발견했다. 알파파가 나온다는 건 두뇌가 생각을 멈추고 자유로이 쉰다는 뜻이다. 이렇게 텅 빈 공간이 생길 때 답이 나온다. 생각 도형을 보자.

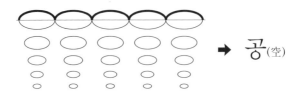

꼬리를 물고 이어지던 깊은 생각이 갑자기 멈추면 텅 빈 공간이 생긴다.

생각은 텅 빈 공간에서 피어오른다. 생각도 에너지라 각기 고유의 주파수가 있다. 그래서 어떤 문제를 풀 땐 그 문제를 푸는 데 필요한 비슷한 주파수의 생각들이 파도처럼 꼬리를 물고 이어진다. 그런데 갑자기 주파수가 다른 가벼운 생각을 하면? 꼬리를 물고 이어지던 생각들이 끊어지면서 텅 빈 공간이 생긴다.

고민거리가 생기면 최대한 많은 관련 정보를 입수해서 고민해보라. 그러다가 완전히 잊어버리고 설거지나 청소, 혹은 걷기 등 단조롭고 가벼운 일을 하라. 그것도 싫다면 동화책을 읽으라. 캘리포니아대의 심리학자 스쿨러(Jonathan Schooler) 교수도 대학생들에게 동화책을 읽어보도록 했다.

"동화책을 읽다가 딴생각이 떠오르면 버튼을 누르세요."

대학생들에게 동화책은 지루하게 느껴진다. 그래서 자주 딴생각이 끼어드는 경우가 많다.

'동화책을 제대로 읽은 사람과 동화책을 읽으면서 자주 딴생각을 한 사람, 이중에서 누가 창의력 성적이 높을까?'

교수는 동화책 읽기가 끝난 뒤 창의력 시험을 치도록 했다. 누구 성적이 더 높았을까? 딴생각을 자주 한 학생들이었다. 왜? 동화책을 제대로 읽으려면 동화에 초점을 맞춰야 한다. 즉, 다른 일엔 신경을 끄고 마음을 닫아야 한다. 반면 자주 딴생각을 하면 사이사이 텅 빈 공간이 생긴다. 텅 빈 공간에서 답이 떨어진다. 그렇다면 빈 공간은 모든 문제에 대한 답을 알고 있을까? 좀더 어려운 창의성 문제를 맡겨도 척척 답을 알려줄까?

좀더 어려운 문제에 대한 답도 나올까?

"긴 나무 두 개와 죔쇠 하나가 있습니다. 이를 이용해 튼튼한 모자걸이를 만들 수 있을까요?"

이른바 '모자걸이 문제(hat rack problem)'이다. 한 단계 높은 창의성 문제다. 사람들에게 이 문제를 풀어보라고 했더니 대부분 머리만 긁적거렸다. 사람들의 머리가 잘 돌아가게 할 수 없을까? 랭카스터 대학 연구진은 문제 풀기를 멈추게 하고는 사람들을 세 그룹으로 나눠 각기 다른 일을 하도록 해보았다.

- A그룹: 가벼운 독서를 했다.
- B그룹: 단어를 암기하도록 했다.

— C그룹: 아무 일도 하지 않았다.

어느 그룹이 문제를 가장 많이 풀었을까? 놀랍게도 이번에도 일관된 결과가 나왔다. A그룹이 단연 가장 많이 풀었다.

"나무 두 개를 죔쇠로 천장과 바닥까지 길게 연결시키고 죔쇠에 모자를 걸면 되죠."

이치는 똑같다. 문제를 풀다가 갑자기 다른 일을 하면 풀던 문제에 대한 생각이 끊어지게 된다. 그러면서 텅 빈 공간이 생긴다. 동시에 가벼운 독서는 다른 깊은 생각에 빠지는 걸 막아준다. 텅 빈 공간이 계속 이어진다. 텅 빈 공간에서 마법처럼 답이 굴러 나온다. 그렇다면 텅 빈 공간을 만드는 다른 방법은 없을까? 두뇌를 몽롱하게 만들면 어떨까? 몽롱한 상태에서도 생각이 텅 비어버릴까?

"여러분의 정신이 말짱한 건 아침시간인가요, 저녁시간인가요?"
학생들에게 이렇게 물으면? 대부분 "저녁시간이죠"라고 대답한다. 늦게 자기 때문이다. 저녁엔 말짱하고 아침엔 졸려서 몽롱해진다.

'그렇다면 창의성은 정신이 말짱한 저녁 시간에 높을까, 아니면 정신이 몽롱한 아침시간에 높을까?'

알비온 대학의 비트(Mareike Wieth) 교수는 학생들에게 다음과 같은 식의 창의성 문제들을 내주었다.

"두 아이가 같은 해, 같은 달, 같은 날에 같은 부모에게서 태어났습니다. 하지만 쌍둥이는 아닙니다. 어찌 된 일일까요?"

어떤 학생들에게는 아침 8시 30분에 문제를 풀도록 했다. 다른 학생들은 저녁에 문제를 풀도록 했다. 누가 문제를 많이 풀었을까? 놀랍게도 정신이 몽롱한 아침시간에 훨씬 더 많은 문제를 풀었다. 어떤 문제의 경우 50퍼센트나 더 많은 답이 나왔다(참고로 위 문제의 답은 세쌍둥이이다). 왜 정신이 몽롱한 아침에 창의성이 더 높아지는 걸까? 두뇌가 몽롱해지면 초점을 맞추지 못해 깊은 생각을 못하기 때문이다.

"그렇다면 술에 취한 상태에서도 창의성이 높아질까?"

일리노이대 심리학자들은 대학생들에게 술을 마시게 한 뒤 창의성 문제를 풀도록 해보았다. 예상대로였다. 술에 취한 학생들이 30퍼센트나 더 많은 답을 알아냈다. 술에 취해도 역시 깊은 생각에 빠지지 않는다. 마음의 공간이 열린다. 그 순간 텅 빈 공간이 답을 알려준다.

텅 빈 공간은 바로 내 마음이다. 내가 시야를 좁히면 내 마음은 두뇌만큼 작아지지만, 시야를 무한히 넓히면 텅 빈 무한한 공간만큼 커진다. 마음의 공간이 커지는 만큼 답도 쉽게 굴러나온다.

5 있는 그대로 관찰하면
텅 빈 공간(眞空)이 나타난다

몸에 귀를 기울이면 꼭 필요한 만큼만 먹게 된다

한 직장동료는 20년 넘게 과체중에 시달려왔다. 키 173센티미터 정도에 몸무게는 80킬로그램을 오르내렸다.

"살 빼려고 안 해본 짓 없어요. 헬스클럽도 다녀보고, 뛰어보기도 하고, 다이어트도 하고…"

그도 역시 두뇌의 의지로 살을 빼려 했다. 그러다 보니 살을 빼는 게 고역이고, 효과도 거의 없었다. 억지로 몇 킬로그램 빼고 나면 어느새 다시 살이 쪘다.

"회식하거나 술을 마시고 나면 금세 살이 불어나는데요."

먹고 싶은 충동을 의지로 꾹꾹 짓눌러놓으니 충동이 더욱 거세게 고개를 들고 일어나는 것이었다. 나는 그에게 이런 질문을 던져보았다.

"몸이 뭘 원하는지 진지하게 귀를 기울여본 적 있나요?"

그가 갑자기 뒤통수를 얻어맞은 듯 두 눈을 크게 떴다. 나는 그에게 살을 빼겠다는 모든 생각을 완전히 내려놓으라고 했다.

"될 대로 돼라, 이렇게 생각해보면 어떨까요? 단, 몸에게 어떤 강요도, 간섭도 하지 말고 몸이 뭘 원하는지 그냥 있는 그대로 귀를 기울이기만 하는 겁니다."

그는 정말 모든 걸 몽땅 내려놓았다. 살을 빼기 위해 운동도 하지 않았고, 일부러 식사량을 줄이지도 않았다. 대신 뭘 먹거나 먹고 싶을 때 몸에 귀를 기울였다. 회식할 땐 대화에 정신을 팔기보다는 몸속의 움직임에 귀를 기울였다. 몸이 음식을 어떻게 받아들이고 반응하는지 있는 그대로 정성껏 관찰했다. 음식을 씹을 때의 맛은 어떤지, 입안의 감촉은 어떤지, 그리고 음식을 삼키면 뱃속에선 어떤 부위가 어떤 반응을 보이는지 자세히 느껴보았다. 그러자 점점 신기한 반응들이 나타났다.

"너무 많이 먹으면 갑자기 배가 아파져요. 배탈이 나서 화장실에 가기도 하고요."

몸에 신경을 쓰지 않고 먹을 땐 전혀 그런 일이 없었다. 몸이야 어떻게 되든 말든 완전히 무시한 채 먹으니 몸도 그런 섬세한 반응을 보이지 못했던 것이다. 하지만 이제는 조금만 많이 먹어도 몸이 먼저 반응을 보였다.

"몸이 스스로 적당히 알아서 먹는 지능을 갖고 있다는 사실을 처음 알았어요. 참 신기하네요."

음식량이 줄어들자 체중도 저절로 빠지기 시작했다. 불과 서너 달 만에 무려 10킬로그램이나 빠졌다. 몸에도 지능이 있다. 심장, 호흡, 혈액, 100조 개의 세포들이 자동으로 돌아가는 것도 몸에 지능이 있기 때문이다. 생각만 끼어들지 않으면 저절로 완벽하게 돌아간다. 몸을 돌아가게 하는 지능은 어디서 흘러나오는가? 바로 텅 빈 공간이다. 텅 빈 공간에 흐르는 무한한 마음이 몸을 지켜보고 가장 자연스러운 상태로 돌아가도록 해준다.

스위스 과학자들이 사람들의 눈을 가린 채 음식을 먹도록 해보았다. 그러자 사람들은 평소보다 25퍼센트나 덜 먹었다. 눈을 감고 먹으면 음식의 맛이나 입안에서의 감촉 등을 제대로 음미하며 먹게 되기 때문이다. 즉, 음식을 제대로 음미하며 먹을수록 몸이 꼭 필요한 만큼 먹게 되는 것이다.

완싱크(Brian Wansink) 교수도 우리가 음식을 음미하지 않고 먹으면 훨씬 더 많이 먹는다는 사실을 여러 실험으로 입증하고 있다. 예를 들어 TV를 보거나 잡담을 하면서 먹으면 혼자서 조용히 먹을 때보다 훨씬 더 많이 먹게 된다. 하지만 텅 빈 무한한 마음에 완전히 맡기면 몸이 스스로 필요한 만큼만 알아서 먹는다.

있는 그대로 관찰만 해보라

식사할 때마다 위통 때문에 얼굴을 찡그리는 친구가 있었다. 하지만 병원에 가면 겉으로 드러나는 증세가 없었다. 직장에서도 잘 나가는 친구였는데 밥을 먹을 때마다 배를 움켜쥐고 고통스러워하곤 했다.

"큰 병원에 가서 정밀 검진을 받아봐야겠어. 뭐가 단단히 잘못된 거 같아."

그의 얼굴에 수심이 가득했다.

그가 건강한 위를 갖기 위해서는 무엇을 관찰해야 하는가? 두말할 나위 없이 위이다.

"식사할 때마다 위가 어떻게 변화하는지만 주의 깊게 관찰해봐. 그냥 있는 그대로."

그런 방식으로 그의 위는 정말 변화했을까?

그가 한 번은 몹시 피곤한 몸으로 귀가했다. 식구들은 이미 저녁식사를 마친 뒤였다. 그는 평소대로 TV를 틀었다. 뉴스에 채널을 돌렸다. 평생 뉴스를 직업으로 삼아온지라 뉴스를 꼼꼼히 챙겨보는 습관이 몸에 배어 있었다. 아내가 차려준 식사를 하면서도 TV에서 눈을 떼지 않았다.

"석간신문은?"

평소처럼 아내가 석간신문을 갖다 주었다. 밥을 먹으면서 뉴스를 시청하며 동시에 석간신문을 읽고… 그의 오랜 습관이었다. 갑자기 또 배가 아파왔다. 배를 움켜쥐는 순간 문득 생각이 떠올랐다.

'아 참, 배가 아프면 관찰해보라고 했지.'

그는 배가 어디서, 어떻게 아파오는지를 관찰하기 시작했다. 명치 윗부분 같았다. 그는 그 부분이 움직이는 걸 좋다, 나쁘다 판단하지 않고 가만히 관찰해보았다. 아픔이 거세졌다, 약해졌다를 반복했다. 그 움직임을 흘러가는 그대로 계속 관찰해보았다. 신기하게도 아픔은 점점 수그러들었다. 그는 다시 TV와 신문을 번갈아가며 보기 시작했다. 그러자 잠시 후 다시 배가 아파왔다.

'또 시작이네!'

그는 이번에는 위를 관찰하면서 자신의 밥 먹는 모습도 함께 관찰해보았다. 입에 밥이 들어가는지 않는지도 모른 채 눈은 TV와 신문을 번갈아가며 보고 있는 자신의 모습이 처음으로 실감 나게 다가왔다.

'난 밥 먹으면서 TV도 보고, 신문도 보는구나.'

그 사실을 깨닫는 순간 그의 눈은 저절로 식탁 위의 음식으로 옮겨졌다. 그러면서 위의 통증도 서서히 사라졌다.

대인관계도 마찬가지 이치로 돌아간다.

"후배들이 왜 나를 나쁘게 평가하는 거지?"

한 동료가 자못 심각한 표정으로 말했다. 당시 우리 회사엔 직원들이 상사를 평가하는 이른바 상향평가 제도가 있었다. 평가결과가 나쁘면 승진에서 탈락했다. 그러던 중 어느 날 화장실에서 직원들이 자신에 대해 수군거리는 말을 들었다.

"부장님이 너무 권위적이야."

"정말 그래. 같은 말이라도 명령조야. 불쾌하게."

그는 그제야 자신이 왜 나쁜 평가를 받는지 깨달았다.

만일 내가 남에게 권위적으로 보인다면 그건 나 자신을 살펴보지 않기 때문이다. 나를 자세히 관찰하면 나는 저절로 변화한다.

"앞으로 직원들한테 말을 건넬 때 '내 입에서 지금 어떤 말이 나가고 있지?' 하고 살펴봐. 있는 그대로 살펴보기만 해."

일주일만 그렇게 해보라고 일러주었다. 일주일 후 그가 말했다.

"거참, 신기한 일도 다 있네."

들뜬 목소리였다.

"전에는 내가 어떻게 말을 하는지 전혀 몰랐어. 그런데 내 말을 잘 관찰해보니 내가 얼마나 권위적으로 말하는지를 저절로 깨닫게 되더군.

300

그러면서 저절로 내 말투가 바뀌게 되고. 내 말투가 바뀌니 직원들의 태도도 달라지기 시작하고."

심지어 그에게 미소를 짓는 직원들도 생겼다.

"일주일간 자신을 관찰해봤으니 이번에는 일주일간 직원들을 관찰해봐. 직원들의 눈 맞춤이나 몸짓, 말투 등을 어떤 평가도 하지 말고 그냥 자세히 관찰만 해보라고."

그는 선뜻 그러마 하고 대답했다. 일주일 후쯤 지나 그가 나를 찾아왔다. 이번에는 더욱 들뜬 목소리였다.

"요술 같은 일이네! 난 직원들을 관찰하기만 했는데 나를 바라보는 눈길이 완전히 달라졌어!"

"달라지다니?"

"직원들이 나를 보면 활짝 웃어, 하하하."

내가 내 행동을 아무 비판 없이 객관적으로 관찰하노라면 내 행동의 문제점이 저절로 드러난다. 그러면서 나도 모르게 내 행동을 고쳐나가게 된다. 남의 행동을 아무 비판 없이 객관적으로 관찰하노라면 남도 자신의 행동을 고쳐나가게 된다.

모든 행동이 그렇다. 예컨대 나는 지금 뙤약볕 아래서 몇 시간째 일하고 있다. 그래서 몹시 목이 마르다. '어, 저기 물주전자가 있네?' 나는 물주전자를 향해 걸어간다. 내 다리를 움직이게 하는 건 누구인가? 두 뇌가 '내 다리를 한 걸음씩 움직여야지' 하고 생각할까? 아니다. 나는 단지 '난 목이 마르다', '물주전자가 저기 있다'고 관찰만 하고 있을 뿐이다. 이렇게 관찰하고 있을 뿐인데도 내 다리가 스스로 물주전자를 향해 움직이는 것이다.

마찬가지로 만일 내가 고속도로에서 운전을 하고 있다면? 내 차가 가장 안전하게 굴러가도록 하기 위해 나는 무엇을 해야 하는가? 차의 속도, 차선, 다른 차들과의 거리 등을 관찰하는 일이다. 이런 요소들을 자세히 관찰할수록 내 몸은 스스로 차를 안전하게 운전하게 된다.

이렇게 어떤 감정이나 생각을 덧대지 않고 모든 방향에서 있는 그대로 관찰하는 건 누구인가? 바로 텅 빈 공간이다. 있는 그대로 관찰하기만 해도 텅 빈 공간이 나타나 모든 걸 물결처럼 흘러가게 해준다.

생각만 끼어들지 않으면 몸이 알아서 공을 쳐준다

'어쩌면 저렇게 몸의 움직임이 물결처럼 유연하게 흘러갈까?'

어느 날 창밖으로 한 여성이 테니스를 치는 장면이 들어왔다. 보아하니 나이 지긋한 평범한 주부 같았다. 그런데 상대편 남자들이 비수처럼 내리꽂는 공들을 척척 받아넘겼다. 테니스를 물결처럼 친다는 건 몸이 저절로 알아서 쳐준다는 얘기다. 무아의 경지에 이르면 생각이 사라진다. 그리고 모든 행동이 물결처럼 흘러간다.

《테니스의 내면 게임》(The inner game of tennis)의 저자 골웨이(Timothy Gallwey)는 하버드대에서 수십 년간 테니스 코치로 일하면서 신기한 사실을 발견했다. 학생들에게 "자세가 틀렸어", "그렇게 하면 안 돼", "이렇게 해야 돼" 등 잔소리를 많이 할수록 실수도 더 많아진다는 것이었

골웨이

"잘 치겠다는 생각을 멈추고 공과
몸의 움직임을 있는 그대로 관찰하면
몸이 스스로 알아서 공을 쳐준다."

© Quim Roser

다. 학생들 자신이 내뱉는 잔소리도 마찬가지였다. 예컨대 '오늘은 왜 잘 안 되는 거지?', '또 실수했네', '내 팔의 각도가 틀린 것 같아', '이번에는 실수하지 말아야지' 등 자신을 비판하는 잔소리가 많아져도 역시 실수가 더 많아졌다.

"테니스를 하다가 공이 라켓 한가운데에 맞지 않는다고 투덜거리는 사람들이 있어요. 저는 그런 사람들에게 이렇게 말해주지요. '공이 잘 안 맞는다고 불평하지 마세요. 그럼 공이 더 안 맞게 됩니다. 뭘 바꾸겠다는 생각을 하지 말고 공이 라켓의 어느 부분에 떨어지는지만 그냥 관찰해보세요. 그럼 공이 저절로 라켓의 한가운데에 맞게 됩니다.'"

당신이 난생처음 테니스를 친다고 가정해보자. 공이 날아온다. 그 순간 어떤 생각이 들까?

'실수하면 어떡하지?'

당신은 공을 공으로 생각하지 않고 위협으로 생각한다. 그러다 보니 공이 제대로 맞을 리 없다. 또 공이 날아든다.

'이번에 또 실수하면 어떡하지?'

또 실수하게 된다. 공이 제대로 안 맞으면 더욱 조바심낸다.

'왜 공이 안 맞는 거지? 왜 오늘은 잘 안 되는 거지?'

이런 부정적 생각은 공이 라켓에 정확히 떨어지게 하는 데 전혀 도움이 안 된다. 왜냐하면 '공이 안 맞는다'는 생각이 내 마음속에 들어오면 그 생각대로 실제로 공이 안 맞게 되기 때문이다.

"공을 잘 쳐야겠다는 생각을 멈춰야 해요. 생각이 시야를 가리는 겁니다."

그럼 잔소리, 즉 생각을 완전히 멈추면 어떨까? 놀랍게도 최고의 능력이 나온다. 심지어 생전 테니스를 한 번도 쳐보지 않은 사람도 마치 최고의 선수처럼 놀라운 능력을 발휘한다. 왜 이런 현상이 나타날까? 몸을 움직이는 건 텅 빈 공간이다. 생각만 끼어들지 않으면 텅 빈 공간이 몸을 완벽하게 움직여준다.

텅 빈 공간은 모든 방향에서 모든 시각으로 모든 걸 보기 때문에 모든 걸 안다. 공의 각도, 라켓의 각도, 몸의 자세 등 공을 정확히 치는 데 필요한 모든 것을 스스로 정교하게 계산해낸다. 그리고 그냥 공을 칠 뿐이다. 설사 공이 잘 안 맞더라도 판단하거나 심판하지 않는다. 스스로 바로잡는다. 내가 원하는 곳에 공이 떨어지도록 해준다. 인간의 두뇌와는 비교조차 할 수 없는 정교한 지능을 가진 초능력자인 것이다. 골웨이는 공이 날아오는 순간 아무 생각 없이 공을 자세히 관찰하기만 하라고 조언한다.

"공이 라켓에 맞는 순간 낮게 날아오는지, 높게 날아오는지, 평행하게 날아오는지 주의를 기울여 관찰합니다. 뭔가를 바꾸려 하지 말고 오로지 공이 어떻게 날아오는지만 관찰하세요."

그에 따르면 사람들이 공을 못 치는 이유는 오로지 하나다. 공을 100 퍼센트 관찰하지 않고 다른 생각을 하기 때문이다. 마음이 100퍼센트 공에 가 있다면 공은 100퍼센트 맞게 된다. 이런 말을 듣는 사람들은 처음엔 반신반의한다. 하지만 그가 코치해주는 대로 하면 누구나 최고가 된다.

스탠퍼드 대학과 카네기 멜론 대학이 공동연구한 결과도 이런 원리를 확인해준다. 감정을 느끼지 못하는 사람들이 투자를 더 잘한다는 것이다. 이들은 IQ나 논리력 등 다른 두뇌기능은 정상이지만, 뇌졸중 등의 질병으로 인해 두려움이나 걱정 등의 부정적 감정은 느끼지 못하는 사람들이었다. 그런데도 이들은 투자 게임에서 두뇌 기능이 정상인 사람들보다 13퍼센트나 더 많은 수익을 올렸다

심리학자 스피탈니(Gloria Spitalny) 박사는 이렇게 말한다,

"골프 선수들은 경기 시간의 86퍼센트를 생각이나 감정과 싸우는데 보냅니다. 경기가 제대로 풀리고 있는지, 앞으로 어떻게 풀릴 것인지, 기쁨이나 분노를 느끼면서 경기에 집중하는 데 시간을 보내죠."

골프 경기 중 86퍼센트의 시간이 경기가 아닌 것에 허비된다는 말이다. 다시 말해 경기의 승패를 가르는 가장 중요한 요인은 골프 실력이 아니라 생각과 감정을 다스리는 것이라는 얘기다. 공부나 일은 그렇지 않은가? 공부한다고 책상에 앉아 있지만 실제로 공부에 완전히 집중하는 시간은 뜻밖에도 짧다. 대부분의 시간은 '공부하기 지겹다,' '지루하다' 등 다른 생각과 싸우는 데 허비된다. 만일 모든 시간이 공부에만 100퍼센트 집중된다면? 전교 1등은 따놓은 당상일 것이다.

6 좋아하는 장면을 상상하면 마음이 활짝 열린다

좋아하는 동물, 꽃, 물고기를 상상하라

한 40대 중년여성은 겉으로 보면 날씬하고 건강해 보였다. 그런데도 고지혈증과 지방간 증상이 있었다. 콜레스테롤 수치도 273이나 됐다. 살은 찌지 않았지만 근육은 적고 지방은 아주 많았기 때문이다. 의사가 단호하게 말했다.

"암에 걸리거나 단명할 확률이 아주 높아요. 적극적으로 운동을 하셔야 합니다." 하지만 여성은 얼굴을 찡그렸다.

"전 운동은 너무 싫어해요. 어떡하죠?"

의사는 그녀와 대화하다가 그녀가 개를 무척 좋아한다는 사실을 알았다. 병원에 올 때도 개를 데리고 올 정도였다.

"개를 사랑하시는군요? 그럼 시간이 날 때마다 개를 데리고 산책을 하세요. 다른 때에도 개와 산책하는 장면을 상상하세요. 자주 상상할수록 좋습니다."

의사가 시키는 대로 그녀는 날마다 개와 산책하는 장면을 상상했다. 한 달 후 놀라운 변화가 나타났다. 273이었던 콜레스테롤 수치는 207

로 떨어졌다. 고지혈증과 지방간 증상도 거의 사라졌다.

또 다른 부인은 고혈압과 우울증으로 병원을 찾았다. 이렇다 할 원인
도 없는데 자신이 이 세상에서 가장 불행한 인간이라고 믿고 있었다.
낮에는 꾸벅꾸벅 졸고 밤에는 잡념과 환청으로 잠을 이루지 못했다. 비
만도도 플러스 25 정도로 상당히 높았고 총 콜레스테롤 수치도 275나
됐다. 이 부인은 유난히 꽃을 좋아했다.

"제가 환자분께 꽃이 가득 담긴 비디오를 보여드릴게요."

의사는 그러면서 그녀의 뇌파를 촬영해보았다. 알파파가 급격히 늘
어났다. 알파파는 생각이 사라질 때 나타나는 뇌파이다.

"오늘 보신 비디오를 집에 가서도 틈틈이 보세요. 그리고 비디오에
서 본 꽃이 가득한 장면을 자주 상상하세요."

이 부인 역시 불과 몇 주 만에 우울증에서 벗어났고 혈압도 크게 떨
어졌다.

위 사례들은 일본의 저명한 의사인 하루야마 사게오 박사가 쓴《뇌
내혁명》에 나온 것들이다. 가장 좋아하는 일을 상상하면 마음이 활짝
열린다. 그러면서 몸의 흐름을 막는 부정적 생각들이 빠져나간다.

"방 안에서 1분간 소리 내어 책을 읽어보세요."

사람들에게 책을 낭독하도록 하자 혈압이 금세 치솟았다. 그런 다음
어떤 사람들에게는 20분간 빈 어항을 보게 했다. 다른 사람들에게는 물
고기들이 자유로이 오가는 어항을 보도록 했다. 혈압을 다시 재보았다.

"어, 혈압이 뚝 떨어졌네!"

물고기가 든 어항을 본 사람들의 혈압은 정말 뚝 떨어졌다. 반면, 빈 어항을 본 사람들의 혈압은 별로 변하지 않았다. 펜실베이니아 대학의 벡(Alan Beck) 교수가 실시한 실험이다.

"어항만 봐도 혈압이 약간 떨어지긴 하지만, 곧 다시 올라가요. 반면, 어항 속의 물고기를 보면 혈압이 지속적으로 낮아져요."

어항 속에서 자유로이 노니는 물고기들을 보면 어떤 장면이 연상되는가? 그렇다. 자유로운 넓은 공간이 연상된다. 그러면서 어둡던 생각들이 저절로 풀려나간다. 동시에 혈류도 자유로이 흘러간다. 혈압도 떨어진다.

© purdue.edu

치매요양원들은 환자들에게 식사를 줄 때 큰 고민이다. 복도를 정신없이 뛰어다니는 환자가 있는가 하면, 너무 기력이 떨어져 잠만 자는 환자들도 있기 때문이다. 퍼듀 대학의 에드워즈(Nancy Edwards) 교수는 치매 요양원에 어항을 갖다놔봤다. 그랬더니 색깔이 밝고 화려한 물고기들을 본 치매환자들은 최고 21퍼센트나 더 잘 먹었다. 행동도 기민해졌다. 길을 잃고 서성이거나 소리를 지르는 등의 행동도 부쩍 줄어들었다. 한 환자는 갑자기 교수에게 다가와 말을 걸었다.

"교수님, 이 수족관에 물고기가 몇 마리 들어 있죠?"

교수는 깜짝 놀라 대답했다.

"여섯 마리요."

그러자 환자가 다시 말했다.

"제가 세어봤는데 한 번은 여섯 마리, 또 한 번은 여덟 마리였어요."

교수는 너무나 놀랐다. 치매가 심해 평소 말도 못하던 환자가 말도 할 뿐 아니라 셀 수도 있었기 때문이다. 어항에 떠다니는 아름다운 물고기들을 보면 자유로운 공간이 연상돼 마음을 열게 된다.

과거의 즐거웠던 추억을 상상하라

한 63세 남성은 젊어서 항공사에서 일했다. 그래서 그런지 비행기를 무척이나 좋아했다. 하지만 은퇴하고 나서 당뇨병과 고혈압으로 건강이 크게 악화됐다. 공복 시의 혈당치가 273이나 됐다. 혈당이 너무 높아 정신이 몽롱할 정도였다. 의사가 물었다.

"지금까지 살아오면서 가장 행복했던 장면은 뭔가요?"

"비행기를 타는 거요."

의사는 무릎을 탁 쳤다.

"그럼 눈을 감고 비행기를 타고 하늘을 자유롭게 날아다닌다고 상상해보시겠어요?"

잠시 후 의사가 다시 물었다.

"어떤 장면이 보이나요?"

"구름 위를 떠다니는 게 너무나 자유로워요. 마치 천국을 날아다니는 거 같아요."

의사가 다시 말했다.

"그럼 앞으로 자주 눈을 감고 새처럼 하늘을 날아다니는 장면을 상상해보세요."

몇 주일이 지났다. 혈당치는 110 이하로 떨어졌다. 180까지 치솟았던 최고 혈압도 투약을 멈춘 상태에서 140까지 떨어졌다.

한 40대 남성은 당뇨병에다가 통풍증세까지 있었다. 전에는 조깅으로 건강을 유지했다. 조깅은 가장 큰 즐거움이기도 했다. 하지만 사고로 무릎을 다치면서 운동을 못하게 됐고, 증세가 갈수록 악화됐다. 스트레스가 많이 쌓였고, 밤에도 불을 켜놓고 잘 정도로 어두운 곳을 싫어했다.

"지금도 달리고 싶으시죠? 몸은 못 달리지만 상상 속에서는 맘껏 달릴 수 있습니다."

그 남성은 과거처럼 자유로이 조깅하는 자신의 모습을 자유로이 상상했다.

자주 상상에 빠지면서 건강은 빠른 속도로 좋아졌다. 200을 넘었던 혈당치도 150 이하로 떨어졌다. 요산치도 8.0 아래로 낮아졌다.

또 다른 남성은 58세인데도 벌써 치매 증세를 보였다. 1분 전에 자신이 한 말도 기억하지 못할 정도였다. 산책을 나갔다가 집을 찾아오지 못해 부인이 집 전화번호를 항상 주머니에 넣어주어야 했다. 좌절감 때문인지 가족들과 자주 말다툼도 벌였다. 병원에서는 남의 세탁물을 자신의 것이라며 가져가는 등, 소란을 일으키기도 했다. 의사는 이 남성이 과거 대단한 낚시광이었다는 사실을 알아냈다.

"환자분께선 낚시를 너무나 좋아하시는군요. 그럼 먼저 이 비디오를 보세요."

낚시하는 장면이 나오자 남성의 얼굴이 갑자기 환해졌다. 의사는 기회를 놓치지 않았다.

"과거에 낚시하시면서 겪었던 재미난 일들도 있지 않아요?"

남성은 과거의 기억을 더듬어가며 자랑스럽게 경험담을 털어놓기 시작했다. 그러면서 기억력도 되살아나기 시작했다.

"앞으로 틈이 날 때마다 눈을 감고 즐거웠던 낚시질을 차근차근 떠올려보세요."

몇 주 후 남성의 뇌파를 촬영해보니 알파파가 눈에 띄게 늘어났다. 치매증세도 많이 사라졌다. 30분 정도 산책한 뒤 혼자서 집을 찾아올 수 있었다. 콜레스테롤 수치도 떨어졌고 비만상태도 크게 낮아졌다.

좋아하는 게 있으면 마음이 닫히지 않는다

"시골에서 홀로 사시는 어머니를 뵈러 밤늦게 아내와 두 아들을 트럭에 태우고 달리던 중이었어요. 뒤에서 쾅 소리가 나서 옆을 보니 아내의 목이 뒤로 젖혀져 있었지요."

응급실에 달려가니 의사는 고개를 내저었다.

"생존 가능성은 없네요. 준비하십시오."

하지만 다행히 아내는 며칠 만에 깨어났다. 다시 병원에 데려갔더니 의사가 말했다.

"목뼈가 부러지면서 목의 신경이 끊어졌어요. 평생 목 아래는 전신마비 상태로 살아야 합니다."

사고를 일으킨 만취 운전자는 보험에도 들지 않은 것으로 드러났다. 교통사고라서 의료보험도 적용되지 않았다. 치료비를 감당하지 못하자 처가가 나섰다. 하지만 석 달쯤 지나자 처가도 파산지경에 이르렀다. 결국 그는 아내를 트럭에 싣고 다니며 호떡 장사를 시작했다. 하지만 환자를 싣고 다니는 호떡 장사가 잘될 리 없었다.

10년쯤 지났을 때 우연히 환경미화원 모집광고가 눈에 띄었다. 그는 '바로 저거다'라고 생각했다. 체구가 작고 깡마른 그는 평소 역기와 팔굽혀펴기 등 운동을 틈틈이 했었다. 젊은이들을 제치고 1등으로 환경미화원이 됐다. 하지만 새벽부터 출근해야 하는 직업인지라 아내가 문제였다.

"정부가 지원해주는 간병인의 도움을 받았지요. 하지만 그래도 힘들었어요."

성격이 깔끔했던 아내는 침대에 누워서도 시시콜콜 잔소리를 했다. 설거지를 해놓으면 "좀더 깨끗하게 해라", 바닥 청소를 해놓으면 "다시 해라"라는 식으로 간섭했다.

"시집살이가 따로 없었지요. 너무 힘들고 지칠 땐 도망가고 싶다는 생각이 들기도 했어요. 간병에 효자 없다는 말도 있잖아요."

김동덕 씨는 지난 20년간 전신마비 아내의 손발 노릇을 해오고 있다. 그는 어디서 힘을 얻고 있을까?

그는 산골에서 자랐다. 네 살 때 아버지를 여의고 홀어머니 밑에서 자랐다. 어머니는 자식을 먹여 살리기 위해 온종일 일하러 다녔다.

"산 속 초가집에서 어린아이가 얼마나 심심했겠습니까? 그래서 저는 산토끼나 다람쥐 같은 동물들을 친구 삼아 놀곤 했지요. 그러다 보니 동물을 좋아하게 됐어요."

어떤 동물을 키울까 고민하다가 당나귀를 선택했다. 가격도 싸고, 키우기도 쉬웠기 때문이다. 새끼 당나귀 두 마리를 분양받았다. 처음엔 말을 잘 안 들어 애를 먹었다. 하지만 자주 쓰다듬어주고 사랑을 베풀자 사람처럼 따르기 시작했다. 아내 병수발에 몸과 마음이 지칠 때면 당나귀들을 찾아가 하소연한다.

"제가 '얘들아~' 하고 부르면 당나귀들이 제게로 달려와요. 그리고 제 말에 귀를 기울여주죠. 제 말을 듣고 정말 이해한다는 듯이 눈물을 줄줄 흘리기도 해요. 하하하."

그는 당나귀들을 가족처럼 아끼고 사랑한다. 지칠 때마다 당나귀들에게 속마음을 풀어놓으면 새로운 힘이 샘솟곤 한다. 그가 20여 년간 매일 꼿꼿하게 아내의 얼굴을 닦아주고, 양치질을 시켜주고, 목욕시켜주고, 밥을 먹여주고, 잔심부름을 해줄 수 있는 원동력도 바로 진심으로 좋아하는 게 있기 때문이다.

좋아하는 게 단 하나만 있어도 마음은 닫히지 않는다. 마음만 닫히지 않으면 어두운 생각에도 갇히지 않는다. 청소년기까지 외톨이로 살았던 아인슈타인은 이런 글을 남겼다.

"비록 나는 일상에서 전형적인 외톨이였지만, 진실, 아름다움, 정의를 추구하는 보이지 않는 사람들이 있다는 사실을 아는 것만으로도 고립감에서 벗어날 수 있었다."

5

시야를 무한히 넓히려면?

1 왓칭은 '들여다보기'이다

들여다보면 텅 빈 공간이 생긴다

몇 년 전 시골에 내려가서였다. 아침 일찍 일어나 빈 방에 들어갔다. 눈을 감고 왓칭을 시작했다. 마음속에 어떤 생각이 떠다니는지 가만히 들여다보았다. 생각이 떠오르면 바라보고, 또 떠오르면 바라보고⋯ 생각은 바라보면 사라졌다.

'다음 생각은 어디서 떠오를까?'

텅 빈 공간을 가만히 지켜보았다. 마치 숲 속의 올빼미가 어둠 속에서 먹잇감이 떠오르길 지켜보듯. 얼마나 지났을까?

'어?'

갑자기 양손과 팔이 마치 전류에 감전된 것처럼 부르르 경련을 일으켰다. 순식간에 너무나도 황홀한 무한한 공간이 활짝 펼쳐졌다. 아름다운 투명한 빛이 가득한 바다였다. 너무나도 순수하고 명징한 의식만 남았다.

'아, 드디어 고향을 찾았구나.'

공허하던 마음이 난생처음 가득 차오르는 걸 느꼈다. 내가 그토록 하늘을 그리워하며 살았던 것도 바로 그 때문이었을까?

나는 과거 마음이 머릿속에 들어 있다고 생각했다. 그런데 머릿속은 들여다보는 순간 텅 빈 공간으로 변한다는 사실을 깨달았다.
"아하! 그래서 사람들은 '생각이 떠오른다'고 말하는구나!"
마음의 공간에 울타리가 있을까? '다음 생각은 어디서 떠오를까?' 하고 이 구석 저 구석 가만히 살펴보면 아무 울타리도 없다는 사실을 알게 된다. 생각이 사라지면 그냥 무한한 공간이다.

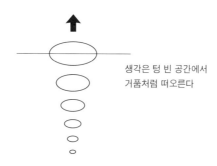

생각은 텅 빈 공간에서
거품처럼 떠오른다

〈마음속 들여다보기〉

1. '내 마음속엔 지금 어떤 생각이 떠 있지?' 하고 가만히 들여다본다.
   들여다보면 사라진다.
2. 다른 생각이 또 떠오르면 똑같은 방법으로 공간 속을 들여다본다.
   그럼 또 사라진다.
3. 생각이 사라지면 '다음 생각은 어디서 떠오를까' 하고 주시한다.
   텅 빈 공간이 지속된다.

육안으로는 마음속을 들여다볼 수 없다. 그래서 마음의 눈으로 들여다봐야 한다. 들여다보는 순간 저절로 공간 속을 들여다보게 되고, 생각도 역시 저절로 사라진다. 생각은 들여다보면 꺼지는 거품이기 때문이다. 눈을 감고 왓칭하려면 상당한 연습이 필요할 수도 있다. 눈을 감고 있으면 졸음도 쏟아지고 잡념까지 끼어들기 때문이다. 왓칭과 졸음, 잡념이 서로 숨바꼭질을 한다. 하지만 연습을 하면 할수록 마음의 공간은 점점 더 커지고 맑아진다. 그러면서 쉬워진다.

가만히 들여다보면 생각과의 거리가 생긴다

"저는 고등학교 3학년 학생인데요, 입시 준비 때문에 집중해서 공부해도 시간이 모자라는데 온갖 잡념 때문에 지난 몇 개월간 시간만 허비하고 있습니다. 성적도 떨어지고요. 밤 12시쯤 되면 더욱 잡념이 들고 제가 무슨 판타지의 주인공인 것처럼 별의별 판타지 속에 빠져버리기도 해요. '이러면 안 되는데. 왜 자꾸 잡념만 생기지? 왜 잠이 안 오지?' 이런 생각이 들면 더욱 잠도 안 와요. 시계도 보고, 뒤척이고 하다 보면 시간은 자꾸 가고. 잠들기도 너무 힘듭니다. 이렇게 잠을 못 자고 나면 다음날 공부는 더욱 안 되고 잡념만 걷잡을 수 없이 떠올라요. 제발 저 좀 도와주세요."

공부할 땐 공부하는 내용에 초점을 맞춰 생각해야 하기 때문에 시야가 좁아진다. 시야가 좁아지면 마음의 공간이 닫혀버린다. 마음의 공간을 닫아놓고 있으면 그 속에 많은 생각이 갇혀버린다. 잡념도 끼어든다. 잡념은 억누르면 억누를수록 더욱 거세게 일어난다. 잡념도 에너지의 물결이기 때문이다. 억눌린 잡념을 품고 있으면 공부에 집중하기도 어렵고, 잠도 잘 오지 않는다.

"전 초등학교 4학년 때부터 컴퓨터 게임에 빠졌어요. 겨우겨우 대학에 들어가서도 게임에 빠져서 휴학까지 했죠. 집에만 틀어박혀 있다 보니 나중엔 집 밖으로 나갈 엄두가 나지 않았어요. 언젠가 큰맘 먹고 동네 슈퍼에 갔는데 갑자기 손이 떨리고 심장도 터질 것 같고 숨도 멎을 것 같았어요. 정신과에 갔더니 우울증에 공황장애라는데 아무리 약을 써도 안 나아요. 어떡하죠?"

모든 생각은 에너지의 물결이다. 장기간 흘려보내지 않은 채 품고 있으면 마음속에 틀어박힌다. 정체기간이 길면 길수록 더욱 깊이 틀어박힌다. 나중엔 넓은 공간에 나가는 게 두려워진다. 약을 먹어도 나을 리 없다. 그렇다면 어떻게 해결해야 할까? '나'를 생각으로부터 분리시켜야 한다.

"머릿속에 든 생각을 어떻게 분리시키지?"

분리시키는 방법은 너무나도 간단하다. 마음의 눈으로 마음속을 가만히 들여다보는 것이다. 들여다보는 순간 생각과 '나' 사이엔 거리가 생긴다. 거리가 생기면서 생각과 '나'는 저절로 분리된다.

'아하! 생각은 내가 아니었구나!'

'이렇게 쉬운 걸 그동안 내가 까맣게 모르고 살았다니!'

너무나도 간단해서 그동안 속고 살았다는 생각마저 들 것이다!

320

생각은 나와 분리되는 순간부터 내 주인행세를 하지 못한다.

"저는 저를 낳아주신 어머니께 패륜 행위를 하고 있습니다. 소리도
지르고, 욕도 하고, 밀치기도 하고, 때리기도 하면서 온갖 분노를 다 퍼
붓고 있어요. 도가 지나치다 못해서 제가 귀신들린 건 아닌지 하는 생
각이 들어요. 어머니가 집안의 모든 돈을 부동산 투자에 쏟아 부어서
지금 그 돈이 꽁꽁 묶여 있어요. 제 집까지 처분하고 나서 지금 거의 무
일푼입니다. 어머니만 보면 화가 치솟아요. 그리고 그 화를 잠재우지
못하는 저 자신에 대한 무력감이 저를 짓누르고 있습니다. 아버지는 심
근경색으로 쓰러지셨고요. 지금은 회복이 되셨지만, 어제 다시 심장이
아프다고 하시더라고요. 여러 가지 일들이 한꺼번에 들이닥치니 정말
너무너무 힘들어요. 죽고 싶다는 극단적인 생각이 들 때도 있고. 잠도
못 자고, 심장이 아파서 몇 개월째 일상적인 생활을 못하고 있어요. 이
유 없이 넘어지고, 쓰러지고, 아무 데서나 잠을 자고 그래요."

이 여성은 가정에서 벌어지는 드라마에 휘말려 고통스러워한다. 사
실은 마음속에서 벌어지는 드라마이다. 마음속에 짓눌려 있는 화, 절망
등 온갖 감정이 서로 뒤엉켜 싸우고 있다. 그러다 보니 누가 슬쩍만 건
드려도 화가 폭발한다. 그 모든 감정을 좁은 마음의 공간 속에 가둬놓
고 한 덩어리가 돼버렸기 때문이다. 그래서 심장까지 아프다.
하지만 '나'는 좁은 공간에 갇힌 고정된 존재인가? 아니다. '빛으로
된 나'는 몸 안팎을 자유로이 드나들 수 있는 무한한 존재이다. 몸 안에
서도, 몸 밖에서도, 가까이서도, 멀리서도, 몸속을 자유로이 들여다볼

수 있다. 들여다보는 순간 몸속은 텅 빈 공간이 된다. 공간에 떠 있는 화를 주시해본다. 화는 어디서, 어떻게, 어떤 강도로 타오르고 있는가? 통증은 심장의 어느 위치에서, 어떻게, 어떤 강도로 요동치는가? 이렇게 객관적으로 들여다보노라면 화와 통증은 저절로 나와 분리된다.

'아, 화와 통증은 '나'가 아니었구나!'

화와 통증이 온몸의 혈관을 타고 자유로이 퍼져나가도록 내버려둔다. 그 흐름을 있는 그대로 관찰해본다. 모든 감정은 텅 빈 공간에 떠올랐다 사라지는 에너지의 흐름이다. 내가 그 흐름을 가로막으면 나와 한 덩어리로 뒤엉키고, 가로막지 않으면 나와 분리돼 스스로 사라진다.

현실은 내 마음속을 들여다보는 거울이다

"아이구, 웬 머리가 그렇게 다 빠졌어? 가운데가 훤히 뚫렸네!"

한 직장 선배가 내 머리를 내려다보며 큰 소리로 외쳤다. 난 컴퓨터로 기사를 쓰고 있었다. 평소 허물없이 지내던 친구가 그런 말을 했더라면 가볍게 웃어넘길 수 있었을 텐데. 실제로 그날도 겉으로는 그냥 허, 허, 웃어넘기기는 했다. 하지만 속으로는 진땀이 확 났다. 마음속에 숨겨놓았던 큰 두려움을 들켰기 때문이다.

'머리가 빠지면 뭐가 두려운 거지?'

내 마음속을 가만히 들여다보았다. 그 속에 도사리고 있는 큰 두려움. 그건 늙어감에 대한 본능적 두려움이었다. 더 들여다보니 다른 두려움들도 달라붙어 있었다. 이러다가 정말 완전 대머리가 되는 거 아

322

닐까, 그렇게 되면 남들이 나를 어떻게 볼까, 나를 무시하지는 않을까, 아이들은 아빠를 어떻게 생각할까, 사회생활을 하는 데 손해는 안 볼까….

마치 감자 줄기를 잡아당기면 감자들이 줄줄이 딸려나오듯, 작은 두려움들이 줄줄이 딸려 나왔다. 그러고 보니 외모에 대한 집착이 도사리고 있었다. 나로서는 다소 의외였다. 왜냐하면 그동안 모든 두려움을 털어버렸다고 믿었기 때문이다.

나는 그 선배가 진심으로 고마웠다. 내 마음속에 숨어 있던 두려움들을 공개적인 자리에서 정면으로 바라보도록 해주었기 때문이다. 마음속의 어두운 감정 덩어리들은 너무나 끈덕지게 틀어박혀 있다. 그래서 그 덩어리들을 나 자신인 양 착각하게 된다. 나와 한 덩어리로 착각해 내 안에 숨어 있다는 사실조차 까맣게 잊고 산다. 하지만 현실에서 나타나는 신호들을 눈여겨보면 마음속에 어떤 것들이 숨어 있는지 알아차릴 수 있다. 그날 밤 산책하면서 내 마음속을 다시 한 번 들여다보았다. 마치 앓던 이가 빠져나간 듯 홀가분했다.

이건 무슨 그림일까? 거대한 물고기처럼 생긴 동물이 자신을 되돌아보는 그림이다. 아인슈타인의 프린스턴 대학 동료 물리학자였던 휠러(John Wheeler)가 그린 그림이다. 그는 아인슈타인의 생일파티에 참석해

대화하던 중에 냅킨에 이 그림을 그려 보여주었다. 우주는 원래 텅 빈 공간이었다. 그러다가 아득한 옛날 텅 빈 공간에서 아주 작은 꼬리처럼 시작됐다. 그런데 지금은 거대한 물고기처럼 커졌다. 우주라는 물고기가 지금의 시점에서 자신의 몸뚱이를 마치 내면 성찰하듯 되돌아보고 있다. 휠러는 아인슈타인에게 무슨 메시지를 전해주려고 이 그림을 그렸던 걸까?

"우주는 자신의 마음속에 무슨 생각들이 들어 있는지 들여다보기 위해 물질세계를 창조했다"는 메시지이다. 천체물리학자 세이건(Carl Sagan)도 "우주는 자신을 알기 위해 우리를 만들어냈다"라고 했다. 텅 빈 공간에 흐르는 무한한 마음이 환영의 세계인 우주를 창조했다면 분명한 목적이 있을 것이다. 그 목적은 바로 자신의 마음속에 어떤 생각들이 숨어 있는지 들여다보기 위해서일 것이다.

숲 속에 사는 한 강아지가 슬픔에 잠겨 있었다. 하루는 우연히 거울의 집에 들어섰다. 그런데 이게 웬일인가! 사방에서 슬픈 강아지들이 자신을 바라보고 있지 않은가?

'세상은 오로지 슬픔으로 가득한 곳이로구나!'

강아지는 아까보다 더욱 슬픈 얼굴로 어깨를 축 늘어뜨린 채 거울의 집을 나섰다.

숲 속에 사는 두 번째 강아지는 세상에 대한 분노와 좌절로 가득 차 있었다. 하루는 우연히 거울의 집에 들어섰다. 그런데 이게 웬일인가! 사방에서 분노와 좌절로 가득한 강아지들이 자신을 노려보고 있지 않은가?

'왜 나를 째려보고 있는 거야?'

강아지는 화가 치솟아 거울 속의 강아지들을 쏘아보았다. 그러자 거울 속의 강아지들도 지지 않고 더욱 화난 표정을 지었다. 강아지는 아까보다 더욱 분노에 가득한 얼굴로 거울의 집을 뛰쳐나왔다.

숲 속에 사는 세 번째 강아지는 기쁨으로 가득 차 있었다. 신이 나서 꼬리를 흔들며 거울의 집에 들어섰다. 그런데 이게 웬일인가! 사방에서 수백 마리의 강아지들이 꼬리를 흔들며 자신을 반기는 것 아닌가?

'세상은 오로지 기쁨으로 가득한 곳이로구나!'

강아지는 자신이 세상에 태어난 것 자체가 축복이라고 생각했다. 자신을 반겨주는 강아지들이 가득하니 아무 걱정도 없었다. 아까보다 더욱 행복한 표정으로 거울의 집을 나섰다.

여기서 강아지는 누구인가? 바로 나 자신이다. 그리고 거울의 집은 바로 내 눈앞의 현실이다. 내 마음이 두려움으로 가득하면 눈앞의 현실도 두려움으로 되돌아온다. 내 마음이 분노와 좌절로 가득하면 눈앞의 현실도 분노와 좌절로 되돌아온다. 내 마음이 기쁨으로 가득하면 눈앞의 현실도 기쁨으로 되돌아온다. 내가 마음속에서 보는 모든 것들은 어김없이 내 눈앞의 현실로 투사된다. 내 마음속의 생각은 내 현실을 실행시키는 프로그램이기 때문이다.

생각이 사라지면 현실도 사라진다. 그래서 부처는 "나의 모든 것은 내 생각의 결과물이다"라고 했다. 성경도 "두려워 떨던 것이 나에게 닥치고 무서워하던 것이 나에게 들이친다"라고 가르친다.

들여다보면 숨어 있는 생각이 보인다

'저 여성을 도와줘야 할까, 말아야 할까?'

어둑발이 내리는 여름 저녁, 한 여성이 건물 모퉁이 바닥에 아기를 누인 채 토닥이고 있었다. 너무나 사랑스런 모습이었다. 숙소로 돌아오면서 잠시 마주친 그 엄마의 눈길이 마음에 걸렸다. 아이들에게 그 엄마를 도와주면 어떨까 하고 슬며시 떠보았다. 딸아이가 말했다.

"그렇다고 매일 도와줄 수는 없잖아요? 스스로 일어서야지."

맞는 일이었다. 하지만 그 엄마에게 무슨 사정이 있는지 모르는 일이었다. 일을 하고 싶어도 도저히 방법이 없을 수도 있다. 저녁식사 후에도 여전히 그 엄마가 마음에 걸렸다. 나는 다시 밖으로 나가 그 엄마를 찾아보았다. 여전히 거기에 누워 있었다. 나는 그녀에게 약간의 돈을 건네주었다. 적선이 아니었다. 진심 어린 작은 선물이었다. 나 자신도 삶이 고달플 때 타인이 건네준 작은 따뜻한 말이나 선물이 얼마나 큰 위안이 되었던가.

"땡큐!"

그녀가 아무런 주저함도 없이 밝고 따뜻한 목소리로 말했다. 그 따뜻함이 내 가슴까지 흘러왔다. 아이들과 필리핀에 갔을 때의 일이다.

필리핀은 아열대 지방이라 건물 옆 보도에서 아기를 안고 자는 일은 있을 수 있는 일이다. 그 엄마는 자신의 처지가 불쌍하다는 생각은 안 했을 수도 있다. 하지만 그녀를 보자마자 내 마음속에서는 대뜸 '측은 하다'는 생각이 들었다. 그 순간 나는 내 마음속을 다시 들여다보았다.

'아, 내 마음속에 측은하다는 생각이 들어 있구나.'

정말 그랬다. 내 마음속에 '측은하다'는 생각이 안 들어 있었더라면 나는 그녀를 측은한 시선으로 바라보지 않았을 것이다. 내 마음속에 '측은하다'는 생각이 들어 있었기 때문에 그녀는 측은한 모습으로 내 눈앞에 나타났던 것이다. 하지만, 곧바로 내가 마음속의 생각을 고쳐먹고 '선물'로 생각하며 돈을 건네자 그녀도 감사히 받았다.

내게는 왜 인생을 측은한 눈으로 바라보는 습성이 있을까? 아마도 내 무의식에 저장된 이미지 때문일 것이다. 나는 가난한 농촌마을에서 정말 고통스럽게 태어났다. 태어나자마자 사경을 헤맸다 한다. 어떤 전염병이 나돌았었나 보다. 어머니는 나를 안고 한 시간쯤 걸어 돌팔이 의사를 찾아갔다. 의사도 어차피 죽을 아기라고 했다.

"마지막 순간이나 집에서 보내게 해주는 게 좋을 거요."

당시엔 아기가 태어나도 죽을지 살지 모르는 경우가 많았다. 어머니도 체념하고 집으로 돌아왔다. 먹은 게 별로 없어 젖도 잘 안 나왔다. 동네를 돌아다니며 젖을 구해 먹였지만 받아먹지 못했다.

"어쩔 수 없구나. 하늘에 맡기는 수밖에."

다들 체념하고 있었다. 며칠 후 죽어가는 나에게 누군가가 숟가락으로 끓인 물을 식혀 조금씩 입에 넣었다. 나는 기적적으로 살아났다. 그래서일까? 나는 어린 시절부터 살아가는 것 자체가 고통이라고 여기며 살아왔다. 식구들이 먹기 위해 쉴 틈 없이 고된 노동을 해야 하는 것, 힘센 아이들이 약한 아이들 괴롭히는 것, 병든 노인들이 고통스러워하는 것, 성장하면 정든 고향을 떠나야 하는 것, 착한 사람들이 힘들게 사는 것, 살아가기 위해 생존경쟁을 벌여야 하는 것, 가족 간에도 갈등이 생기는 것… 이 모든 것들이 내 눈에는 고통으로 보였다.

그래서인지 나는 직장에 들어가기 전까지도 어디 한 번 놀러가 본 적이 없었다. 할머니나 부모님이 여전히 땀을 흘리고 계시는 걸 뻔히 알면서 멀리 가서 놀고 싶은 생각이 들 리 없었다. 게다가 잠시 육체적 기쁨을 얻는 게 무슨 의미가 있나? 고통이 근원적으로 사라지지 않는 한 기쁨도 덧없는 일이었다. 기자생활을 하면서도 세상은 고통의 바다라는 생각을 지우기 어려웠다. 하루도 거르지 않고 쏟아지는 그 숱한 사건사고들. 살아남기 위해 아우성치는 그 많은 사람들. 사람들은 왜 태어나고, 무엇을 위해 사는 걸까?

결혼생활도 순탄치만은 않았다. 서로 행복한 삶을 다짐하며 시작한 것이었지만 낯선 감정끼리 부딪치는 게 참으로 힘겨웠다. 다행히 몰입적인 성격이라 일에서 성취감을 얻었다. 하지만 성취감이 지나가고 나면 늘 슬픔과 공허감이 밀려들었다. 특히 아이들을 잠재우고 혼자만의 시간이 생기면 가슴속에 밀려드는 공허함을 채우기 위해 책을 읽거나 책을 썼다.

왓칭은 나의 모든 걸 바꿔놓았다. 세상을 슬픔의 눈이 아닌, 내 마음속을 들여다보는 거울로 바라보게 됐다. 그래도 이따금 작은 슬픔이 밀려들곤 한다. 그래서 오늘도 눈앞에 펼쳐지는 현실을 거울삼아 내 마음속을 들여다본다.

2 들여다보기가 잘 안 된다면?

"이 생각을 무한한 공간에 풀어놓아줍니다" 하고 되뇌어라

'어?'

어느 날 아침. 나는 눈을 뜨자마자 소스라치게 놀랐다. 연한 담색 벽지에 검은 점들이 마치 잉크처럼 뿌려지는 것 아닌가! 눈을 감았다가 다시 보았다. 또 검은 점들이 뿌려졌다. 다시 눈을 감았다가 천장을 올려다보았다. 검은 점들이 천장으로 옮겨갔다.

'저게 무슨 신호지?'

두려움이 밀려왔다. 내가 너무 많은 죄를 짓고 살았었나 보다. 내 마음속에 털어내지 못한 검은 생각들이 아직도 많이 깔려 있다는 뜻일까? 나는 다시 초심으로 돌아가 마음속 밑바닥에 깊이 깔려 있는 모든 생각들을 샅샅이 들춰내기 시작했다. 남에게 입혔던 크고 작은 상처로 인한 죄책감, 괴로움, 수치심, 자괴감, 분노, 증오, 억울함, 슬픔, 절망… 돌이켜보니 내 안엔 너무나 많은 어두운 생각들이 깔려 있었다.

그런 생각을 일으킨 나의 행동들을 하나하나 뒤돌아보았다. 어릴 때 시골에서 개를 못살게 굴었던 일, 동네 친구에게 자신의 여동생을 때리면 사탕을 주겠다고 꾀어서 때리게 했던 일, 친구들과 하굣길에 옆 동네 걸인에게 돌을 던졌던 일, 사춘기 때 몰래 숨어했던 낯 뜨거운 행동들, 동생들을 다정하게 대해주지 못했던 일, 마음속으로 아버지를 욕했던 일, 결혼을 잘못했다고 생각하고 후회했던 일, 뒤에서 남의 욕을 했던 일, 방황하는 딸아이에게 화를 냈던 일, 불필요한 일에 시간을 낭비했던 일, 부정적 생각으로 인생을 허비했던 일….

이 모든 생각들을 하나하나 떠올리며 "이 생각을 무한한 공간에 풀어놓아줍니다" 하고 되뇌었다. 한 번에 안 되면 두 번, 세 번, 네 번, 몇 번이고 반복했다. 텅 빈 공간은 모든 걸 보고 듣고 안다. 모든 말도 알아듣는다. 생각을 떠올리며 "이 생각을 무한한 공간에 풀어놓아줍니다" 하고 되뇌면 실제로 풀려나간다.

너무나도 간단하면서 즉각적인 효과를 볼 수 있는 방법이다. 감정도 마찬가지다. 효과를 확인하고 싶다면 마음속에 떠오르는 어두운 생각의 강도를 0~10까지의 눈금으로 수치화시켜 바라보라. 예컨대 화나는 일이 자꾸 거세게 떠오른다면 '내 마음속에 지금 떠오르는 화의 강도가 얼마나 될까? 8 정도? 9 정도?' 하고 가늠해본다. 그리고는 "이 화를 무한한 공간에 풀어놓아줍니다" 하고 되뇌어본다. 되뇌면 되뇔수록 화의 강도는 7, 5, 4, 2 등으로 점점 약해지다가 나중엔 0이 돼버린다.

수치화시키면 왜 빨리 사라질까? 구체적으로 수치화하기 위해서는 모든 방향에서 객관적으로 정밀하게 관찰해야 한다. 즉, 허상이 아닌 진실을 보게 된다. 그렇게 관찰하노라면 화는 나로부터 자연스럽게 분리된다.

'화는 나와 한 덩어리가 아니었네!'

일단 분리된 화는 저절로 사그라진다. 왜냐하면 모든 감정이나 생각은 나한테 붙어 있을 때만 생존하는 에너지의 물결이기 때문이다. 일단 나와 분리되기만 하면 물결처럼 흘러가 스스로 사라지는 것이다.

이렇게 꾸준히 되풀이해나가자 매일 아침 눈뜰 때마다 벽지에 수놓아지는 무늬도 점점 밝아지기 시작했다. 검은 점들 대신 아름다운 꽃무늬나 알 수 없는 글자들로 바뀌어갔다.

'아하, 벽지에 새겨지는 무늬들은 내 속마음을 거울처럼 비춰주는구나.'

하지만 기복이 있었다. 나는 어두운 생각을 다 풀어놓아주었다고 생각했지만 그게 아니었다. 누가 내게 화풀이를 하면 내 안에서도 여전히 화가 올라왔다. 그러면 또 놓아주었다. 남이 내게 싫은 말을 하면 여전히 상처를 받았다. 그러면 또 놓아주었다. 모든 것을 용서해주었다. 나도 용서하고 남도 용서해주었다. 몇 달간 끊임없이 내 마음속을 샅샅이 들춰보았다.

그러자 나중엔 눈을 뜨면 벽에 무늬가 아닌 투명한 빛이 수놓아지기 시작했다. 때로는 투명한 하얀 빛이 마치 레이저 광선처럼 번쩍이기도 했다. 물론 이런 현상은 나만의 특이한 경험일 수도 있다. 어떤 경험이든 사람에 따라 달리 나타나는 것처럼 말이다. 중요한 것은 마음속에 깔려 있는 어두운 생각들을 놓아주면 놓아줄수록 시야가 점점 더 밝아진다는 것이다. 왜? 어두운 생각에 둘러싸여 있던 '빛으로 된 나'가 눈을 뜨기 때문이다. 그러면서 들여다보기도 쉬워진다.

페너베이커 교수

"어린 시절의 상처를 놓아주지 않으면
크고 작은 질병의 뿌리가 된다."

© utexas.edu

어두운 생각을 품고 있으면 우선 직접적으로 건강에 해가 간다. 텍사스대 심리학과장 페너베이커(James Pennebaker) 교수는 마음속에 품은 어두운 생각이 얼마나 해를 끼치는지 회사원 200명을 조사해보았다. 그 결과는 저서인 《열어놓음(Opening Up)》에 언급돼 있다.

"200명 가운데 가장 심각한 건강문제를 갖고 있는 65명은 어린 시절에 적어도 한 가지 깊은 상처가 있었고, 그 상처를 놓아주지 않은 것으로 나타났다. 이들은 암, 고혈압, 위궤양, 독감, 두통, 중이염 등 거의 모든 크고 작은 질병을 갖고 있는 것으로 진단됐다. 신기하게도 상처의 내용은 상관없었다. 상처를 남에게 털어놓지 않았다는 점이 유일한 원인이었다."

어두운 생각은 수명도 갉아먹는다. 노스캐롤라이나 대학의 달스트롬(William Dahlstrom) 교수는 의대생 255명의 분노 수치를 조사해보았다. 그리고 25년 후 이들이 모두 의사가 되었을 때의 사망률을 조사해보았다. 놀랍게도 분노 수치가 높았던 학생들은 사망률이 무려 일곱 배나 높았다.

"맙소사! 분노가 사람을 죽이는 독이로구나!"

교수는 법대생 118명을 대상으로 똑같은 조사를 해보았다. 재학생 때 분노 수치가 높았던 변호사들은 20퍼센트가 50세 이전에 사망했다. 반면, 분노 수치가 낮았던 변호사들은 불과 4퍼센트만 사망했다. 어두운 생각은 들여다보지 않으면 틀어박힌다. 하지만 들여다보면 사라진다. 들여다보면 꺼지는 허상의 거품이기 때문이다.

텅 빈 공간은 모든 말을 알아듣는다

평소 점잖은 것으로 알려진 한 남자직원이 성추행범으로 지목됐다. 술자리에서 한참 아래인 여직원의 등을 쓰다듬는 등 불쾌한 신체 접촉을 했다는 것이다.

"내가 아무리 술이 취했어도 그런 행동은 안 했을 거예요."

하지만 회사 내의 여직원 협회는 가해자를 고소하겠다는 말까지 했다. 가장이기도 했던 그는 겁에 질렸다. 소문도 퍼졌다. 내성적인 그는 얼굴을 들고 다닐 수 없었다. 마침내 회사를 그만두고 말았다. 하지만 그는 억울함과 분노를 억누를 길이 없었다. 수면제를 먹지 않으면 잠을 잘 수도 없었다. 나중엔 수면제도 듣지 않았다. 자다가 진땀을 흘리고 헛소리를 하기도 일쑤였다. 불과 두어 달 사이 몸무게도 7킬로그램이나 줄었다.

그가 걷잡을 수 없는 지경에 빠진 건 왜인가? 만일 그가 신속하게 진심으로 사과했더라면?

"난 성추행 기억이 전혀 없어. 왜 사과를 해?"

그는 피골이 상접한 채 아직도 자신의 시각에만 파묻혀 있었다. 누구나 자신의 시각으로 보면 자신이 옳다. 하지만 상대의 시각으로 보면 어떨까? 상대는 자신이 옳다고 생각한다. 상대는 자신이 성추행을 당했다고 믿고 있다. 따라서 상대의 마음을 풀어주려면 상대의 시각에서 봐야 한다. 나는 그에게 마음속에서 진심으로 상대 여성에게 용서를 빌어볼 수 있겠느냐고 물었다. 모든 사람의 마음은 텅 빈 하나의 무한한 마음으로 연결되기 때문이다.

그는 그날 반신반의하며 귀가했다. 하지만 지푸라기라도 잡고 싶었던 터라 처음으로 그녀의 입장이 돼보았다.

'내가 피해 여성이라면 어떻게 느낄까?'

그러자 그녀가 정말 불쾌감을 느낄 수도 있었겠구나 하는 생각이 들었다. 그러면서 꽉 닫혔던 마음이 느슨해지는 걸 느꼈다. 마음의 공간이 그녀에게까지 확장됐기 때문이다. 그러면서 용서를 빌 수도 있겠구나 하는 여유도 생겼다. 놀라운 변화였다. 그래서 마음속으로 진심 어린 용서를 빌었다. 그러자 신기하게도 1년 넘게 꾹꾹 짓눌러놓았던 모든 분노와 억울함이 일시에 사라지는 것 같았다. 사건 이후 처음으로 마음이 개운해짐을 느꼈다.

그는 내친김에 아내와 가족들에게도 다시 한 번 마음속에서 진심으로 용서를 빌었다. 그러고 나니 그의 말투나 눈빛, 행동이 달라지기 시작했다. 그러자 가족들의 말투와 눈빛도 달라지기 시작했다. 가장에 대한 분노와 실망, 실직에 대한 두려움 대신 신뢰감이 다시 싹트기 시작했다. 집안에 다시 웃음이 살아나기 시작했고, 몇 달 후 그는 새로운 직장을 잡았다.

텅 빈 공간은 모든 말을 알아듣는다. 그래서 마음속으로 용서를 빌면 상대의 내면도 알아차린다. 단 어떤 주저함도 섞이지 않은 진심이어야 한다. 다른 생각이 끼어들면 마음이 완전히 열리지 않기 때문이다. 내가 상대에게 잘못을 저질렀든 안 저질렀든 그건 중요하지 않다. 만일 상대가 불쾌감을 느꼈다면 상대의 시각에선 그게 옳다. 따라서 무조건 용서를 비는 게 해결책이다. 용서는 나를 위한 것이다.

나도 명상을 하면서 끊임없이 내면에서 용서를 구한다. 나와 삶을 함께했던 가족들에게 가한 크고 작은 상처들에 대해 용서를 구한다. 부부 갈등의 와중에서 고통스러워했을 아이들의 용서도 구한다. 내가 직장의 부서 책임자로 일하면서 직원들에게 가했을지 모를 상처에 대해서도 용서를 구한다. 돌아가신 증조할아버지, 할머니, 아버지에게도 용서를 구한다.

상대방의 두뇌는 지금 당장은 알아듣지 못할는지 모른다. 두뇌는 증폭된 생각만 인지하기 때문이다. 하지만 그의 내면은 알고 있다. 때가 되면 마침내 그의 표면의식도 알아차린다. 마음속의 걸림이 되는 모든 생각을 놓아주어야 시야가 투명해진다. 그러면서 무한해진다.

한 교수가 학생들을 모아놓고 말했다.

"여러분 음악이 얼마나 중요한지 잘 알고 있죠? 골치 아픈 문제를 풀고 있을 때 음악은 어떤 영향을 끼칠까요?"

그리고는 정말 보기만 해도 골치가 지끈지끈 아픈 문제들을 내주고 풀어보라고 했다.

"각 문제를 7초 이내에 풀어야 합니다. 빨리 풀어서 인터콤으로 답을 알려주세요."

그처럼 짧은 시간 내에 그 어려운 문제들을 풀어야 하다니! 학생들은 신경이 곤두섰다. 그런데 설상가상으로 교수가 갑자기 시끄러운 음악까지 틀어놓았다. 학생들은 머리가 쪼개질 것 같았다. 하지만 교수는 한 술 더 떴다. 시도 때도 없이 끼어들어 짜증을 부채질했다.

"이거 봐! 벌써 세 번째나 반복하는 말이야. 왜 내 말대로 안 해? 좀 크게 말하라고!"

학생들은 속이 터질 지경이었다. 하지만 사실은 교수가 일부러 학생들을 속 터지게 한 것이었다. 골치 아픈 문제를 내주고 짧은 시간 내에 빨리 풀라고 다그치면 누구나 화가 치솟는다. 교수는 왜 학생들을 이처럼 화나게 만든 것일까?

부글부글 끓어오르는 학생들을 보며 교수가 말했다.

"많이 화나죠? 방금 겪은 화나는 장면들을 마음의 눈으로 되돌아보세요."

교수는 학생들을 세 그룹으로 나눠 각기 다른 방법으로 45초간 화나는 장면들을 되돌아보라고 말했다.

　— 1그룹: "나의 관점에서 화나는 장면들을 되돌아보세요. 나를 화나게 했던 장면들이 지금 나한테 다시 벌어지고 있다고 상상하는 겁니다. 그러면서 '저런 감정이 왜 나한테 생기는 거지?' '저런 감정이 나한테 생기는 이유는 뭐지?' 하고 감정을 분석해보세요.
　— 2그룹: "남의 관점에서 화나는 장면을 되돌아보세요. 화나게 했던 장면들로부터 몇 발짝 떨어져 제3자의 눈으로 객관적으로 바라보는 겁니다. 그러면서 '저런 감정이 왜 저 사람한테 생기는 거지?' '저런 감정이 저 사람한테 생기는 이유는 뭐지?' 하고 거리를 두고 분석해보세요.
　— 3그룹:　화나는 장면들과는 무관한 일들을 상상해보세요. 예컨대 '연필은 흑연으로 만든다', '지구는 태양을 돈다' 등등.

　실험 직후 어떤 학생들이 가장 많이 화가 가라앉았을까?

　— 1그룹: 여전히 씨근거렸다. 혈압도 치솟았다.
　— 2그룹: 화가 가라앉았다. 혈압도 약간만 올랐다.
　— 3그룹: 화가 가라앉았다. 혈압도 약간만 올랐다.

　그렇다면 실험 일주일 후에는 어땠을까? 교수가 학생들에게 물었다.
　"일주일 전 화났던 장면들을 다시 떠올려보세요. 아직도 화가 나나요?"

놀랍게도 세 그룹 사이엔 큰 차이가 벌어졌다.

— 1그룹: 여전히 씨근거렸다. 혈압도 높아졌다.
— 2그룹: 화가 가장 많이 가라앉았다. 혈압도 낮아졌다.
— 3그룹: 여전히 씨근거렸다. 혈압도 높아졌다.

화나는 장면들을 멀찌감치 남의 시각에서 되돌아본 2그룹 학생들만이 화를 지속적으로 가라앉힌 것으로 나타났다. '나'의 시각으로 화나는 장면들을 되돌아보는 것은 화를 가라앉히는 데 별 도움이 되지 않았다. 또, 딴생각을 함으로써 화를 덮어두는 것도 화를 가라앉히지 못하는 것으로 드러났다.

교수는 이번에는 약간 다른 방식으로 실험해보았다. 학생들을 2인 1조로 짝을 지어준 뒤 말했다.

"여기 단어 철자 바꾸기 문제들이 있어요. 각 조 두 명이 함께 풀어보세요."

각 조의 짝이 된 상대는 낯선 사람들이었다. 그런데 만일 당신이 열심히 문제를 풀고 있는데, 짝이 된 낯선 상대가 당신에게 이런 식으로 막말을 한다면?

"댁은 머리가 참 나쁜가 보네요. 대체 그런 식으로 문제가 풀릴 거라 생각하세요?"

당신은 '세상에 별 미친 사람도 다 있네?' 하고 생각하며 부글부글 끓어오를 것이다. 그런데 모든 학생들이 이런 식으로 짝이 된 상대로부터 막말을 들었다. 자연히 모두가 부글부글 끓어오르는 냄비가 됐다.

그런 상황에서 교수가 이런 지시를 내렸다.

"자, 이제 각자 자신의 짝과 경기를 해볼게요. 이기는 사람은 지는 상대의 헤드폰에 마음껏 고함을 지를 수 있습니다."

상대로부터 막말을 들었던 학생들은 자기가 이겼을 때 이제 설욕의 기회가 왔다고 생각했다. 자신에게 막말을 했던 상대방의 헤드폰에 대고 엄청나게 고함을 질러댔다. 그런데 유독 고함을 지르지 않는 학생들이 있었다. 누구였을까? 막말을 듣는 치욕적인 장면을 '나'의 시각이 아닌 '저 사람'의 시각으로 되돌아본 학생들이었다.

미시간대의 크로스(Ethan Kross) 교수와 오하이오 주립대의 미슈코프스키(Dominik Mischkowski) 교수가 행한 실험이었다. 남한테 화나는 일을 당했을 때, 내가 당했다고 생각하면 참기 어렵다. 하지만, 화나는 장면을 나로부터 멀찌감치 분리시켜 남의 시각에서 바라볼수록 화가 쉽게 사라졌다. 미슈코프스키 교수는 이렇게 말한다.

"내가 처한 불행한 상황을 벽에 붙은 파리는 어떻게 바라볼까? 나를 벽에 붙은 파리라고 상상하면 내가 처한 불행한 상황에 파묻히지 않게 됩니다."

화나는 장면을 내 머릿속에 집어넣고 '내가 겪은 일'로 회상하면 당연히 화가 생생하게 되살아난다. 화가 내 몸을 휘감는다. 화를 나와 동일시하기 때문이다. 반면, 화나는 장면으로부터 몇 발짝 떨어져서 '저 사람이 겪은 일'로 회상하면 나는 화의 불길에서 벗어난다. 화가 나와

내가 겪은 일을 벽에 붙은 파리는 어떻게 바라볼까?

분리되기 때문이다. 이처럼 '나'는 내 머릿속에 머물 수도, 멀찌감치 벗어날 수도 있다. '나'는 몸속에 갇힌 존재가 아니라 무한히 퍼져나가는 빛으로 된 존재이기 때문이다.

우울증을 심하게 앓는 사람도 자신을 남처럼 관찰할 수 있다. 크로스 교수는 불행했던 경험, 쓰라렸던 과거를 마치 드라마를 감상하듯 객관적으로 떠올려 바라보면 우울증도 사라진다는 사실을 발견했다. 스트레스도 사라지고, 혈압도 떨어진다. 심장도 건강해진다. 이런 효과는 영구적이다. 몇 주일 후, 몇 달 후 다시 떠올려 봐도 효과는 줄지 않았다.

지금의 스트레스를 먼 미래의 시점에서 바라봐도 쉽게 사라진다. 지난 2주간 심한 스트레스를 받았던 사람들이 모였다. 실험자가 그 가운데 일부 사람들에게 말했다.

"다음 주의 시점에서 스트레스받았던 일을 생각해보세요."

다른 사람들에게는 시점을 더 멀리 잡도록 했다.

"1년 후의 시점에서 스트레스받았던 일을 생각해보세요."

잠시 후 실험자가 설문지를 나눠주고 말했다.

"여러분의 지금 감정상태는 어떻습니까?"

어떤 사람들의 스트레스가 더 많이 사라졌을까? 다음 주의 시점에서 스트레스받았던 일을 회상한 사람들보다 1년 후의 시점에서 회상한 사람들의 스트레스가 훨씬 더 많이 사라졌다.

캘리포니아대의 심리학자 브루엘만-세네칼(Emma Bruehlman-Senecal)은 이번에는 중간고사를 망친 학생들을 대상으로 실험해보았다. 그들도 역시 가까운 미래 시점에서 망친 시험을 회상하는 것보다 먼 미래의 시점에서 회상할 때 기분이 훨씬 좋아졌다.

그렇다면 먼 미래의 시점에서 회상할 경우 과거의 실수로부터 교훈을 얻지 못할 우려는 없을까? 그럴 우려는 없었다. 먼 미래의 시점에서 회상하는 것은 부정적 생각도 사라지게 해주면서 동시에 학업의욕도 높여주었다. '나'의 공간이 커지는 만큼 '나'가 커지기 때문이다. 이처럼 생각은 작은 공간에 가둬놓은 채 나를 그것과 동일시할 때만 나를 좌지우지 할 수 있다. 거리를 두고 객관적으로 바라보면 저절로 떨어져 나가는 허상들이다.

'화가 몸 밖으로 퍼져나간다'고 상상하라

"아버지, 빨리 좀 걸으세요. 오늘은 제가 좀 바빠서요."

몹시 바쁜 날이었다. 그런데 아버지는 몇 걸음 뒤에서 천천히 걷고 있었다. 아버지는 70대 후반부터 자주 서울에 올라와 건강검진을 받았다. 위 눈꺼풀이 아래로 처져 눈을 가리는 '상안검 이완증' 때문에 석 달마다 눈가에 보톡스 주사도 맞아야 했다. 무릎 통증까지 심해져서 걸음을 빨리 걸을 수 없었다는 사실은 나중에야 깨달았다.

그날은 설상가상으로 내가 맡은 TV프로 〈지구촌 리포트〉를 녹화하는 날이었다. 병원을 나와서 아버지를 보내드리고 정신없이 지하철 환승역을 걷고 있었다. 두 명의 경찰관이 나를 향해 잰걸음으로 다가왔다.

"잠시 검문이 있겠습니다."

어이없었다. 지하철역에서 쏟아져 나오는 그 많은 인파 가운데 하필 정신없이 바쁜 나를 골라내다니!

"아니, 왜 하필 나를 검문하는 거요? 내가 지금 얼마나 시간에 쫓기는데!"

나도 모르게 화가 터져 나왔다. 그러자 경찰관들도 반사적으로 얼굴이 굳어졌다.

"지금 검문을 거부하시는 겁니까?"

서로 언성이 높아졌다. 나는 하도 바빴던지라 얼른 감정을 꾹꾹 구겨 넣고 잰걸음으로 빠져나왔다. 하지만 구겨 넣은 내 감정은 부글부글 끓고 있었다.

회사에 도착하여 부장한테 늦어서 죄송하다고 인사하자 눈을 흘겼다. 내 속에서는 욕이 목구멍까지 올라왔다.

'일만 제대로 해내면 되지 왜 눈을 흘겨?'

내 안에서는 좌절, 고통, 분노, 다급함 등 온갖 원시적 감정들이 소용돌이쳤다.

머피의 법칙이었을까? 퇴근길엔 뒤차에 받히기까지 했다. 차를 세워놓고 살펴보니 내 차의 범퍼가 약간 움푹 들어갔다.

'정말 재수 없는 날이네. 접촉사고까지 당하다니!'

30대 중반쯤 돼 보이는 운전자가 튀어나왔다. 내 차의 범퍼를 살펴보고는 쭈뼛거리며 말했다.

"아주 약간 찌그러진 거 같은데, 5만 원 드릴 테니 그냥 해결하실래요?"

화가 너무 치솟으면 멍해진다는 사실을 그때 처음 알았다.

"됐으니까 그냥 가세요."

마음속에 가득한 화를 짓누르며 차를 몰고 귀가했다. 화를 삭여볼 양으로 그날 밤늦도록 동네 운동장을 걸었다. 하지만 화는 말끔히 사라지지 않았다. 밤에도 이리저리 뒤척이다 겨우 잠들었다.

하지만 지금은 화를 삭이는 데 그리 오래 걸리지 않는다. 대개 몇 분, 혹은 몇 초면 사라진다. 비결은? 화의 물결이 온몸의 혈관을 타고 몸 밖의 무한한 공간으로 자유로이 퍼져나간다고 상상하는 것이다. 화가 내 몸속에 들어 있다고 생각하면 실제로 화는 내 몸속에 갇혀버린다. 그래서 독이 된다. 하지만 '나'는 몸에 갇힌 존재인가? 아니다. 시야를 넓히면 넓힐수록 무한히 퍼져나가는 존재이다. 그래서 화가 몸 밖으로 퍼져나간다고 상상하면 실제로 퍼져나간다.

'통증이 몸 밖으로 퍼져나간다'고 상상하라

오래전 근시가 심해져서 라식 수술을 받은 적 있다. 하지만 시력이 갑자기 좋아지자마자 눈을 너무 혹사시켰다. 하루 열 시간도 넘게 컴퓨터 화면 들여다보기를 밥 먹듯 했다. 그러자 몇 년 후부터는 오른쪽 눈이 금방 뻑뻑해지곤 했다. 눈물도 잘 안 나왔다. 그래도 직업이 기자인지라 컴퓨터를 안 할 수는 없었다. 눈이 견뎌내질 못하고 자주 염증이 생겼다. 병원에 가면 으레 똑같은 말을 했다.

"결막염이네요. 인공눈물과 항생제를 쓰면 나아요."

하지만 습관적인 약 남용은 좋지 않을 것 같아 그냥 버텼다. 그러자 나중엔 눈이 아팠고, 간혹 눈 뒤쪽에 통증까지 왔다. 마침내 병원에 갔더니 의사가 자못 심각한 표정을 지었다.

"날파리증도 있고, 망막박리 조짐도 보여요. 조심하셔야겠어요."

얼굴이 화끈 달아올랐다. 직업상 컴퓨터를 많이 써야 하는데 정말 큰일 났다 싶었다. 그 뒤로는 TV는 거의 보지 않았다. 컴퓨터를 할 때도 자주 눈을 쉬었다. 하지만 한계가 있었다. 일이 닥치면 장시간 컴퓨터 화면을 들여다볼 수밖에 없었다. 그러다 보면 또 극심한 통증이 찾아왔다.

'이 통증은 어디서 나오는 거지?'

통증이 원래부터 내 안구 속에 있었던 건 아니다. 텅 빈 공간에서 생긴 것이었다. 또, 언젠가는 텅 빈 공간으로 사라질 것이었다. 통증이 내 안구 속에 머물고 있던 이유는 내가 그것을 그 좁은 공간에 가둬놓고 있었기 때문이다.

두뇌는 안구를 일정한 모양의 단단한 틀로 생각한다. 그리고 통증이 그 안에 갇혀 있다고 생각한다. 하지만 통증이 안구 밖으로 자유로이 퍼져나간다고 상상해보라. 쫓아내는 게 아니라 통증에게 완전한 자유를 준다고 상상해보라. 실제로 안구 밖으로 퍼져나간다. 안구와 통증 자체가 생각이 만들어낸 허상이기 때문이다.

《오픈 포커스 브레인》의 저자 페미(Les Fehmi) 박사도 비슷한 방법으로 신장결석을 고쳤다.

"헉!"

어느 날 그는 하마터면 의자에서 고꾸라질 뻔했다. 극심한 통증이 등과 옆구리를 찔렀기 때문이다. 서랍을 열고 진통제를 꺼내 꿀꺽 삼켰지만 소용없었다. 몸을 웅크려보기도 하고 손가락을 뒤로 굽혀보기도 했지만 통증은 가라앉지 않았다. 그에겐 신장결석이 있었다. 통증은 몇 시간 뒤에야 겨우 잦아들었다.

며칠 후 통증이 다시 찾아왔다. 그는 전혀 다른 방법을 시도해보기로 했다. 통증과 맞서 싸우거나 억누르지 않고 반가이 맞아들인 것이다.

'만일 내가 통증이라면? 비좁은 몸속에 틀어박혀 있는 걸 좋아할까?'

통증 주위의 공간을 느껴보았다. 그러면서 답답함도 덜해졌다. 공간이 점점 더 커진다고 상상하자 통증은 좀더 가볍게 느껴졌다. 통증이 찾아왔을 때 그처럼 편안한 마음을 느낀 건 난생처음이었다. 잠시 후 놀랍게도 통증은 완전히 사라졌다. 그날 내내 통증은 다시 나타나지 않았다.

'통증이 퍼져나갈 공간이 없었던 거였군.'

이튿날 통증은 다시 찾아왔다. 이번에도 그는 통증과 맞서 싸우지 않고 통증에게 완전한 자유를 주었다. 통증을 완전히 받아들인 것이다. 통증 주위의 공간이 무한하게 넓어지자 좁은 공간에 갇혀 있던 통증은 자유로이 풀려나갔다.

3 가장 쉬운 왓칭법

공간을 상상하면 텅 비어버린다

얼마 전 친구의 친구가 미국에 출장 가서 겪은 일이다. 일을 끝내놓고 시간이 남아 애틀랜타 시내를 걷고 있었다. 괜찮아 보이는 술집이 눈에 띄었다.

"날씨도 더운데 맥주나 한 잔 할까?"

혼자 맥주를 홀짝 거리고 있는데 멋진 금발여성이 향긋한 미소를 지으며 다가왔다.

"실례지만 옆에 앉아도 될까요?"

갑작스런 일이라 그는 당황했다. 하지만 내심으로는 으쓱해졌다. '멋진 외국여성이 날 매력남으로 보네!' 하고 생각했기 때문이다. 한참 대화하다가 여성이 다시 미소를 지으며 일어섰다.

"우리 위스키로 한 잔씩 더 할까요?"

그는 흔쾌히 수락했다. 그 여성이 자신에게 매료됐다고 느꼈다. 잠시 후 그녀가 위스키 두 잔을 들고 왔다. 한 잔은 그녀의 자리에 놓았고, 다른 한 잔은 그의 자리에 놓았다. 그는 잔을 들어 한 모금 길게 마셨다. 그가 기억하는 건 거기까지였다.

그가 눈을 뜬 곳은 호텔 욕조였다. 욕조는 얼음조각들로 가득 채워져 있었다. 그의 옷은 벗겨져 있었다. 가만히 살펴보니 욕조 옆엔 메모지가 놓여있었다.

"움직이지 마세요! 911 응급전화를 부르세요!"

어찌된 일일까? 몸이 제대로 말을 듣지 않았다. 감각이 사라진 듯했다. 간신히 손을 움직여 전화를 걸었다.

"저는 호텔 욕조에 앉아 있어요. 얼음조각들이 채워져 있고요."

전화기 반대편 목소리가 얼른 말을 잘랐다. 더 말을 안 들어도 무슨 일인지 훤히 알고 있다는 듯이 말이다.

"손을 뻗어서 엉덩이 위쪽 허리 부분을 만져보세요. 튜브가 꽂혀 있나요?"

그는 시키는 대로 엉덩이 위쪽을 더듬어보았다. 정말 튜브가 꽂혀 있었다. 그가 그렇다고 대답하자 전화기 속의 목소리가 나지막하게 말했다.

"요즘 이 도시에 장기 밀매단이 기승을 부리고 있어요. 선생님의 콩팥이 잘려나간 겁니다. 절대 움직이지 마세요. 즉시 응급차가 갈 겁니다."

이 이야기를 들으면서 당신의 마음속에 어떤 생각이 떠오르는가?

'섬뜩하다', '무섭다'는 생각이 떠오른다. 하지만 만일 내가 씩 웃으며 "이 이야기는 그냥 도시에 떠도는 수많은 괴담 중의 하나예요"라고 말한다면?

"뭐? 사실이 아니었어?"

진실이 아닌 허상이었다는 사실을 깨닫는 순간 마음은 텅 비어버린다. 모든 생각이 마찬가지다. 내가 위험이 도사린 생생한 현실로 인식할 땐 온갖 부정적 생각을 마음속에 가둬놓게 된다. 상상가능한 모든 부정적 상황에 대비해야만 내 육신이 생존할 수 있기 때문이다. 하지만 위험한 현실로 믿었던 것들이 말짱 허상이라는 사실을 깨닫는 순간 마음이 활짝 열린다. 그러면 갇혀 있던 부정적 생각들도 일제히 풀려나간다. 두려워할 필요가 없기 때문이다.

생각이 완전히 사라지면 시간도 사라진다. 시간도 생각이 만들어낸 허상이기 때문이다. 그래서 모든 일엔 사실 앞뒤가 없다. 따라서 온갖 괴로운 생각으로 가득할 때 먼저 텅 빈 공간을 상상해보라. 모든 생각이 즉각 텅 비어버린다. 생각이 먼저 사라져도 텅 빈 공간이 되지만, 텅 빈 공간을 먼저 상상해도 생각이 사라진다.

공간을 상상하면 쉽게 풀려나간다

"국장님, 마지막 CM입니다!"

뉴스 스튜디오 밖에서 앳된 AD가 상기시켜준다.

"오케이~. 험! 험!"

나는 일부러 헛기침을 두어 번 한다. 드디어 15초짜리 CM 몇 개가 끝나고 'ON AIR'를 알리는 빨간불이 들어온다.

"여러분, 안녕하십니까? 먼저 주요뉴스부터 전해드리겠습니다."

방송기자 생활 30년. 하지만 아직도 빨간불이 들어오는 순간엔 가슴이 두근거리고 떨린다.

'떨지 마. TV 뉴스도 아닌데 뭘?'

라디오 생방송은 TV보다 훨씬 쉽다. 분장을 해야 하는 번거로움도 없고, 시선 처리에 신경 쓸 필요도 없기 때문이다. 그런데도 떨리는 건? 생존본능이다. 생방송 중 실수하면 30년간 쌓아올린 평판에 금이 가고, 방송기자로 생존하기가 어려워질 수 있다. 그래서 'ON AIR' 신호가 들어오기 직전까지는 마음의 공간 속에 많은 생각들을 품고 있어야 한다.

'목소리는 너무 높거나 낮지 않고 차분하게 유지해. 발음은 정확하고 너무 빠르거나 느리지 않게 해. 뉴스 아이템 순서를 헷갈리면 안 돼. 그럼 방송사고 날 수 있어.'

이 많은 부정적 생각들은 내가 라디오 뉴스 진행을 매끈하게 수행하려면 꼭 필요한 도구들이다. 만일 이 가운데 어느 한 가지 생각이라도 빠져버린다면? 예컨대 '뉴스 아이템 순서를 헷갈리면 안 돼'라는 생각이 빠져버린다면? 그럼 뉴스 순서는 뒤죽박죽되고 나는 직장에서 쫓겨날지 모른다. 내 생존이 위험에 빠질 수 있다. 그래서 나는 생존을 위해서 내 마음속으로 날아드는 이 부정적 생각들을 단단히 가둬놓는 것이다. 그래서 마음의 공간이 바짝 오그라든다. 몸이 떨릴 수밖에 없다.

그렇다면 긴장을 풀기 위해서는? 거꾸로 하면 된다. 오그라든 마음의 공간을 넓혀주는 것이다. 공간을 많이 상상할수록 공간이 넓어진다. 눈과 눈 사이의 공간을 상상해본다. 귀와 귀 사이의 공간도 상상해본다. 뱃속의 공간도 상상해본다. 방 안의 공간도 상상해본다. 뱃속이 울렁거린다면 뱃속의 창자가 공간에 떠 있다고 상상해본다. 공간을 상상하면 상상할수록 그만큼 생각은 풀려나간다. 생각은 마음속에 가둬놓고 있을 때나 힘을 발휘하는 허상의 거품이기 때문이다.

페미(Les Fehmi) 박사는 40여 년간 뇌파를 연구해온 최고의 권위자이다. 하지만 오랫동안 온갖 방법을 다 써도 안 되는 게 하나 있었다. 바로 생각을 텅 비우는 일이었다.

'왜 뇌파가 바뀌지 않는 거지?'

생각이 텅 비워지면 뇌파가 알파파로 바뀐다.

그는 어느 날 두 시간씩 열두 차례에 걸쳐 집중적으로 시도해보기로 했다.

'이번에 실패하면 정말 포기다, 포기!'

그는 단단히 마음먹고 뇌파 측정장치를 머리에 착용했다. 그리고는 완전히 긴장을 푼 채 여러 가지 아름다운 향기를 차례로 맡아보았다. 뇌파는 크게 변하지 않았다. 이번엔 은은한 색깔들을 차례로 바라보며 뇌파의 변화를 지켜보았다. 역시 큰 변화가 없었다. 잔잔한 음악을 틀어도, 기발한 상상법을 동원해도 알파파는 영 나타나지 않았다. 한숨이 절로 나왔다.

"끝내 안 되는구나! 수년간의 연구가 물거품이 되는구나!"

긴장이 탁 풀렸다. 모든 의욕이 사라졌다. 아무것도 하기 싫었다. 몽땅 포기했다. 모든 걸 내려놓고 한숨을 길게 내뿜으며 머리에 착용한

© nineworklives.com

뇌파 측정장치를 벗으려는 순간이었다.

"어, 이게 뭐야?"

뇌파 측정장치가 연결된 뇌파 측정기에 알파파가 큰 폭으로 물결치고 있는 것 아닌가!

"모든 걸 내려놓는 순간 생각이 텅 비어버리네?"

그는 더 쉬운 방법을 찾아내기 위해 무수한 시행착오를 거듭했다. 마침내 대학생들을 네 그룹으로 나눠 알파파가 나오는지 실험해보았다.

— A그룹에게는 평화로운 자연을 상상하도록 했다 → 별 효과 없음

— B그룹에게는 각자 자신이 가장 좋아하는 음악을 듣게 했다 → 별 효과 없음

— C그룹은 향기로운 냄새나 아름다운 빛에 노출시켰다 → 별 효과 없음

— D그룹에게는 장미꽃잎이나 이슬방울, 폭포수를 상상하도록 해봤다 → 별 효과 없음

"어? 별 효과가 없네?"

자연이나 음악 감상, 혹은 향기나 빛이 마음을 안정시켜주는 효과가 없는 건 아니다. 하지만 부정적 생각에 가득한 마음을 근본적으로 비워주지는 못한다. 그러다가 그는 마침내 이런 주문을 해보았다.

"두 눈 사이의 공간을 상상해볼래요?"

갑자기 놀라운 변화가 일어났다. 뇌파 기록장치에 큰 폭의 알파파가 그려지는 것 아닌가!

그는 다시 주문을 해보았다.

"이번엔 두 귀 사이의 공간을 상상해볼래요?"

역시 큰 진폭의 알파파가 그려졌다. 박사는 이번에는 학생들에게 더 큰 부위의 공간을 상상해보도록 했다.

"머리에서 발끝까지의 공간을 상상해보세요."

마찬가지 결과가 나왔다. 몸속 어느 부위의 공간을 상상해도 알파파가 급격하게 늘어났다. 생각이 완전히 사라지는 것이었다.

"그럼 사람이 아닌 사물 사이의 공간을 상상하면 어떻게 될까?"

학생들에게 벽과 벽 사이의 빈 공간을 상상해보라고 했다. 놀랍게도 똑같은 효과가 나타났다.

— 두 눈 사이의 공간을 상상한다 → 즉각 알파파가 생긴다

— 두 귀 사이의 공간을 상상한다 → 즉각 알파파가 생긴다

— 머리에서 발끝까지의 공간을 상상한다 → 즉각 알파파가 생긴다

— 벽과 벽 사이의 공간을 상상한다 → 즉각 알파파가 생긴다

그는 무릎을 탁 쳤다.

"아하! 모든 게 공이로구나. 그래서 빈 공간을 상상할 때마다 모든 게 정말 공이 되는구나!"

만일 만물이 텅 빈 공이 아니라면 텅 빈 공간을 상상한다고 해서 공

이 될 리 없다. 사실과 부합하기 때문에 공명하는 것이다.

그는 장기간 공간에 관한 연구를 계속하면서 더욱 놀라운 현상도 체험했다.

"무릎 관절염이 싹 사라졌네? 치료를 받은 것도 아닌데?"

그가 공간을 상상하는 생활을 습관화하면서 오랫동안 앓아왔던 무릎 관절염이 거짓말처럼 사라진 것이다. 스트레스와 긴장도 역시 말끔히 사라졌다. 이런 증세들이 얼마나 말끔히 사라지느냐는 물론 생각을 얼마나 비우느냐가 좌우한다. 몸도 마음의 거울이다. 마음이 맑아질수록 몸도 맑아진다. 텅 빈 공간을 상상하는 것만으로도 마음과 몸이 맑아진다. 세상에서 가장 쉽고 간단한 명상법이다.

눈 뜨고 왓칭하려면?

불과 9세 소녀가 이른바 '멍 때리기' 대회에서 우승해 뉴스가 된 적이 있다. 이 소녀는 무려 한 시간 30분간 미동도 없이 멍한 눈으로 허공을 응시하며 앉아 있었다. 마음이 정말 멍한지는 심장박동수를 측정하는 등의 방법으로 평가했다. 이 아이가 우승한 비결은?

"먼저 허리를 곧게 펴야 해요. 자칫하면 잠들게 되거든요. 그런 다음 눈의 초점을 완전히 풀고 멍하게 허공을 바라봐요. 그럼 아무 생각도 안 들어요."

이것이 바로 눈 뜨고 명상하는 원리다. 눈의 힘을 완전히 풀고 시야를 최대한 넓혀 허공을 바라본다. 시야를 넓히면 육안이 초점을 맞추지 못한다. 그럼 생각도 못하게 된다. 왜냐하면 두뇌는 육안이 초점을 맞출 때만 생각할 수 있기 때문이다. 또, 시야를 넓히면 마음의 공간이 넓어져 생각은 저절로 풀려나간다. 그런데 어린 소녀가 어떻게 멍 때리는 비결을 알아냈을까?

"엄마가 저를 너무 많은 학원에 보냈어요. 영어, 수학, 미술, 발레, 가야금… 쉴 틈이 없었거든요. 그러다가 학교에 가면 저도 모르게 수업시간에 멍한 상태가 됐어요."

머릿속에 생각이 너무 꽉 들어차서 머리가 더 이상 제대로 돌아갈 수 없는 지경에 이르면 저절로 멍해지는 것이다. 그가 수업시간에 자주 멍하게 앉아 있는 걸 본 선생님은 엄마에게 연락했다. 엄마는 아차 했다. 즉각 대부분 학원을 끊고 아이가 숨을 돌릴 수 있도록 해주었다.

내가 뭔가에 초점을 맞춰 바라보면 시야가 좁아진다. 예컨대 내가 수학문제에 초점을 맞추면 다른 건 시야에서 벗어나고 오로지 수학문제만 시야에 들어온다. 그러면서 수학문제에 관한 생각들이 머릿속에 모여든다. 수학문제를 풀기 위해서는 생각이 필요하기 때문이다. 수학문제에 너무 오래 초점을 맞추고 있으면 너무 많은 생각이 마음속에 갇혀버린다. 그러다 보니 머리가 포화상태가 돼 답답해진다.

그럴 때 창밖을 내다보며 시야를 넓혀주면? 마음의 공간도 넓어진다. 그럼 갇혀 있던 생각들이 풀려나간다. 이처럼 시야를 좁히면 육안으로 바라보게 되고, 시야를 넓히면 마음의 눈으로 바라보게 된다.

눈을 뜨고 왓칭하면 여러모로 편리하다. 우선 잡념이 끼어들지 않는다. 또, 언제 어디서든 맘대로 왓칭을 할 수 있다. 출퇴근길 지하철에서도, 걸으면서도, 사무실에서 일하다가도, 밤에 산책을 하면서도, 설거지를 하면서도, 무한한 사랑과 평화가 흐르는 텅 빈 공간이 수시로 눈앞에 펼쳐진다.

〈눈뜨고 왓칭하려면?〉

1. 시야를 최대한 넓혀 넓은 공간 전체를 바라본다. 육안의 초점을 완전히 풀고 힘도 완전히 뺀다. 육안으로 보지 않고 마음의 눈으로 본다고 상상한다.
2. 시야를 넓히면 마음의 공간이 넓어져 갇혀 있던 생각들이 풀려나간다.
3. 텅 빈 공간에 또 어떤 다른 생각이 떠오르는지 지켜본다. 지켜보고 있으면 안 떠오른다.

현대인은 늘 초점을 맞춰 살아가도록 강요받는다. 근시도 많다. 생존을 위해 초점을 맞춰야 할 일이 너무나 많기 때문이다. 그러다 보니 만성적으로 시야가 좁아져 머릿속엔 늘 생각이 가득하다. 포화상태가 되면 머리가 쪼개질 듯 아프다. 심해지면 탈모현상 등 몸에 이상이 생긴다.

'육신의 나' 셀프1은 육안으로 본다. 반면, '빛으로 된 나' 셀프2는 마음의 눈으로 본다. 그렇다면 마음의 눈은 어디에 있을까? 안구 바로 뒤의 두개골 깊숙한 곳에 송과선(pineal gland)이 있다. 17세기 프랑스의 철학자이자 수학자였던 데카르트가 '영혼의 자리'(seat of the soul)라 불렀던 곳이다. 육신의 세계와 영적 세계를 이어주는 곳이라는 의미였다.

과학적으로 맞는 얘기일까? 1958년 예일대의 러너(Aaron Lerner) 박사팀은 송과선을 정밀히 분석해보고는 깜짝 놀랐다. 완벽히 깜깜한 곳

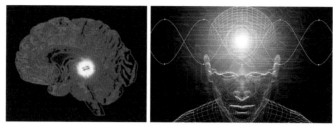
'난 육안으로 보지 않고 마음의 눈으로 본다'고 상상하면 왓칭이 편안해진다.

에 박혀 있는데도 광수용체 세포(photo receptor cell) 다발들이 무수히 깔려 있었기 때문이다. 이 세포들은 빛을 감지하는 능력을 갖고 있다. 그 후 과학자들은 송과선에 지르코늄 다이아몬드(zirconium diamond)가 들어 있다는 사실도 발견했다. 라디오의 전파를 송신하는 트랜스미터(transmitter) 역할을 하는 물질이다. 또, 새들의 경우 수천 킬로미터를 날아가더라도 길을 잃지 않도록 해주는 GPS 역할도 한다. 거리나 물리적 장애물에 관계없이 무엇이든 꿰뚫고 목표를 찾아가도록 해주는 것이다.

눈을 감고 아주 깊은 상상에 빠져본 적이 있는가? 아니면 아주 생생한 꿈을 꿔본 적이 있는가? 만일 그렇다면 육안으로 보는 것보다 더 생생한 색깔을 보았을 것이다. 육안이 아닌 마음의 눈이 존재한다는 사실을 말해준다.

왓칭할 때 '난 육안으로 보지 않고 마음의 눈으로 본다', 혹은 '마음의 눈에서 사방으로 빛이 퍼져나간다'라고 상상하면 왓칭이 편안해진다. 또, 생각이 금방 사라지면서 마음이 공간이 무한히 넓어져 가는 걸 알 수 있다. 오라를 찍는 특수카메라로 촬영해보면 맑은 마음을 갖은 사람일수록 머리 주위에 맑고 투명한 후광이 선명하다. 마음이 맑아진 사람은 눈을 뜨고도 마음의 눈으로 이 후광을 볼 수 있다.

몇 년 전까지만 해도 나 자신도 이런 사실을 미신으로 치부했다. 하지만 내 눈으로 직접 확인할 수 있게 되면서부터는 그것을 너무나 당연한 것으로 받아들이게 됐다. 모르면 무시해버리고는 무지 속에 갇히게 된다는 사실을 다시 한 번 깨달았다.

4 길고 멀리 바라볼수록 무한해진다

지구는 영적 성장을 위해 설계된 학교이다

우리나라에서도 최고의 베스트셀러였던《인생 수업》의 저자 퀴블러 로스(Elisabeth Kubler-Ross)박사는 시사주간 〈타임〉지가 20세기 100대 사상가로 선정한 세계적인 정신과 의사이다. 그녀는《죽음 이후의 삶》(국내 출간명은 '사후생', 대화문화아카데미)이라는 책에서 1년 전에 세상을 떠난 한 내담자와의 만남을 이렇게 묘사하고 있다.

「나는 기로에 서 있었다. 죽어가는 환자들과 더는 일을 하지 못할 것 같았다. 그날 나는 병원과 시카고대를 떠나고 말겠다는 통보서를 제출하리라 굳게 결심해놓고 있었다. 물론 나는 환자들을 진심으로 사랑했기 때문에 쉬운 결정은 아니었다. 죽음에 대한 마지막 세미나를 마치고 승강기로 걸어갈 때였다. 한 여성이 나를 향해 걸어왔다. 마치 내 모든 생각을 훤히 읽고 있기나 하다는 듯 얼굴에 함박 미소를 띠고 있었다.

"박사님, 제가 딱 2분만 시간을 빼앗을게요. 사무실까지 함께 걸어가도 될까요?"

내 평생 가장 긴 시간이었다. 내 마음 한편에서는 그녀가 1년 전쯤 세상을 떠난 슈와츠 부인이라는 사실을 알고 있었다. 하지만 난 과학자였다. 유령 같은 걸 믿을 리가 있는가!

난 꿈인지 생시인지 확인하고 싶었다. 그녀는 어찌 보면 마치 밀랍처럼 투명하게 보이기도 해서 슬쩍 만져보려 했다. 그녀의 몸을 꿰뚫고 가구가 보인다는 말은 아니지만, 그렇다고 실제 사람처럼 보이지도 않았다. 나는 그녀를 만져보았고, 그녀에게 촉감도 느껴졌다는 걸 알고 있다.

사무실에 도착하자 그녀가 문을 열었다. 안으로 들어선 뒤 그녀가 말했다.

"두 가지 이유로 돌아왔어요. 첫째는 저를 위해 해주신 일에 대해 박사님과 스미스 신부님께 감사를 드리기 위해서죠. 더 진짜 이유는, 죽어가는 환자를 돌보는 일을 아직은 포기하지 말라는 말씀을 드리고 싶어 돌아왔습니다."

나는 그녀가 정말 슈와츠 부인이라는 사실을 의식적으로는 알고 있었다. 하지만 누구한테 그런 말을 해봤자 아무도 나를 믿지 않을 것이라 생각했다. 사람들은 내가 헷가닥했다고 생각할 것이었다.

과학자는 증거를 필요로 한다. 내가 말했다.

"그래요. 그런데 스미스 신부님한테 쪽지를 하나 써주시면 좋아하지 않으실까요?"

나는 그녀가 종이쪽지에 자필로 아무 말이라도 끼적거려주기를 바랬다. 물론 친필 싸인까지 곁들이면 더욱 좋고.

그녀는 내 생각을 꿰뚫고 있었다. 내가 스미스 신부에게 쪽지를 건네주지 않을 것이란 것도 알고 있었다. 하지만 그녀는 종이쪽지에 글을 남기더니 이름과 성을 다 쓰고 친필 싸인까지 했다. 그리고는 사랑과 연민과 이해심을 두루 담은 가장 큰 미소를 띠며 "이젠 됐나요?" 하고 말했다. 그녀가 다시 한 번 말했다.

"죽음에 대한 연구를 포기하지 마세요. 아직은요. 지금은 때가 아니에요. 우리가 도와줄게요. 때가 되면 아실 거예요. 약속하실 거죠?"

내가 그녀에게 한 마지막 말은 "약속하지요"였다. 그 말과 함께 그녀는 사라졌다. 문이 닫히자마자 나는 이게 생시인지 확인하고 싶었다. 그래서 문을 열었다. 하지만 긴 복도엔 개미 한 마리 얼씬거리지 않는 것 아닌가!」

인생은 나를 찾아가는 여정이다. 나를 알면 신을 알게 된다. 내 마음을 수정처럼 맑게 닦아 시야가 무한해지면 무한한 신과 하나가 된다. '원래의 나'로 되돌아가는 것이다. 그것이 바로 영적으로 성장하는 길이다. 모든 것은 영적 성장을 위해 설계된 수업이다. 지구는 거대한 학습장이다. 이 사실을 깨닫는 것 자체만으로 시야는 무한히 넓어진다. 모든 걸 배움으로 받아들일 수 있다.

모든 시련은 내 영혼이 설계한 것이다

"야, 너 집 없어?"

지나가던 껌팔이 형이 소년을 일으켜 세웠다. 소년은 그제야 정신을 차렸다. 다섯 살 소년은 고아원에서 심한 구타를 견디다 못해 도망쳐 나오다 대낮에 길가에 쓰러져 있었던 것이다.

"나 따라와."

껌팔이 형은 소년을 데리고 다니며 껌 파는 방법, 그 돈으로 컵라면 사는 법을 알려주었다.

소년은 아무 데서나 쓰러져 잤다. 지하도, 계단 아래, 화장실, 공원 벤치, 길바닥….

"야!"

"거지새끼!"

사람들은 소년을 그렇게 불렀다. 껌 판 돈을 빼앗기고 얻어맞고, 한번은 그가 잠을 자던 건물에서 화재가 나자 조폭들이 그를 범인으로 지목했다. 그리고 야산에 끌고 가 구덩이를 팠다. 생매장시키려는 거였다.

'하느님 제발 살려주세요!'

난생처음 기도를 했다. 조폭들은 소년을 구덩이에 집어넣고 흙을 덮었다. 하지만 다행히도 숨 쉴 구멍이 있었다. 고개를 이리저리 움직여 구덩이에서 빠져나왔다. 뺑소니 교통사고를 당해 머리에 피를 흘리며 쓰러져 있기도 했다.

그러던 중 어느 날 나이트클럽에 껌을 팔러 갔다가 난생처음으로 성악가가 노래를 부르는 소리를 들었다. 홀린 듯 매료됐다. 그 후 우연히 성악레슨 광고문이 눈에 띄자 무조건 그 대학생 선생님을 찾아갔다. 사연을 들은 가난한 선생님은 무료로 가르쳐주겠다고 했다. 성악을 배우면서 스스로 한글을 깨우쳤다. 글을 읽게 되자 학교에 다니고 싶었다. 그래서 검정고시로 초중과정을 마치고 고등학교에 들어갔다. 대입시험에도 합격했지만 학비도 생활비도 없었다. 무력감이 한꺼번에 밀려 왔다. 어릴 때 춥고 배고팠던 건 육체적 고통이었다. 하지만 정신적 고 통은 더욱 견디기 어려웠다.

'내 인생은 정말 어쩔 수 없구나.'

몇 차례의 자살 시도도 무위로 끝나자 '나도 남들처럼 사랑받고 싶 다', '나도 정상인들처럼 살고 싶다'는 생각이 살아났다. 그러던 중 성 악을 가르쳐준 선생님이 말했다.

"TV 노래 오디션 프로가 있다는데 나가볼래?"

갑자기 찾아온 명성. 미국의 CNN-TV도 그를 소개했다. 고아출신 성 악가 최성봉은 이렇게 탄생했다.

지구는 육신의 옷을 걸친 무수한 영혼들이 연기를 펼치는 연극무대 이다. 모든 등장인물은 연기자들이다. 연극의 이야기도 각자의 영적 성 장을 위해 짜인 각본대로 전개된다. 때로는 각본에 정해진 나의 배역 이 너무 견디기 힘들 때도 있다. 하지만 배역을 맡은 연기자는 연기자 일 뿐이다. '진정한 나'는 연극 전체를 멀리서 지켜보는 무한한 마음이 다. 시야를 넓혀 멀리서 큰 눈으로 내려다보면 무수히 많은 '개체 나'들 이 한 무대 위에서 다 함께 연기를 하고 있음을 깨닫게 된다. 따라서 내 가 중간에 배역을 포기하지만 않으면 반드시 도움의 손길이 나타나 연 극을 무사히 마치도록 해준다.

견디지 못할 시련은 존재할 수 없다. 왜냐하면 나 스스로 써놓은 각 본이기 때문이다. 내가 지금 겪는 가장 힘겨운 시련이 내 인생의 가장 귀중한 선물이 될 수 있다.

"뭐야, 이거! 경유차에 휘발유를 집어넣다니!"

외제 경유차 운전자가 소리를 질렀다. 소년의 얼굴은 하얗게 질렸다. 수리비만 무려 4백만 원이라니! 하지만 주유소 사장은 한 달이 지나도록 아무런 말이 없었다. 소년의 속은 점점 까맣게 타들어갔다.

그는 원래 부유한 집에서 자랐다. 하지만 아버지의 정화조 사업이 폭삭 주저앉으면서 하루아침에 지하 단칸방 신세로 전락했다. 중학교 2학년 때 어머니 지갑에 만 원짜리 한 장만 달랑 들어 있는 걸 보고 주유소 알바를 시작했다. 일할 수 있다는 사실만으로 너무 기뻐 매일 새벽에 나와 주유소를 쓸고 닦았다. 그러던 차에 경유차에 휘발유를 집어넣는 어처구니없는 실수를 범하다니!

한 달 후 회식 자리에서 침묵해온 사장이 마침내 빙그레 웃으며 입을 열었다.

"가게의 주인을 알아보는 방법이 있지. 새벽에 쓸고 닦고 담배꽁초를 줍는 사람이 바로 그 가게의 주인이야. 종업원은 주인이 시키지 않으면 절대로 그런 일을 안 하거든. 넌 주인의 마음을 갖고 있으니 네가 곧 주인이다. 주인에게 어떻게 수리비를 물게 할 수 있겠니?"

소년은 주유소 사장의 말을 듣고 펑펑 울었다.

고등학교 다닐 때는 담임선생님의 배려로 교내 매점에서 일할 수 있게 됐다. 낮에는 매점에서, 밤에는 주유소에서 일하게 된 것이다. 군 제대 후 두 여동생이 동시에 대학에 진학하자 뒷바라지를 위해 액세서리 노점상을 차렸다. 그러다가 보석 가게를 운영하는 등 사업에 눈을 뜨기 시작했다. 부동산 호황기엔 대학가 원룸 사업으로 돈벼락을 맞았다. 20대의 나이에 현금만 10억 원을 손에 쥐고 있었고, 부동산도 여러 채 소유하게 됐다. 그러다가 세계 금융위기가 닥쳤다. 사업은 물거품처럼 꺼져버렸고, 엄청난 빚더미에 올라앉았다.

1년 3개월간의 노숙자 생활이 시작됐다. 심신이 지쳐 하루에 소주 다섯 병을 마시지 않으면 잠을 이룰 수 없었다.

한번은 하도 배가 고파 아무 돈도 없이 옛날에 자주 들렀던 보쌈집에 무작정 들어섰다. 주문도 안 했는데 주인 할머니가 늘 먹던 걸로 차려주었다. 먹고 나서 돈을 낼 수 없어서 넋을 놓고 앉아 있었다.

"무슨 사정이 있는지 모르겠구먼. 여하튼 셔츠나 빨아 입어."

주인 할머니가 5만 원을 쥐어주었다. 돼지고기도 한 봉지 포장해주었다.

그는 추위를 달래기 위해 유기견 한 마리를 끌어안고 자기도 했다. 하지만 그 유기견이 누군가에게 끌려가 죽자 자신도 굶어죽기로 결심했다. 10일간 물 한 모금 마시지 않고 그냥 앉아 있는데, 리어카를 끌고 지나가던 지체장애인이 우유와 빵 한 개를 건네주었다. 그걸 받아들고 어린아이처럼 엉엉 울었다.

'죽기 전에 가족들 목소리나 들어보고 죽자.'

전화를 걸었더니 아내가 받았다. 그는 떨리는 목소리로 말했다.

"여보, 미안해. 잘 살아."

아내가 다급한 목소리로 말했다.

"빚보다 당신 없는 게 더 무서워요. 어서 돌아오세요."

그는 살기로 마음을 돌렸다. 그리고 서울시 노숙자 재활프로그램으로 재기에 성공했다. 지금은 창업교육가로 활동 중인 홍순재 씨. 삶의 고비마다 나타나 그를 도와준 사람들은 누구인가? 내가 시야를 무한히 넓혀보면 모든 사람들이 무한한 내 마음속에 들어 있다. 서로가 서로를 도와주는 연기자들이다.

© dailymail.co.uk

2010년 한 여성이 치명적인 자동차 사고를 당해 식물인간이 됐다. 임신 4개월 때였다. 다행히 태아는 건강한 상태였다. 이후 그녀는 제왕절개 시술이 가능해질 때까지 5개월간 집에서 남편의 보살핌 속에 누워 있었고, 9개월이 되자 병원으로 옮겨져 아들이 태어났다. 하지만 산모는 여전히 식물인간이었다.

"산모는 회복하기 어렵습니다. 준비를 하십시오."

의사들은 이렇게 선언했다. 그녀를 지키던 가족도 떠났다. 하지만 아기는 엄마의 머리맡에 앉아서 모든 시간을 보냈다. 서툰 말로 대화도 건네며, 음식물도 직접 먹여주면서, 한 번도 칭얼대지 않았다. 더 놀라운 일이 벌어졌다. 이도 제대로 나지 않은 아기가 엄마의 병원음식을 씹어 엄마의 입에 넣어주기 시작했던 것이다!

아기는 마치 어미 새가 새끼에게 먹이를 물어다주듯이 엄마 입에 음식을 넣어주는 행동을 반복했다. 2013년 5월, 여느 때처럼 아기가 작은 목소리로 엄마를 부를 때 엄마가 갑자기 눈을 떴다. 처음으로 자신이 낳은 아기를 두 눈으로 직접 보게 되는 순간이었다.

중국 장룽샹 씨의 기적 같은 이야기는 영국의 일간지 〈데일리 메일〉이 기사화하면서 세상에 알려졌다.

"저는 그때서야 3년의 세월이 지났다는 걸 처음 알았어요. 제 머리맡에서 미소 짓는 아기가 제 아들이라는 사실도 그제야 알게 됐고요."

의사들은 의아해했다. 혼수상태에 빠진 엄마는 음식을 겨우 삼킬 수만 있을 뿐 씹을 힘은 없었다. 씹지 않고 삼키면 소화가 안 됐다.

"아기가 어떻게 알고 음식을 씹어서 엄마 입에 넣어줄 생각을 했을까?"

아기가 스스로 판단했을까? 아니면 모든 걸 지켜보는 무한한 존재가 아기를 이끌어주었을까?

외모는 연기를 위한 가면이다

"오늘 미술시간엔 이 아이의 얼굴을 그려라."

반 친구들의 도화지에 일제히 붉은 반점 투성이의 얼굴이 그려지기 시작했다. 그 여자아이는 태어날 때부터 얼굴 왼쪽이 온통 붉은 반점 투성이였다. 부모는 그 아이를 정상적으로 키우기 어렵다고 판단해 보육원에 맡겼다. 보육원에서도 얼굴 때문에 놀림의 대상이 됐다. 그런데 그날은 초등학교 3학년 미술시간에 준비물을 안 가지고 왔다고 담임선생님이 그 아이를 반 앞에 세워놓고 급우들에게 얼굴을 그리게 한 것이었다.

급우들이 그린 빨간 반점 투성이의 얼굴 그림 50장. 그 이미지는 마음속에 깊이 새겨져 평생 큰 상처가 됐다. 그때부터 그 아이는 고개를 숙이고 다녔다. 소풍 갈 땐 함께 가자는 친구도 없었고, 함께 밥을 먹자는 친구도 없었다. 스물다섯 살 땐 더 큰 불행이 찾아왔다. 성한 얼굴 반쪽에 암세포가 가득 퍼진 것이었다. 의사가 말했다.

"오른쪽 얼굴뼈를 모두 잘라내야 합니다. 수술이 잘못되면 얼굴에 구멍이 송송 뚫릴 수도 있습니다."

심하게 일그러진 얼굴. 사람들은 그녀를 보면 수군거리거나 혀를 끌끌 차기도 했다. 발을 걸어 넘어뜨리거나 머리채를 잡아당기는 사람도 있었다. 하지만 그녀는 절망에 잠길 여유가 없었다.

"무엇보다도 배가 고팠고, 어찌 됐든 살아야 한다고 생각했어요."

그녀는 절망 속에서도 희망을 찾았다.

'제 겉모습을 보지 않고 속마음을 볼 수 있는 남자가 나타나게 해주세요.'

바깥세상은 늘 차가웠다. 그래서 내면에서 따뜻함을 찾았다. 내면이 바뀌자 바깥도 달라지기 시작했다. 이곳저곳에서 천사들이 나타나기 시작했다. 보육원장은 그녀가 고등학교를 졸업하자마자 보육교사로 채용했다. 그녀가 꿈꾸던 남자도 눈앞에 나타났다. 그 남자는 반점 투성이의 왼쪽 얼굴도, 수술로 일그러진 오른쪽 얼굴도 마다하지 않았다. 그녀의 기도대로 속마음만 보고 결혼했다.

"사람을 만나는 거지, 그 사람의 배경을 만나고, 얼굴을 보고 만나고 그런 게 아니었어요."

세상에서 가장 예쁜 두 딸도 태어났다. 어느 날 잠든 딸아이의 얼굴을 내려다보면서 부모의 아픔도 깨달았다.

"저는 제 딸아이의 예쁜 얼굴을 내려다보면 이렇게 행복한데. 저를 낳아준 엄마는 빨간 반점 투성이의 얼굴을 보면서 얼마나 마음이 아팠을까. 사랑하는 아기를 보육원에 맡기는 심정이 얼마나 고통스러웠을까."

지금은 스타강사가 된 김희아 씨의 이야기다.

중국 최고 부자 가운데 하나인 알리바바 그룹의 마윈 회장은 키가 162센티미터에 불과하다. 몸무게도 40킬로그램대이다. 외모도 자신의 말대로 변변치 않다. 그의 젊은 시절은 낙방의 연속이었다. 중학교 입학시험에 세 번, 대입시험에서도 세 번 떨어졌다. 취직시험엔 서른 번도 넘게 떨어졌다. 미국 대학에 지원했는데 열 번 모두 실패했다. 미국 KFC가 중국에 진출한다기에 입사원서를 넣었다. 24명이 지원했는데 23명은 성공하고 그만 떨어졌다. 경찰관 다섯 명을 뽑는데 혼자서만 떨어졌다.

"전 거절당하는 걸 아주 당연하다고 생각했어요. 거절당하는 게 두려워서 도전도 하지 않느니 계속 도전해보는 게 낫죠."

"나는 왜 이런 모습으로 이 세상에 내려왔을까?"

외모는 내 육신이 태어나기 전 내 영혼이 스스로 설계해놓은 많은 환경 가운데 하나이다. 외모가 불만이라면 외모 대신 내면을 들여다보라는 뜻이다. 내가 그 뜻을 빨리 받아들일수록 나의 성장 속도는 그만큼 더 빨라진다.

이스라엘의 첫 여성총리 골다 메이어는 자서전에 이런 글을 남겼다.

"못난 외모가 진정한 축복이었다. 나는 못난 외모 덕분에 내적인 힘을 키울 수 있었다. 예쁜 외모가 오히려 극복해야 할 장애이다."

천사는 여러 모습으로 나타난다

"아이, 더러워! 빨리 닦아!"

누나가 자주 코피를 쏟으면 큰어머니가 달려와 소리쳤다. 공부를 잘하던 누나는 자꾸 성적이 떨어졌다.

"큰엄마, 시험기간인데 오늘은 학교에서 공부하고 올게요."

"집안일은 누가 하고? 먹여주고 재워주면 밥값은 해야지. 네가 안 하면 동생 시키는 수밖에 없어."

누나는 중학교 2학년, 동생은 초등학교 4학년. 부모는 어린 남매를 남겨놓고 교통사고로 세상을 떠났다. 당장 갈 곳이 없어진 남매는 큰아버지 댁으로 보내졌다. 너무나 큰 충격으로 동생은 갑자기 벙어리가 됐다. 뭐라고 말은 하고 싶은데 목에서 영 소리가 나오지 않았다.

큰아버지에겐 자식이 하나 있었는데 어릴 때 외국으로 유학을 갔다. 빈 방이 있었는데도 남매에게는 다용도실을 쓰게 했다. 간혹 친척이나 손님이 올 때만 그 방에서 생활하는 척하다가 손님이 돌아가면 다시 다용도실로 가야 했다. 큰어머니는 누나를 식모처럼 부렸다. 새벽부터 일어나 집안 청소하고, 설거지하고, 매일 손빨래까지 했다.

큰아버지는 사업이 힘들어지자 걸핏하면 술을 마셨다. 남매에 대한 화풀이도 늘어났다. 어느 겨울날, 남매는 온기 하나 없는 차가운 다용도실에서 간신히 잠들어 있었다. 그때 문이 드르륵 열리더니 큰아버지가 들어왔다. 허리띠를 풀더니 막무가내로 남매를 때리기 시작했다. 동생이 너무 맞아 쓰러지는 걸 보고 누나가 가로막았다.

"왜 자꾸 때려요? 이럴 거면 고아원에 보내주세요!"

"이게 어따 대고 말대꾸야? 키워주는 은혜도 모르고!"

큰아버지는 불같이 화를 내며 누나를 더욱 무섭게 때리기 시작했다. 동생은 누나가 죽을까봐 겁이 났다. 있는 힘을 다해 소리를 질렀다.

"누나 때리지 마세요!"

입에서만 맴돌던 말이 갑자기 입 밖으로 터져 나왔다. 모두가 깜짝 놀랐다. 큰아버지는 너무 놀랐는지 매질을 멈추고 방을 나갔다. 누나는 너무 기뻐하며 외쳤다.

"너 말할 수 있구나! 이제 고아원에 가도 괜찮겠어! 여기보다야 낫겠지."

남매는 서둘러 짐을 싸들고 몰래 집을 나섰다. 말도 못하는 동생이 고아원에 가면 괴롭힘을 당할까봐 그동안 누나는 꾹 참고 있었던 것이다.

막상 집을 나섰지만 고아원엘 어떻게 찾아가야 할지 몰랐다. 고민하던 누나는 초등학교 6학년 때 담임선생님에게 전화를 걸었다. 부모가 세상을 떠났을 때 힘내라고 매일 전화해주고 챙겨준 고마운 선생님이었다. 선생님은 먼 지방에서 밤새 차를 몰고 달려왔다. 남매의 얼굴을 번갈아보더니 더 이상 말을 못하고 그냥 꼭 안고 목놓아 울었다.

"일단 우리 집에 가자."

선생님은 남매를 자신이 사는 집에 데리고 갔다. 누나가 물었다.

"선생님, 저희들 고아원에 가고 싶은데 어떻게 찾아가죠?"

그 말을 듣고 선생님은 되물었다.

"그동안 무슨 일이 있었니? 자세히 말해볼래?"

이야기를 다 들은 선생님은 날이 밝자마자 큰아버지 댁에 가서 남은 짐을 마저 가지고 왔다.

"우리 함께 살자. 내 자식들은 다 결혼했어. 그동안 혼자 살기 적적했는데 잘 됐구나. 너희가 함께 살아주면 선생님이 외롭지 않아서 얼마나 좋겠니."

선생님은 자신을 그냥 엄마라고 부르라고 했다. 누나는 그렇게 불렀지만 동생은 엄마라는 말이 선뜻 나오지 않았다. 선생님은 남매가 부모 없는 자식이라는 말을 들을까봐 각별히 신경을 썼다. 가족모임이 있을 때도 챙겨줬고, 모든 면에서 가족과 똑같이 느끼도록 해주었다.

그럼에도 불구하고 동생은 사춘기에 접어들자 나쁜 친구들과 어울려 방황하기 시작했다. 급기야 집을 나가 중국집 배달원으로 취직했다. 선생님은 이리저리 수소문해 그를 찾아가 눈물을 흘렸다.

"네가 이렇게 살면 내가 나중에 네 친부모님을 어떻게 뵙겠니?"

그래도 동생이 말을 안 듣자 선생님은 매일 학교가 끝나는 대로 찾아가 중국집 앞에서 기다렸다. 어느 날 중국집에 가다가 교통사고로 크게 다치고 말았다. 동생은 그제야 피눈물을 흘렸다. 병원에 가는 내내 '선생님이 살아만 계신다면 세상에서 제일 착한 아들이 되리라'고 다

짐했다.

선생님은 다행히 생명엔 지장이 없었다. 하지만 석 달 동안 입원해야
했다. 동생은 속죄하는 마음으로 정성껏 간병했다. 선생님은 말끝마다
"고생시켜서 미안하다. 고맙다"라는 말을 되풀이했다. 어느 새벽에 화
장실에 가고 싶다며 몸을 움직였다.

"제가 모셔다 드릴게요."

선생님이 화장실에서 나오며 말했다.

"잠 깨워서 참 미안하다. 고마워."

"엄마는 아들한테 미안한 게 왜 그렇게 많으세요?"

동생이 처음 뱉은 '엄마'라는 말에 선생님은 눈물부터 주르륵 흘렸다.

"고맙다. 아들아."

지금 선생님은 퇴직해 텃밭을 가꾸고 주말엔 아이들에게 한문을 가
르친다. 누나는 열심히 공부해 공무원으로 일하고 있다. 동생도 마음을
바로잡아 아이들을 가르치는 선생님이 됐다. 무엇보다도 남매는 엄마
앞에 부끄럽지 않은 사람이 되려고 노력한다. 그리고 엄마가 피붙이도
아닌 자신들을 위해 천사가 돼주었듯이, 그들도 도움의 손길을 기다리
는 작은 영혼들에게 희망의 촛불을 밝혀주는 작은 천사가 되고자 한다.
MBC 라디오 〈여성시대〉 애청자의 이야기다.

진정한 안식처는 내 마음속에 있다

"오늘 나랑 저녁 먹고 가면 안 돼요?"

반가운 마음에 선뜻 따라나섰다. 삼겹살집이었다. 냄새를 맡는 순간 더더욱 배가 고팠다. 그 순간엔 그녀는 10개월 된 젖먹이 딸이 기다리고 있다는 사실조차 까맣게 잊었다. 오로지 굶주릴 대로 굶주린 배만 채우고 싶을 따름이었다.

남편이 사업에 실패한 뒤 살아가기가 너무나 어려웠다. 궁리 끝에 신발 장사를 시작했다. 처음엔 너무나 부끄러워 물건을 깔아놓고 어쩔 줄 몰랐다. 다행히 그날 벌어 그날 쓸 돈은 생겼다. 그날도 장사를 하다 깜깜해지자 허기가 몰려왔다. 젖먹이 엄마들에게 찾아오는 허기라 참기 힘들었다. 그런데 그때 마침 옆에서 가게를 하는 아줌마가 어떻게 눈치 챘는지 삼겹살집에 끌고 간 것이었다.

불판 위의 고기들이 익어가고 있었다. 드디어 한 점 먹으려는 순간 휴대전화가 요란하게 울렸다. 시어머니였다. 젖먹이 딸아이의 자지러지는 울음소리도 들렸다.

"너 뭐하냐?"

"네, 저 밥… 밥 먹으려고…"

그녀의 말이 채 끝나기도 전에 다시 시어머니의 목소리가 쩌렁쩌렁하게 울렸다.

"너 배고픈 것만 생각하고 네 새끼 배고픈 건 생각도 안 하냐? 정신이 있는 거냐? 당장 들어와라."

순간 배를 찌르는 듯했던 배고픔도, 그윽했던 고기 냄새도 다 날아가 버렸다. 대신 서글픔이 밀려왔다. 너무나 배고파서였을까? 그 순간엔 '내 새끼 얼마나 배고플까, 얼마나 엄마가 보고 싶을까' 하는 생각조차 들지 않았다.

'나도 배고픈데, 왜 나 배고픈 건 아무도 안 알아주는 거지?'

왜 이 세상 누구 하나 "너, 밥 먹었니?", "정말 힘들지?"라고 말해주지 않는 걸까? 친정식구들에겐 마음 아파할까봐 장사한다는 말도 꺼내지 못했는데, 그 순간 이 세상에 홀로 선 기분이었다.

눈물이 나려는 걸 간신히 참고 아이에게 달려갔다. 시어머니는 밖에서 아이를 달래고 있었다. 죄송하다는 말부터 한 뒤 부랴부랴 아이에게 젖을 물렸다. 하지만 먹은 게 없어서인지 젖은 나오지 않았고, 아이는 더욱 자지러지게 울어댔다. 그녀는 아이를 안고 펑펑 울었다. 세상에 태어나 그렇게 서글펐던 적은 없었다.

집에 들어가니 남편은 아들을 씻기고 TV 앞에 누워 있었다. 싱크대에는 아들의 식판이 깍두기 국물을 머금은 채 나뒹굴고 있었고, 밥솥은 빈 배를 드러낸 채 자빠져 있었다. 순간 그녀는 자신도 모르게 울컥해 소리를 질렀다. 정말 다 싫었다. 모든 걸 다 팽개쳐버리고 도망치고 싶었다. 친정엄마의 품에 안겨 펑펑 울고, 엄마가 해주는 따뜻한 밥 한 공기를 제대로 먹고 싶었다. 한 여성 애청자가 MBC 라디오 〈여성시대〉에 보낸 사연이다.

누구나 인생의 막다른 골목에 이르면 무조건적인 사랑을 베푸는 누군가를 찾는다. 하지만 그 누군가는 영영 나타나지 않을 수도 있다. 그럴 땐 희망이 끊어진다. 그 누군가를 밖에서 찾기 때문이다. 내가 찾는 그 누군가는 내 마음속에 있다. 마음속을 들여다본다. 배에 음식이 들어오지 않으면 피어오르는 '배고프다'는 생각, 누군가가 나를 알아주지 않으면 피어오르는 '슬프다'는 생각, 사랑을 느끼지 못하면 피어오르는 '절망스럽다'는 생각… 이 모든 생각에 어떤 감정도 덧대지 않고 가만히 바라본다.

어디서 피어오르는 생각인가?
왜 피어오르고 있는가?
어디로 흘러가는가?
스쳐가는 것인가?
영원한 것인가?

가만히 바라보노라면 생각은 '나'가 아님을 깨닫게 된다. 그럼 생각은 '나'와 분리돼 스스로 사라진다. 생각이 사라지면 무한한 공간이 열린다. 무한한 사랑과 평화가 흐르는 공간이다. 그곳이 나의 진정한 안식처이다.

이태리 파비아 대학 심장학과 베르나르디(Luciano Bernardi) 교수는 사람들에게 베토벤, 비발디, 테크노 음악 등 모두 여섯 가지 음악을 차례로 들려줘보았다. 그러면서 혈압, 심박과 호흡 횟수 등을 살펴보았다. 결과는 너무나 간단했다. 고전음악이든 테크노 음악이든 상관없이 빠른 음악은 혈압과 심박수 등을 빨라지게 했고, 느린 음악은 혈압과 심박수 등을 느려지게 했다. 그러다가 문득 뜻밖의 사실을 발견했다.

"어? 음악이 바뀌는 중간에 혈압이 가장 많이 떨어졌네?"

여섯 가지 음악의 중간 부분에 2분간의 멈추는 순간이 있었다. 음악이 멈추는 바로 그 2분 동안 혈압, 심박, 호흡수가 가장 많이 떨어진 것이었다.

"침묵이 가장 느린 음악보다 더 큰 휴식 효과를 갖다니!"

침묵이 흐르자 생각이 멈추면서 텅 빈 공간이 생겼던 것이다.

과학전문지 〈사이언스〉에 월러스(Robert Keith Wallace) 박사의 논문이 실린 적 있다.

"참으로, 참으로 깊은 수준의 휴식(really, really deep level of rest)은 생각

을 텅 비운 상태에서만 가능하다."

그도 역시 똑같은 말을 했다. 참다운 휴식은 생각이 사라진 텅 빈 공간에서 얻을 수 있다는 것이다.

참다운 휴식 속에서 새로움이 태어난다. 듀크 대학의 재생 생물학자 키어스테(Imke Kirste)는 네 그룹의 생쥐들에게 각기 음악, 아기생쥐가 부르는 소리, 백색 소음, 침묵 등 각기 네 가지 소리를 들려주었다. 이런 소리들이 생쥐의 두뇌에 어떤 변화를 일으키는지가 궁금해서였다.

"당연히 아기생쥐가 부르는 소리를 들으면 뇌세포에 변화가 일어날 거야."

하지만 실망스럽게도 아기생쥐가 부르는 소리는 별다른 변화를 일으키지 않았다. 단기적 자극 효과가 나타날 뿐이었다. 다른 소리도 마찬가지였다. 하지만 침묵은 달랐다. 하루 두 시간씩 '침묵의 순간'들을 들려줬더니 두뇌의 해마 세포가 자라기 시작했다. 해마는 기억형성을 관장하는 두뇌 부위이다.

"해마 부위의 뇌신경세포가 줄어들면 기억상실증이나 우울증에 걸리기 쉽죠. 침묵이 뇌신경세포를 만들어낸다면 이런 질환을 치료할 수 있을 겁니다."

이처럼 텅 빈 공간에 흐르는 침묵은 새로운 세포도 자라게 해준다. 텅 빈 공간은 모든 것이 사라지고, 모든 것이 새로 태어나는 곳이다.

이 세상의 모든 고통은 지친 걸음을 잠시 멈추고 마음속을 들여다보라는 신호이다. 들여다보면 고통을 일으키는 온갖 생각이 사라진다. 슬픔은 스쳐가는 것에 매달리지 말라는 신호이다. 들여다보면 슬픔을 일으키는 생각도 사라진다.

내 힘으로 안 될 땐 너무 애쓰지 마라. 내 팔다리의 힘도, 내 몸뚱이의 열정도, 내 두뇌의 생각도, 나를 휘감는 온갖 감정도, 사실은 바깥세상에 속한 것이다. 바깥세상을 움직이는 모든 건 내 마음속에 들어 있다. 바깥세상은 착각의 세계이다. 그 속에서의 몸부림을 멈추고, 대신 마음속을 들여다보라. 들여다보면 무한한 공간이 열린다. 시야가 무한해진다. 내가 그토록 매달리던 것도, 붙들고자 했던 것도, 얻으려 애쓰던 것도, 죄다 스쳐가는 허상이었음을 깨닫게 된다. 무한한 공간 속에 사랑으로 가득한 무한한 존재가 들어 있다. 그 존재와 분리될수록 나는 점점 작아진다. 그 존재와 하나가 될수록 나는 점점 커진다. 그 존재 앞에 나의 모든 아픔과 두려움을 있는 그대로 드러내고 맘껏 눈물을 뿌려라. 나에 대한 모든 비판과 심판을 내려놓아라. 나를 완전히 열어놓고, 나의 모든 것을 완전히 내려놓을 때 무한한 존재와 하나가 된다. 그래야 비로소 참다운 안식을 얻게 된다. 참다운 안식 속에서 모든 새로움이 태어난다.

Brian Greene, *The Hidden Reality: Parallel Universes and the Deep Laws of the Cosmos*, Knopf, 2011

Bruce H. Lipton, *The Biology Of Belief: The Power Of Consciousness, Matter And Miracles*, Unleashing Mountain of Love, 2005

Bruce Rosenblum, *Quantum Enigma: Physics Encounters Consciousness*, Oxford University Press, 2008

Craig Hogan, *Your Eternal Self*, Greater Reality Publications, 2009

Dean Radin, *Entangled Minds: Extrasensory Experiences in a Quantum Reality*, Paraview Pocket Books, 2006

Dean Radin, *The Conscious Universe: The Scientific Truth of Psychic Phenomena*, HarperOne, 2009

Eric Pearl, *The Reconnection*, Hay House, 2001

Frank Joseph Kinslow, *Beyond Happiness: How You Can Fulfill Your Deepest Desire*, Lucid Sea, 2008

Frank Joseph Kinslow, *The Secret of Instant Healing*, Lucid Sea, 2008
The Secret of Quantum Living, Lucid Sea, 2010
When Nothing Works, Try Doing Nothing, Lucid Sea, 2014

Michio Kaku, *Physics of the Impossible*, Anchor, 2008

Richard Bartlett, *Matrix Energetics: The Science and Art of Transformation*, Atria Books/Beyond Words, 2007

Richard Bartlett, *The Physics of Miracles: Tapping in to the Field of Consciousness Potential*, Atria Books/Beyond Words, 2009

Robert Lanza, *Biocentrism*, Benbella Books, 2010

Robert Schwartz, *Your Soul's Plan: Discovering the Real Meaning of the Life You Planned Before You Were Born*, Frog Books, 2009

Russell Targ, *Miracles of Mind: Exploring Nonlocal Consciousness and Spiritual Healing*, New World Library, 1999

Timothy Gallway, *The Inner Game of Tennis*, Random House, 2008

Valerie Hunt, *Infinite Mind*, Malibu Publishing Co., 1996

레스 페미(Les Fehmi), **오픈 포커스 브레인**, 정신세계사, 2010.

하루야마 시게오, **뇌내혁명**, 사람과 책, 1999